이만큼
가까운

∨

중국

# 이만큼 가까운 중국

이욱연 지음

창비

　　　　　　지구가 갈수록 작아지고 있습니다. 당연히 지구의 크기는 예나 지금이나 그대로지만 멀게만 느껴지던 이국 땅이 갈수록 가깝게 느껴집니다. 흔히 말하는 지구화 시대, 세계화 시대입니다. 이런 흐름은 앞으로 더욱 빠르게 진행될 것이고, 인류사에 유례가 없이 사람들은 서로 가까이 오가며 지내게 될 것입니다. 그 과정에서 문화도 섞이게 되겠지요.

　흔히 이런 지구화 시대에는 외국어를 할 수 있는 능력이 중요하다고 말하지만, 외국어보다 중요한 것이 다문화 감수성입니다. 문화의 소통이 빠진 언어의 소통은 진정한 소통이 아닙니다. 자기 문화를 기준으로 다른 문화를 바라보거나 오해와 편견으로 평가하지 않는 것, 다른 문화를 다른 그대로 이해하고 존중하는 것은 다문화 감수성의 출발이자 진정한 문화적 소통의 길입니다.

　다문화 감수성은 해외여행을 자주 하거나 세계를 무대로 활동할 사람에게나 필요한 것이라고 생각할지 모르겠습니다. 다문화 감수성은 우리가 세계인으로 살아가는 데 필요한 문화적 여권이기도 하지만, 세계화 시대에 한국인으로 살기 위해 필요한 문화적 주민 등록증이기도 합니다.

　앞으로 많은 외국인이 들어와서 우리나라 국민이 될 것이고, 그런 가운데 한국은 과거에는 상상도 못 했을 정도로 빠르게 다

인종·다문화 사회로 바뀌게 될 것입니다. 우리는 한국인이자 세계인이라는 다층의 정체성을 갖고서, 내 나라만이 아니라 이 지구를 더 평화롭고 자유롭고 정의로운 곳으로 만들어 가야 합니다. 인종과 종교, 역사와 체제가 다르더라도 서로 존중하면서, 차별하거나 억압하지 않는 아름다운 곳으로 만들어 가야 합니다.

창비가 세계화 시대를 살아갈 동시대의 사람들, 그리고 특히 미래 세대를 위해 이 시리즈를 만든 뜻이 여기에 있습니다. 오랫동안 세계 각국의 정치, 역사, 문화, 문학 등을 연구해 온, 우리나라를 대표하는 저명 학자들이 이 시리즈 집필에 기꺼이 동참한 것도 많은 이들이 그러한 꿈을 꿀 수 있도록 응원하기 위해서입니다.

이 시리즈에는 역사와 정치, 경제부터 문화와 생활에 이르기까지 한 국가와 사람을 이해하는 데 가장 핵심적인 내용을 담았습니다. 세계 각국을 다룬 다른 책과 차별되는 깊이를 추구하면서도 다양한 독자층이 이해하기 쉽도록 눈높이를 맞추었습니다. 이 시리즈가 세계와 더 넓고 깊게 소통하기 위한 의미 있는 디딤돌이 되기를 기대합니다.

저자 일동

중국은 지리로 보나 역사로 보나 우리나라와 가장 가까운 나라입니다. 그래서인지 우리나라 사람들은 흔히 중국을 잘 알고 있다고 생각합니다. 그럴 만도 하지요. 두 나라는 유교 문화도 공유하고 있고, 한자도 공유하고 있지요. 또한 한국인도 중국인도 어려서부터 『삼국지』를 즐겨 읽습니다. 그러니 세계 어느 나라 사람보다도 중국을 잘 이해한다고 생각할 만하지요.

하지만 전통 시대 중국이라면 모를까, 근대 이후를 보면 한국 사람들이 중국을 잘 아는 것은 아닙니다. 우리는 세계 어느 나라보다 중국과 가깝게 지내 왔지만, 그것은 사실 전통 시대의 일입니다. 근대 이후에는 전혀 사정이 다릅니다. 한국과 중국은 20세기 후반 50여 년 동안 적국으로 지내 왔습니다.

근대가 시작되면서 두 나라는 과거와 같은 교류가 적어지고 유대 관계도 약해지면서 점차 소원해졌습니다. 중국에 사회주의 정부가 수립된 후 한국 전쟁에서 서로 적이 되어 싸우기도 했지요. 동북아시아에 자본주의 국가와 사회주의 국가가 대립하는 냉전 질서가 세워지면서 한국과 중국은 더욱 멀어지게 됩니다. 교류는 단절되고 상대국에 대한 적의와 불신이 지배했습니다. 우리는 중국에 직접 가 볼 수도, 중국인을 직접 만나 볼 수도 없었습니다.

이렇게 반세기 동안 단절되어 서로 적으로 여겼던 시대를 뒤로 하고, 1992년 한국과 중국이 다시 수교했습니다. 중국은 이제 우리나라 사람들이 가장 많이 가는 곳이자 우리나라 기업이 가장 많이 수출하는 나라입니다. 또 중국은 실시간으로 우리나라 텔레비전 오락 프로그램을 즐기는 나라이자 해마다 600만 명이 넘는 사람들이 찾아오는 나라입니다. 예전에는 중국요리 하면 짜장면이었지만 이제는 양 꼬치구이가 한국인이 즐기는 새로운 중국요리로 자리 잡고 있습니다.

중국이 일상생활에까지 가깝게 다가오고 있지만, 아직도 우리는 전통 시대나 냉전 시대에 갖고 있던 오해와 편견의 시선으로 중국을 보는 경우가 많습니다. 중국은 갈수록 우리 삶에 다가오는데 우리는 여전히 과거의 눈으로 중국을 보고 있지요.

이제 중국을 보는 새로운 눈이 필요합니다. 우리는 다른 영역은 제쳐 두고라도 두 나라의 경제와 문화가 갈수록 하나로 통합되는 시대에 살아갈 것입니다. 이 책은 이런 새로운 시대를 살아갈 사람들, 특히 청소년과 청년 세대가 중국을 보는 새로운 관점을 갖는 데 도움이 되도록 구성했습니다. 식사 예절 같은 중국인의 생활문화에서부터 사회주의 시장 경제라는 다소 무거운 주제까지, 우리가 꼭 알아야 하고 또한 궁금해하는 중국과 중국인 이야기를 다루었습니다.

흔히 중국을 거인이나 코끼리에 비유하곤 합니다. 바로 옆에 거인이나 코끼리가 서 있다는 것은 두려운 일이기도 하지만 행운이기도 합니다. 거인이나 코끼리와 더불어 잘 산다면 행운이 되겠지요. 일찍이 실학파 학자였던 박지원은 당시 조선 선비들이 가지고 있던 중국에 대한 사대주의와 중국 멸시라는 두 가지 극단주의를 비판하면서 '이용후생利用厚生'이라는 실용주의 중국관을 주장했습니다. 지금 우리에게도 박지원과 같은 생각이 필요합니다. 이 책이 중국과 함께 살아갈 한국의 미래 세대가 중국을 보는 새롭고 깊이 있는 눈을 갖는 데에 도움이 되기를 바랍니다.

류동춘, 전인갑, 이정재, 강병규 선생님 등 미리 원고를 읽어 주고 잘못된 부분을 지적해 준 서강대 동료 선생님들께 깊이 감사드립니다. 이번에도 책을 쓰는 동안 여러 가지 조언을 해 주고 응원해 준 아내와 두 아들의 도움이 컸습니다. 특히 목차부터 내용까지 독자들의 눈높이를 고려하는 데 도움을 준 두 아들, 담이와 한이에게 고맙다는 말을 전합니다. 훌륭한 기획을 준비하고 세심하게 집필 방향을 잡아 준 출판사 창비의 담당자들에게도 깊이 감사드립니다.

2016년 봄
이욱연

카 자 흐 스 탄

몽 골

키 르 기 스 스 탄

●우루무치

타지
키 스 탄

신장웨이우얼 자치구

파 카 스 탄

칭하이 성

시닝
●

인 도

시짱 자치구

쓰촨

네 팔

●라싸

부 탄

윈난 성

미 얀 마

벵골 만

라 오

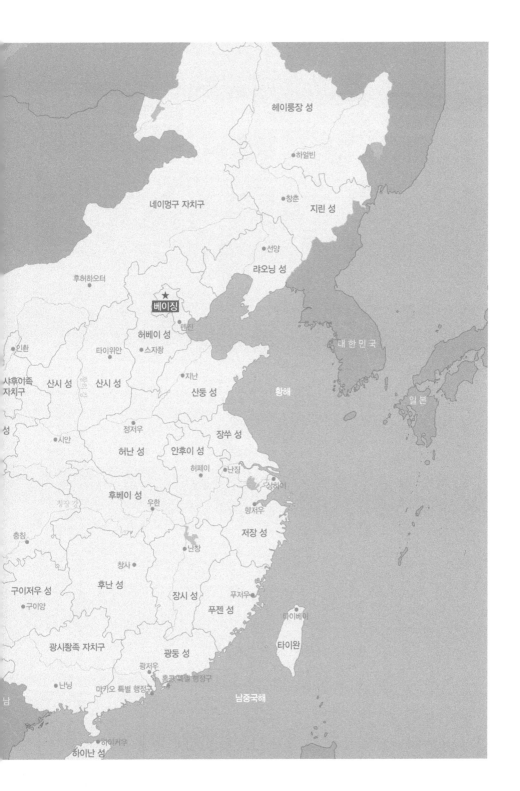

# 차례

역사

# 01
## 분열과 통일의
## 반복

지리 · 문명

# 02
## 땅은 넓고
## 문화는 다양하다

# 분열과 통일의 *01 >> 반복

# 상나라부터
# 춘추 전국 시대까지

역사의 시작

세계 4대 문명 가운데 하나인 중국 문명은 중국 북쪽을 동서로 가로지르는 황허黃河 강을 중심으로 발달했습니다. 황허 주변은 물이 풍부하고 땅이 비옥해 농사를 짓기 안성맞춤이어서 자연스럽게 사람들이 모여들었지요. 그렇게 사람들이 모여 살면서 부족을 이루고, 나중에 나라를 만듭니다.

중국 역사에서 첫 왕조는 하夏나라입니다. 물론 역사적 근거를 두고 논란이 있기도 합니다. 하나라를 이은 두 번째 왕조는 상商나라입니다. 기원전 1500년대에 세워졌는데 역사적 근거가 확실하지요. 상나라는 은殷으로 수도를 옮긴 뒤 전성기를 맞아서 은나라라고도 부르지요.

상나라는 청동기와 달력, 그리고 오늘날 한자의 기원이 된 갑골 문자를 사용할 정도로 문명이 발달했습니다. 1년을 12개월로 나누고 윤년은 13개월로 나누었던 것만 보더라도 상나라의 문명 수준을 알 수 있지요. 특히 물품을 교환하는 중개업이 발달하여, 지금 우리가 물건을 중개하는 사람을 '상인商人'이라고 하는데, 이 말의 유래가 되기도 했습니다. 상나라를 멸망시킨 주周나라에서 사람들이 물건을 교환하는 일을 하는 사람을 '상나라 사람'이라는 뜻인 상인이라고 불렀고, 이때부터 이 말이 유행해 지금까지 쓰이는 것이지요.

상나라는 30명의 왕이 다스렸는데, 중국 역사상 가장 유명한 폭군 중 하나인 주왕紂王 때 멸망합니다. 술이 연못을 이루고 고기가 숲을 이룬다는 뜻의 고사성어인 주지육림酒池肉林을 탄생시킨 주인공이 바로 주왕입니다. 연못을 파서 술을 가득 채웠고 고기를 걸어 놓은 것이 숲을 이룰 정도였다고 전해지니까, 얼마나 향락이 심했을지 짐작이 됩니다. 주왕은 포악하고 잔인한 데다 달기라는 여자에 빠져 나라를 망하게 했습니다. 중국 역사에서 왕조가 멸망할 때면 가장 흔하게 등장하는 이유가 폭군이 술과 여자에 빠졌다는 것인데, 그 첫 사례가 바로 상나라입니다.

주왕의 폭정이 심해지자 반란이 일어나고 주나라를 세운 무왕에게 상나라는 망합니다. 하지만 주왕이 아무리 난폭해도 반란을 일으켜 왕을 몰아내는 것은 도리가 아니라고 생각한 사람도 있었습니다. 상나라를 멸망시킨 주나라 무왕을 인정하지 않은 것이지요. 유명한 백이와 숙제 형제가 바로 그런 사람들이었습니다. 이 형제는 상나라를 멸망시키고 주나라를 세운 무왕이 하늘의 도리를 어겼다면서 수양산에 파묻힌 채 주나라 것은 일절 먹지 않겠다고 고집합니다. 두 사람은 오직 고사리만 먹다가 굶어 죽었습니다.

## 봉건제를 만든
## 주나라

상나라를 이은 주나라는 세련된 정치 제도를 갖추고 있었지요. 봉건제와 종법제를 결합하여 새로운 통치 질서를 만들었습니다. 봉건제에서 '봉封'은 일정한 땅을 막아서 경계를 가른다는 뜻이고 '건建'은 세운다는 뜻이죠. 그러니까 땅을 나누어서 각각 나라를 세워 다스리는 제도가 봉건제입니다. 그 원리는 이렇습니다. 왕인 천자는 왕의 가족과 친척들, 나라를 세우는 데 공을 세운 사람들에게 일정한 지역을 나누어 줍니다. 그러면 그들은 제후가 되어 맡은 지역을 알아서 다스립니다. 그런 나라를 제후국이라 하지요. 제후국의 권력은 큰아들인 장자를 중심으로 이어지는데 이것이 종법제입니다.

천자와 제후는 서로 주고받는 보답의 관계로 맺어집니다. 천자는 제후들에게 다스릴 땅을 주지요. 고마운 일입니다. 땅을 주고 제후 노릇을 하라고 하니까요. 그럼 이제 땅을 받은 제후들은 천자에게 보답해야겠지요. 제후들은 천자에게 귀한 물건을 바치고 천자의 나라가 위기에 처하면 군사력을 제공합니다. 이렇게 천자와 제후들이 공존하는 체제가 바로 봉건제입니다. 이런 봉건세는 세계사에 비추어 보면 매우 선진적이고 세련된 정치 체제였지요. 제후들은 대부분 가족이고, 가족 사이의 혈연관계를 바탕으로 봉건제를 운영하기 때문에 결속력이 강했습니다.

하지만 가족이라고 언제나 가깝게 지내는 것만은 아니지요. 시간이 지나 세대가 거듭될수록 혈연관계는 멀어지게 마련이고, 그러다 보면 끈끈했던 관계도 희미해집니다. 더구나 아무리 가족이나 친척 사이라 하더라도 갈등이 생기는 것을 막을 수 없다 보니, 잦은 다툼 끝에 봉건제 자체가 위기를 맞게 됩니다.

이런 와중에 상나라의 주왕이 그랬듯이 술과 여자에 빠진 폭군이 주나라에도 나타납니다. 바로 유왕幽王이죠. 유왕은 포사라는 미인에게 푹 빠집니다. 그런데 문제가 있었습니다. 유왕은 포사를 즐겁게 해 주고 싶은데 도무지 포사가 웃지를 않는 겁니다. 그때 어느 신하가 왕에게 건의를 합니다. 봉화를 피우면 제후의 군사들이 궁을 지키기 위해 몰려올 것이고, 이 광경을 보면 포사가 웃을 것이라고 말하지요. 유왕은 바로 이것이구나 싶어서, 이 건의를 받아들여 봉화를 피우게 합니다. 봉화는 적군이 침투해 오면 높은 산이나 성에서 불을 피워 알리는 신호 수단입니다. 그러니 어떻게 되었겠습니까? 봉화를 본 제후국의 군사들이 적이 쳐들어온 줄 알고 한달음에 달려왔는데, 와서 보니 적군이 침략해 온 게 아니라 포사를 웃게 하려는 왕의 장난이라니, 허탈하기 짝이 없었겠지요. 군사들이 어떻게 생각하든 유왕은 포사가 즐거워하자 이런 일을 계속합니다.

그런데 이번에는 진짜로 반란군이 쳐들어왔습니다. 결과는 보나 마나지요. 어느 제후국의 군사도 천자를 지키기 위해 달려오지 않았습니다. 결국 주나라는 다른 제후국과 같은 초라한 지위로 전락하게 됩니다. 이를 두고 훗날 많은 사람이 여자 때문에 나라를 망쳤다고 포사를 탓하지요. 하지만 사실 나라를 망친 장본인은 포사가 아니라 어리석고 난폭한 천자였습니다. 상나라도 그렇고 주나라도 그렇습니다. 문제는 천자였습니다.

## 화려한 사상을 꽃피운
## 춘추 전국 시대

한국이나 중국에서 어른 아이 할 것 없이 모두 좋아하는 중국 소설이 바로 『삼국지』입니다. 『삼국지』 첫머리에는 이렇게 적혀 있습니다.

"분열하여 오래되면 반드시 합쳐지고, 합쳐져서 오래되면 반드시 분열한다."(分久必合, 合久必分)

많은 사람이 기억하는 명언입니다. 이 말은 흔히 중국 역사의 원리를 압축한 것으로 여겨집니다. 어느 한 나라가 천하를 통일했다가 다시 여러 나라로 분열하고, 분열된 여러 나라를 다시 하나의 나라로 통일하는 과정의 반복이 바로 중국 역사라는 것이지요.

과연 이 말대로 통일 왕조이자 하늘의 아들이 다스리던 나라로 여겨졌던 주나라가 힘을 잃은 뒤, 여러 제후국이 각각 나라를 이루었습니다. 주나라는 중국 역사에서 가장 오랫동안 지속된 왕조인데 그런 나라가 망하자 세상이 분열한 것이죠. 통일 시대에서 분열 시대로 접어든 것입니다. 역사에서는 이 시기를 춘추 전국 시대라고 합니다. 초나라, 월나라, 오나라, 노나라와 같은 여러 나라로 분열되었고 각 나라는 세력을 넓히기 위해 분주했지요. 다른 나라를 제압하기 위해서는 어떻게 해야 할지, 어떤 나라와 전쟁을 하고 어떤 나라와 손을 잡아야 유리할지를 고민합니다. 춘추 전국 시대는 밤낮 없는 전쟁의 시대였습니다.

이런 시대에 빛을 본 사람들이 있으니 바로 지식인들입니다. 어떻게 하면 전쟁에서 이길 수 있는지, 어떤 전투 방법을 써야 하는지, 혼란이 일어난 원인은 무엇이고, 어떻게 해야 평화를 이루며, 군주는 나라와 백성을 어떻게 다스려야 하는지 등을 놓고 제

중국 산둥 성의 도시 취푸에 있는 공림 풍경. 취푸는 공자가 태어난 곳으로 춘추 전국 시대에 노나라의 도읍이었다. 공림은 춘추 전국 시대의 사상가인 공자와 그 후손들의 묘지로 지성림이라고도 부른다.

후와 관료들에게 아이디어를 제공한 것입니다. 요즘 말로 하자면 일종의 '싱크 탱크' 역할을 하는 지식인들이 왕성하게 활동했지요. 여러 나라가 서로 치열하게 싸우고 경쟁하다 보니 제후들은 훌륭한 아이디어와 전략을 지닌 지식인들을 적극적으로 찾았습니다. 지식인들 역시 세상을 구하기 위해 자신의 생각을 실현해 줄 이들을 찾아 나서기도 했지요. 세상을 바로잡기 위해서는 예禮를 회복해야 한다고 생각한 공자孔子, 법을 엄격하게 집행해야 한다고 생각한 한비자韓非子, 만물이 지닌 본성에 따라 살아야 한다고 생각한 노자老子 등이 바로 그런 사람들입니다. 춘추 전국 시대는 전쟁의 시대이자 가장 화려한 지식의 시대였던 것입니다.

세상을 바로잡고 난세를 해결하기 위해 고민하는 실천적 지식인들이 밤하늘의 별처럼 무수히 쏟아져 나왔습니다. 물론 현실 문제에 대한 진단과 처방은 각자 달랐지만 현실 문제를 치열하게 고민하면서 학문을 한 이 시기 지식인들은 유가나 노장 철학, 법가, 손자병법 같은 세계에서도 독보적인 중국 사상을 만들었지요. 지식인은 모름지기 자기가 살고 있는 세상이 어떤 세상인지, 어떻게 좋은 세상을 만들지를 치열하게 고민할 때 진정한 자기 사상이 만들어진다는 것을 보여 준 셈입니다.

# 진나라

모든 것을 통일한 일통 제국

중국 서쪽에 있는 도시 시안西安은 11개 왕조의 수도가 있던 곳입니다. 옛날에는 창안長安이라고 불렸는데, 중국 고대사를 상징하는 도시이지요. 세계 각지에서 수많은 관광객이 몰려드는데, 관광객들이 가장 많이 찾는 장소는 역시 병마용이 있는 유적지입니다. 병마용은 진나라 시대의 병사와 말, 수레 등을 흙으로 빚은 것으로, 진나라를 세운 황제인 시황제와 함께 묻혔다가 1974년에 처음으로 발굴되었지요. 그러니까 병마용은 진시황 무덤의 부장품입니다.

진시황 무덤에는 수은이 흐르고, 그 수은으로 된 강에 진시황

중국 산시 성에서 발굴된 병마용. 1974년에 한 농민이 우물을 파다가 우연히 발견했다. 병사들의 생생한 표정이 진시황의 강력했던 권력을 보여 준다.

의 관이 떠다니고 있다고 전합니다. 사마천司馬遷의 『사기史記』에 이렇게 적혀 있지만 아직 발굴되지 않아서 확인할 방법은 없습니다. 오늘날 진시황 무덤은 그저 평범한 동네 산처럼 남아 있고, 관광객들은 등산하듯이 계단을 따라 무덤을 오릅니다. 그리고 병마용을 보면서 진시황 무덤이 얼마나 대단했을지 가늠해 볼 뿐입니다. 중국에서는 사람이 죽으면 그 사람이 생전에 사용하던 물건 등을 저승에 가서도 사용할 수 있도록 같이 묻어 주는 풍속이 있었는데, 그 풍속에 따라 진시황과 함께 묻은 것이 병마용입니다. 진시황은 죽어서도 천하를 통치하고 싶었던 것이지요. 그런데 7,000여 명이나 되는 병사의 표정이 생생하고 섬세할 뿐만 아니라 제각각 다릅니다. 진나라가 얼마나 기술이 발달했고 얼마나 막강한 제국이었는지, 그리고 진시황이 얼마나 강한 권력을 휘둘렀는지를 짐작할 수 있습니다.

## 화려한
## 일통 제국

진시황은 여러 나라가 패권을 차지하기 위해 끊임없이 전쟁하던 분열의 시대를 끝낸 인물입니다. 기원전 221년에 천하를 통일한 뒤 왕이 아니라 황제라는 호칭을 처음으로 쓰기 시작합니다. 자신은 첫 황제이니 '시황제'라고 하면서 앞으로는 2세, 3세 황제라고 부르라는 뜻이었지요.

진시황은 역사에 남을 여러 가지 일을 했습니다. 먼저 군현제라는 새로운 통치 제도를 시행했습니다. 전국을 군郡으로 나누고 군 밑에 다시 현縣을 두고서 지방 관료를 직접 임명하여 파견합니다. 권력이 중앙에 집중되는 중앙 집권적인 제도입니다. 중세 유럽의 봉건제나 현대 미국의 연방제와 다르게 중앙 정부가 권한을 쥐고 지방 관리를 임명하여 파견하는 정치 제도는 지금까지도 중국에서 유지되고 있습니다.

또한 진시황은 긴 성을 쌓기 시작했습니다. 북방 지역에 사는 이민족이 자주 침략해 오는 것을 막으려는 조치였지요. 물론 장성은 진시황 이전부터 쌓기 시작했지만 진시황 때 규모를 대대적으로 확장합니다. 장성은 진나라 이후 여러 왕조에서도 계속 보수하고 증축하면서 오늘날처럼 중국을 상징하는 건축물이 됩니다. 흔히 그 길이가 1만 리里에 이른다고 하여 만리장성이라 부릅니다만 실제는 이보다 짧은 2,696킬로미터가량입니다. 한반도 남북 길이가 1,178킬로미터니까 우리나라를 남북으로 한 번 왕복하는 길이를 조금 넘습니다.

춘추 전국 시대의 분열을 수습하고 중국을 통일한 진시황은 영토만 통일한 것이 아니라 나라의 온갖 것을 통일합니다. 진시황을 다룬 영화 「영웅」을 보면 진시황이 劍검 자를 쓰는 방법이 19가지 있는 것을 이해하지 못하겠다고 말하는 대목이 나오지요. "한 글자를 쓰는 데 19가지 방법이나 있다니 얼마나 불편한가. 내가 그렇게 어지러운 문자를 전부 없애 버리겠다."라고 말합니다. 우리 한글은 '가'라는 글자를 명조체로 쓰든 고딕체로 쓰든 알아보는 데 지장이 없습니다. 하지만 한자는 글자체가 다르면 알아보기 힘들어 소통이 어려웠던 것입니다. 이 때문에 진시황은 서로 다른 여러 글자체를 소전체小篆體로 통일하고 다른 글자체를 금지합니다. 글자체를 통일하여 소통을 쉽게 하려는 것이었습니다.

劍　劒 (소전체)

인류 최대의 토목 공사라고 불리는 만리장성 풍경. 북방 민족의 침입을 막기 위해 쌓은 성벽으로, 진 나라 때 대대적으로 확장되었다.

이뿐만이 아닙니다. 농사와 의학, 점치는 책 등 실용적인 책만 남겨 두고 나머지 책들을 모두 불사르게 합니다. 지식인들을 체포해 생매장하기도 합니다. 책을 불태우고 유가 선비인 유생들을 묻은 '분서갱유焚書坑儒'입니다. 하나의 사상만 허용한 채 다른 사상을 용납하지 않은 것입니다.

숫자가 들어가는 것도 6으로 통일합니다. 중국어에서 6은 흐를 류流 자와 발음이 같아서 만사가 물 흐르듯이 잘 이루어진다는 행운을 상징하는데, 진시황은 많은 것을 6으로 통일합니다. 어사의 모자 크기를 여섯 치로 정하는가 하면, 마차의 너비도 여섯 자로 정하고, 수레도 말 여섯 마리가 끌게 합니다. 그전에는 마차의 너비도 제각각이고 길의 너비 역시 제각각이었습니다. 이제 마차가 표준화되고, 길의 너비도 통일되자 물자가 더 빨리 유통되고 군인들도 더 빨리 이동하게 됩니다. 여기에 수도로 통하는 수로가 정비되면서 물길을 통한 물자 운송도 한결 빨라집니다. 도량형도 통일하고 화폐의 무게도 통일합니다. 모두 경제가 잘 돌아가게 하는 데 중요한 조치들이었지요.

이렇게 진나라는 영토뿐만 아니라 여러 측면에서 많은 것을 하나로 통일한 일통一統 제국이었습니다. 제국을 다스리기 위해서 글자도, 사상도, 제도도 하나로 통일하는 중국 역사의 전통이 진시황 때 마련된 것입니다. 강력한 중앙 정부와 일사불란하고 통일된 사상을 갖춘 국가 시스템을 만드는 것이 진나라 시황제의 통치 방식이었습니다. 그런데 강력한 정부가 있고 모든 것이 하나로 통일된 체제는 효율적이고 강력하긴 하지만, 그만큼 억압적이고 폐쇄적입니다. 이처럼 긍정적인 측면과 부정적인 측면을 망라하여 진나라는 중국이라는 거대한 국가를 운영하는 방법에서 하나의 원형을 제공했다고 할 수 있습니다. 오늘날 중국을 영어로 China라고 하는데, 이 명칭도 어원이 진나라를 가리키는 Chin인 것을 보면 진나라는 여러모로 중국의 토대인 셈입니다.

## 위대한 폭군
### 진시황

통일 제국 진나라는 천하를 통일한 지 15년 만인 기원전 207년에 망하고 맙니다. 15년 동안 희생당한 사람은 수를 헤아릴 수 없을 정도입니다. 분서갱유로 지식인 460명이 산 채로 흙구덩이에 묻혔고, 장성을 쌓고 도로와 수로를 건설하고 황제의 궁전인 아방궁을 짓기 위해 수백만 명이 동원되어 힘든 일을 하다 죽어 갔습니다. 전체 인구의 15퍼센트가 길을 닦고 장성을 쌓는 것과 같은 대규모 토목 공사에 동원되었고, 진시황 무덤과 궁전을 만드는 데 75만 명이 동원되었다고 하지요.

만리장성을 둘러보는 오늘날 관광객들은 모두 그 규모에 입을 다물지 못합니다. 저렇게 험한 산에 어떻게 이렇게 어마어마한 규모의 성을 쌓았을지 감탄스럽지요. 하지만 그런 장성을 쌓느라 얼마나 많은 사람이 고생했을지 생각하면 절로 고개가 수그러집니다. 화려한 통일 제국 진나라의 신화 뒤편에는 수많은 백성들의 피와 눈물이 서려 있는 것입니다. 진시황을 죽이려는 자객들이 끊이지 않았던 것이나 진시황을 두고 '위대한 폭군'이라는 모순되는 수식어를 붙이는 것은 이런 이유 때문입니다. 병마용을 보거나 만리장성을 오를 때면 진시황의 화려한 업적만이 아니라 그 화려함을 위해 희생당한 수많은 사람들의 피눈물도 기억해야겠지요.

역사

# 한나라와 당나라

역사 속에 빛나는 전성기

우리는 중국 글자를 한자漢字라 부릅니다. 중국에서는 중국어를 '한어漢語'라고 부르고 자기 민족을 '한족'이라고 부릅니다. 이처럼 '한'이라는 글자는 특정 왕조의 이름을 넘어 중국 문화와 중국인들의 뿌리를 상징합니다.

진나라가 망한 뒤 기원전 202년에 세워진 한나라는 공자 사상인 유학을 중심으로 나라를 다스렸습니다. 가정에서는 아버지가 중심이니 가족 구성원들은 반드시 아버지를 따라야 하고, 그 대신 아버지는 가정을 책임져야 합니다. 이 가정의 원리를 그대로 확대하면 국가의 원리가 됩니다. 모든 신하와 백성은 군주를 따라야 하고, 군주가 된 자는 백성을 책임져야 합니다. 군주를 따르지 않는 자는 백성이 아니고 백성을 책임지지 않는 군주는 군주가 아닙니다. 또한 좋은 가정, 튼튼한 가정이 좋은 국가, 튼튼한 국가의 토대지요. 한나라 때에 이런 유학의 원리가 국가의 통치 철학으로 자리 잡게 됩니다. 국가를 다스리는 기본 원리 역할을 하는 유학은 현재 중국 공산당 지도부도 강조할 정도로 지금까지도 영향을 미치는데, 한나라 때부터 시작된 것입니다.

한나라 때 시작되어 지금까지도 활용되거나 영향을 미치고 있는 것은 유학만이 아닙니다. 한의학도 그렇습니다. 인간의 몸은 우주의 축소판이고 질병은 우주의 조화가 깨진 상태이기 때문에 몸의 전체적인 균형을 회복하는 것이 치료의 첫째라고 생각하는 중국 전통 의학인 한의학도 한나라 때부터 시작했습니다. 종이가 발명된 것도 한나라 때이며, 2000년대 이후 중국이 강국으로 부상하면서 다시 재건하고 있는 비단길*도 한나라 때 처음 개척한 것입니다.

## 다양성의 제국, 당나라

한나라가 중국 문화의 뿌리라면 한나라가 멸망하고 오랜 혼란기를 거친 뒤 618년에 탄생한 당나라는 중국 역사에서 가장 화려한 나라였습니다. 당나라를 대당大唐이라고 부르는 것만

● 시대에 만들어진 '명주'는 당시 중국의 특산물이었던 비단이 이 길을 따라 전해졌다고 해서 비단길이라고 불린다. 중국에서 서아시아를 거쳐 지중해 연안 서방으로 비단길로 연결되었다.

보더라도 그 위세를 짐작할 수 있습니다.

찬란한 제국 당나라를 진나라와 비교해 보는 것은 흥미로운 일입니다. 진나리와 당나리는 모두 지금의 시안인 창안이 수도였습니다. 그런데 같은 창안에 있었던 두 왕조는 많이 다릅니다. 진나라는 영토만이 아니라 사상과 글자 등 모든 것을 하나로 통일한 일통 왕조였습니다. 반면 당나라는 여러 가지 다른 것들이 공존하고 뒤섞여 있는 혼종 국가였습니다. 당나라가 강하고 찬란한 문명을 꽃피운 이유이지요.

한나라 때까지만 해도 유학이 중국인들에게 가장 큰 영향을 미쳤지만 당나라 때는 위진 남북조 시대에 전파된 불교가 중국인들에게 널리 퍼지기 시작합니다. 인도로 불경을 가지러 가는 삼장법사를 손오공이 호위하는 이야기인 『서유기』도 당나라 때를 배경으로 합니다. 당나라 때는 불교라는 새로운 외국 종교를 너그럽게, 그리고 적극적으로 수용합니다. 불교가 널리 유행하게 되자 이제 중국인들에게는 윤회라든가 이승과 저승이라든가 하는 관념이 생기게 되지요.

당나라는 70여 개국에 사절을 파견하면서 교류했습니다. 그러다 보니 불교나 이슬람교 같은 종교는 물론이고 여러 나라의 음식과 복식, 예술품이 끊임없이 당나라에 소개되었고 새로운 운동 경기도 들어왔습니다. 한나라 때 개척한 비단길 무역이 활발해지면서 수도인 창안은 인구가 100만이 넘는 국제도시로 부상합니다. 여러 인종과 문화가 뒤섞이면서 흡사 오늘날의 뉴욕이나 홍콩 같은 분위기를 이루었던 것이지요. 신라 사람인 최치원도 당나라에 유학을 가서 과거에 합격한 뒤 그곳에서 관료를 지냈습니다. 이렇듯 당시 창안은 신라인, 페르시아인, 아라비아인, 유럽인 등이 뒤섞여 생활하던 세계적인 도시였습니다.

중국에서는 만리장성 서쪽 밖 지역인, 이민족이 거주하던 곳을 서역西域이라고 부르고 그 지방에서 들어온 문물 앞에 '호胡'자를 붙였습니다. 당나라 때 이 호 자가 붙은 것들이 크게 유행합니다. 화덕에 구워 먹는 떡으로, 지금 우리가 먹는 호떡의 원형이라 할 수 있는 호병胡餅은 물론이고 서역 스타일 복장인 호복胡服이 유행했고, 심지어 음식점 등에서 일하는 서역 여성인 호희胡姬가 당나라 시인들의 시에 등장할 정도입니다. 서역의 포도가 들어온 것도 이때였습니다. 지금도 이슬람 거리와 이슬람 음식이 시안의 유명한 관광거리이듯이, 창안은 동서양 문화가 만나는 최고의 국제도시였던 것입니다. 진나라가 모든 것을 하나로 통일한 제국이었다면 당나라는 다양함을 추구한 개방적인 왕조로서, 중국 역사에서 가장 화려한 전성기를 누렸습니다.

# 원나라와 청나라

이민족의 시대

　　10세기에 당나라가 멸망하자 중국은 다시 분열합니다. 그러자 중국 북방 지역에 있던 민족들이 내려오기 시작하지요. 한족은 농업을 주로 했지만, 중국 북방 지역에 살던 민족들은 유목을 주로 했습니다. 문화가 달랐고, 문화 수준도 한족보다 떨어져서 북방 지역 민족들은 한족 지역을 차지한다 하더라도 다스리는 데에 어려움이 많았습니다. 그래서 북방 민족들은 한족 왕조들과 교역을 하는 정도였습니다. 그런데 당나라가 망한 뒤 많은 북방 유목 민족들이 남쪽으로 내려와 나라를 세우고 한족 지역을 다스리게 됩니다. 거란족이 세운 요나라와 여진족이 세운 금나라가 대표적입니다. 이들 나라는 한족 국가인 송나라를 위협합니다. 송나라는 두 나라 사이에서 어떤 때는 요나라와 손잡아 금나라에 대항하고, 어떤 때는 금나라와 힘을 합쳐 요나라에 대응하기도 합니다. 그러다 12세기 초에 금나라에 밀려서 창장長江 강 아래 강남 지역으로 옮겨 갑니다. 중국의 북동부 지역을 금나라에 내준 남송 시대를 맞은 것입니다.

송나라가 강남 지역을 근거지로 하면서 바닷길을 이용한 해외 무역이 크게 발달합니다. 바닷길을 따라 화약이나 나침반, 인쇄술, 비단 같은 중국의 우수한 문물이 유럽에 전해지고 유럽이나 이슬람 세계와 무역이 늘어 상공업이 크게 발달합니다.

하지만 13세기 무렵 몽골 제국이 무섭게 일어나면서 금나라는 물론이고 송나라마저 무너집니다. 원나라가 건국하면서 중국 북방 지역을 넘어 남방 지역까지 북방 민족이 지배하는 이민족 통치 시대가 열린 것입니다.

## 이민족의 시대를 연 원나라

중국은 한족의 나라이고 역대 왕조도 대부분 한족 정권입니다. 그런데 원나라와 청나라는 한족이 아니라 이민족인 몽골족과 만주족이 세운 나라입니다. 이민족이 중국을 점령한 시기이지요. 한족 입장에서 보면 이민족에게 정복당한 치욕스러운

원나라를 세운 몽골의 황제 쿠빌라이 칸.

시대입니다.

그런데 이 두 이민족 왕조를 보는 시각은 조금 다릅니다. 원나라를 중국사에 포함시키는 것에 불만을 갖는 중국인들이 많은 데 비해 청나라에 대해서는 그러지 않습니다. 두 왕조를 이처럼 다르게 평가하는 것은 원과 청이 한족과 한족 문화를 대하는 태도에 차이가 있었기 때문입니다.

원나라는 한족을 철저히 차별했습니다. 몽골인을 가장 높게 대우했고 만리장성 서쪽 밖에서 온 서역인을 그다음으로, 금나라 사람들을 세 번째로 대우했고 맨 아래층에 몽골족에 끝까지 저항했던 남송 사람들을 두었습니다. 송나라는 여진족이 세운 금나라에 쫓겨 남쪽으로 피난한 시기를 기준으로 이전 시기를 북송이라 부르고, 그 이후를 남송이라 부릅니다. 남송 출신 한족들은 원나라에서 높은 관직에 오를 수 없었고, 관직 임용을 위한 시험도 한족에게는 훨씬 어렵게 출제되었습니다. 또한 몽골인과 한족이 다투다 몽골인이 때리더라도 한족은 보복할 수 없었습니다.

차별을 할 뿐만 아니라 한족 문화와 제도도 계승하지 않아서 오랫동안 과거제를 폐지했다가 말년에 가서야 부활시켰습니다. 원나라는 다른 나라를 정복하고 세운 국가인데 무력으로 차지한 중국 땅을 자기 재산처럼 간주했던 것입니다. 가장 천대받던 남송 사람들이 원나라 말에 이르러 반란에 대거 가담하면서 '오랑캐를 몰아내고 중화를 회복하자.'라는 구호를 내걸었던 것도 원나라가 몽골인 제일주의를 내세우며 한족을 탄압한 탓이라고 해야 할 것입니다. 원나라를 멸망시키고 들어선 명나라가 과거 제도와 유교 전통 등 역대 한족 왕조들의 정책을 부활시킨 데는 이런 배경이 있었습니다.

## 중국의 마지막 왕조, 청나라

몽골족의 원나라를 이어 1368년에 들어선 명나라는 만주족에게 멸망하기 때문에 전통 왕조 가운데 마지막 한족 왕조입니다. 난징에서 개국한 명나라는 수도를 베이징으로 옮겨 지금 우리가 보는 것과 같은 고궁과 베이징을 건설했습니다. 명나라 사람인 정화가 100여 척이나 되는 대형 선단을 이끌고 일곱 차례나 서태평양과 인도양을 항해한 데서 알 수 있듯이 명은 당시 세계 최강대국의 반열에 있었고 상업 문명도 발달했습니다. 하지만 강압적 통치로 나라는 활력을 잃었고, 결국 1644년에 만주족이 세운 청나라가 들어서게 됩니다.

중국역사박물관에 소장되어 있는, 청나라 황제 강희제를 그린 그림.

청나라는 원과 같은 이민족 왕조이지만 원나라에 비해 훨씬 유연한 정책을 폈지요. 내각 이하 고위 관리로 만주족과 한족을 같은 비율로 썼습니다. 또한 지방 정치에는 많은 자율성을 주는 방식을 취합니다. 청나라 황궁이었던 베이징 고궁을 가면 지금도 만주어와 한자가 같이 쓰인 현판을 볼 수 있는데, 청나라에서는 황제에게 올리는 문서에는 만주어를 썼지만 그 밖의 공문서에는 한자와 만주어를 같이 사용했습니다. 황제 주변에는 늘 통역원들이 있었다고 합니다. 또한 4대 황제 강희제는 한시를 능수능란하게 지을 정도였는데 학자들을 모아 『강희자전』이라는 역대 최대 한자 자전을 편찬하기도 했습니다. 또 6대 황제인 건륭제는 중국 역대 경전과 문집, 사상서 등을 총정리한 『사고전서』 등의 편찬도 진행합니다. 한족 문화를 보존하는 데 각별히 관심을 기울인 것입니다. 만주족이지만 한족이 이룬 중국 문화를 존중하고 아끼는 마음이 있었기에 가능한 일이었겠지요.

중국인의 오랜 생각으로 보자면 만주족은 오랑캐입니다. 중국인들은 전통적으로 문명 수준이 높은 중화 세계와, 야만적인 오랑캐라는 이분법으로 세상을 이해했습니다. 유명한 화이관華夷觀이지요. 여기서 중화와 오랑캐를 구분하는 기준은 인종이나 민족이 아니라 문화입니다. 변방의 오랑캐 민족도 중화 문명을 수용하면 중화 세계의 일원이 될 수 있다고 여깁니다. 그러므로 오랑캐인 이민족 왕조가 들어서더라도 그 왕조가 중화 문명을 계속 유지하고 계승하느냐의 여부가 중요합니다.

이런 기준에서 볼 때 몽골족의 원나라와 만주족의 청나라는 어떤 차이가 있을까요? 한족과 한족 문화를 얼마나 존중했는지를 기준으로 보자면 원나라보다는 청나라가 중국인들에게 더 인정받습니다. 어떤 학자들은 청나라가 300년 넘게 통치한 데 비해 원나라는 90여 년밖에 통치하지 못한 원인을 한족과 한족 문화를 대하는 태도의 차이에서 찾기도 합니다.

두 이민족 왕조가 전체 중국 역사에 기여한 것도 많습니다. 원나라 때는 몽골 제국이 아시아와 유럽을 아우른, 세계 역사상 초유의 강대한 제국이었기 때문에 그에 힘입어 서구 세계와 교류가 유례없이 활발하게 이루어졌습니다. 이탈리아 출신 마르코 폴로가 원나라에 17년간 머물다가 돌아가서 『동방견문록』을 쓴 데서도 알 수 있지요. 원나라의 차와 비단, 도자기가 유럽과 일본, 고려 등으로 팔려 나갔고 향료, 보석 등이 원나라에 들어왔습니다. 또한 도시가 발달하여 대규모 극장이 들어서기도 했습니다. 과거제가 폐지되어 고위 관직으로 진출할 수 있는 길이 막힌 문인들이 희곡 창작에 나서면서 무대 예술이 전성기를 누리는 등 대중 예술이 발달했습니다.

청나라 때는 오늘날과 거의 유사한 국경선을 확정할 정도로 티베트를 비롯한 주변 민족들을 편입시켰습니다. 청나라 초기에도 국제 무역이 활발하여 차와 비단, 자기를 수출한 대가로 막대한 은이 유입되면서 나라 창고가 모자라 재물을 쌓아 두지 못한다고 할 정도로 재정이 여유로운 태평성대를 구가합니다. 사전을 편찬하고 역대 역사 서적을 모으는 등 대규모 문화 사업을 벌인 것도 이런 여유 있는 재정 덕분이었습니다.

그런데 장구한 중국 왕조는 청나라를 마지막으로 막을 내립니다. 그 이후 근대가 시작되지요. 청나라는 전통 시대의 마지막이자 중국 전통 왕조의 마지막입니다. 그런데 전통 시대를 잘 마감하고 화려하게 근대를 시작하거나, 전통 시대와 근대를 잘 연결했으면 좋을 터인데 그러질 못했습니다. 근대가 시작되면서 중국인들이 5,000년 역사에서 가장 치욕스럽게 생각하는 시대가 열린 것입니다. 중국인들은 전에 없던 치욕과 굴욕감을 맛보게 됩니다. 청나라 말부터 서구 여러 나라들과 전쟁을 했지만 잇달아 패했기 때문입니다. 세상에서 가장 수준 높은 문명을 이룩했다고 생각하던 중화 민족의 자부심이 여지없이 무너진 것이지요. 영국과 벌인 아편 전쟁에서 패한 이후로 나라가 빠르게 기울면서 중국은 거의 식민지로 전락하게 됩니다.

중국인들에게 전통 시대가 찬란한 영광의 시대였다면 근대는 치욕의 시기입니다. 한 무리의 지식인과 정치인들은 중국이 이런 상황에 놓인 것은 청조의 무능과 부패 때문이라고 생각하고는 입헌 군주제°로 바꾸려 했습니다. 하지만 다른 한편에서는 전통 왕조를 다시 세우는 것은 역사를 과거로 되돌리는 것이라고 생각하면서 이미 수명이 다한 봉건 왕조 체제를 폐지하고 근대 민주 공화제를 세우려 합니다. 청나라가 몰락하고 서구 제국주의가 중국을 차지하려고 노리는 가운데, 중국은 전통 시대에서 근대로 바뀌는 전환기를 맞게 됩니다.

● 군주가 헌법에서 정한 대로 제한된 권력만 갖는 정치 체제. 군주의 권한은 비교적 형식적이지만 반면 내각이 실질적인 권한과 책임을 갖는다.

# 침략과 개방

굴욕으로 얼룩진 근대

　　마약 거래를 철저히 막고 있는 지금으로서는 마약 수출 때문에 두 나라가 전쟁을 벌였다는 사실을 믿기 어렵습니다. 그런데 청나라 말기에 아편을 계속 수출하려는 영국과 이를 막으려는 청나라 사이에 전쟁이 일어났습니다. 아편 전쟁(1840~1842년)이 바로 그것입니다. 세계사에 있었던 가장 비도덕적인 전쟁 가운데 하나라고 할 수 있겠지요. 아편은 양귀비라는 식물의 열매에서 나오는 액으로 만든 마약의 일종입니다. 이런 마약을 영국은 왜 중국에 팔려고 했을까요?

　영국은 당시 청나라 정부에 집요하게 자유 무역을 하자고 요구했습니다. 하지만 청나라 정부는 필요한 게 없다면서 거절하지요. 그러다가 1715년부터 광저우 지역에 한해 무역을 허가합니다. 그런데 두 나라 사이 무역에서 영국은 늘 손해를 봅니다. 무역 수지 적자가 발생한 것인데, 이유는 간단합니다. 영국은 중국에서 사 갈 것이 많았습니다. 차와 도자기, 비단 등이 그것입니다. 영국식 도자기를 영어로 Bone China라고 하는데, 아름다운 광택이 감돌고 단단한 중국 도자기를 본뜨려고 영국의 무른 흙에 뼛가루bone를 섞어 만든 데서 유래한 말입니다. China라는 말이 아예 도자기를 지칭했다는 사실을 알 수 있지요. 영국인들은 오후에 홍차를 마시는 습관이 있는데 이것도 중국차가 전해지면서 더욱 발전하지요. 그만큼 중국 물품이 영국인들에게 인기가 있었습니다. 그런데 영국은 중국에 수출할 물건이 마땅치 않았습니다. 당시에는 은으로 거래를 했는데 중국 물건을 잔뜩 사 오면서 많은 은이 영국에서 중국으로 넘어갔고 무역 적자가 계속 생겨났습니다.

그런데 이런 적자를 해소할 방법이 생깁니다. 당시 영국은 인도를 식민지로 지배하고 있었는데, 그곳에 진출해 있던 동인도회사*가 인도산 아편을 독점으로 채취하여 중국과 무역을 하는 영국 상인들에게 공급한 것입니다. 그때부터 중국에서 아편 수입이 빠르게 늘어납니다. 1780년에는 1,000여 상자에 불과했지만 1830년에는 1만 상자로, 10년 뒤에는 4만 상자로 수입이 늘지요.

● 17세기에 유럽 각국이 세운 무역 독점 회사. 주로 인도 및 동남아시아에 무역하기 위해 세운 회사로, 영국의 동인도 회사는 인도를 식민지화하려는 침략적인 성격도 띠었다.

역사

047

화가 에드워드 던컨(Edward Duncan)이 그린 아편 전쟁 모습. 1841년 봄, 영국 동인도 회사의 배 네 메시스가 중국 배들을 공격하는 장면을 묘사했다.

그만큼 아편은 빠르게 중국 사람들 사이에 퍼져 나갔습니다. 부유한 사람들은 유흥으로 아편을 했고 하층민들은 힘든 노동의 고통을 잊으려고 아편을 찾았습니다. 아편에 중독된 사람들이 급증하면서 심각한 사회 문제가 되었습니다. 물론 그럴수록 영국 무역 상인들은 돈을 많이 벌었지요. 아편 무역이 활발해질수록 중국인들은 병들고 영국은 더 많은 돈을 버는 상황이 연출된 것입니다. 결국 청나라 정부가 영국 상인들에게서 아편을 강제로 몰수하여 바다에 던져 물에 녹여 버립니다. 당시 무역 창구 역할을 하던 중국 남부 도시 광저우 일대에서 일어난 일입니다. 그러자 영국 상인들과 영국 정부가 분노해 영국군이 중국을 공격하면서 일어난 것이 아편 전쟁입니다.

아편 전쟁에서 진 중국은 그 대가로 난징 조약(1842년)이라는 불평등 조약을 맺습니다. 전쟁으로 영국이 입은 피해를 보상하고 상하이 등 5개 항구를 개방할 뿐만 아니라 영국이 이 지역을 중국 정부의 간섭을 받지 않고 마치 제 나라처럼 다스릴 수 있도록 치외 법권 지역으로 설정하게 됩니다. 홍콩 섬도 영국에 빼앗깁니다. 전쟁에 져서 돈으로 피해도 배상하고 땅도 빼앗긴 것이지요. 이를 계기로 중국은 서구 여러 나라에 문을 열게 됩니다. 중국인들에게 근대는 중화 민족의 굴욕과 더불어 시작된 것이지요.

## 서구에게 무엇을 배울 것인가

이제 서구 여러 나라가 앞다투어 청나라에 밀려드는데 청나라 정부는 여전히 무능했습니다. 그래서 미국, 프랑스, 독일, 러시아 등 여러 국가의 요구를 일방적으로 들어주는 불평등 조약을 잇달아 체결하게 됩니다. 이들의 강압에 못 이겨 중국 동해안 주요 도시를 빼앗깁니다. 남쪽 광저우부터 상하이와 톈진, 칭다오를 거쳐 북쪽 다롄까지 동쪽 주요 항구 도시를 이들 나라가 차지하여 제 나라처럼 다스리게 되지요. 중국이 식민지나 다름없이 전락한 겁니다.

중국인들이 충격을 받은 것은 당연합니다. 이대로 가면 나라도 잃고 중국 사람도 사라질지 모른다는 위기감이 든 것이지요. 지식인들이 나섭니다. 나라를 구하고 사람들이 더 이상 치욕을 당하지 않기 위해서는 어떻게 해야 할지 고민합니다. 그래서 뒤떨어진 중국이 서구를 따라잡기 위해서는 서구의 훌륭한 점, 특히 군사력을 배워야 한다고 생각합니다. 서구 여러 나라들이 중국보다 나은 것은 군사력뿐이라고 본 것입니다. 군함이나 대포, 총과 같은 무기와 기술 등 실용적인 것만 서구에게 배우면 서구를 따라잡고 중국이 위기에서 벗어날 수 있다는 발상이지요. 1861년부터 1894년까지 일어난 '양무운동洋務運動'이 바로 그런 생각에서 나온 개혁 운동이었습니다.

하지만 1894년에 청일 전쟁이 일어나고 이번에는 일본에 패합니다. 일본에 패한 충격은 컸습니다. 중국인들 생각에 일본은 중국에서 문화를 수입하던 나라인데, 이제 근대화에 성공하여 중국을 제압한 것입니다. 청일 전쟁 이후 중국 지식인들은 무기나 기술만 서구처럼 바꾸는 것으로는 부족하다고 생각하게 됩니다. 중국이 잇달아 패한 원인은 낙후된 군사 기술이나 실용 기술만이 아니라 더 깊은 곳에 있다고 본 것이지요.

그래서 나라를 구하기 위한 좀 더 깊은 차원의 처방을 냅니다. 서양에서 무기나 대포 기술을 배우는 것만으로는 부족하고, 정치 제도를 서구처럼 바꾸어야 한다는 운동이 일어난 것이지요. 그

1911년, 쑨원이 중국의 혁명을 이끈 조직인 중국 동맹회와 함께한 사진. 테이블 오른쪽에 앉은 사람이 쑨원이다.

런데 서구의 어떤 정치 제도를 받아들일지를 두고 의견이 갈립니다. 황제 제도를 폐지하고 공화제˚ 정부를 수립하자고 주장하는 사람들이 있는가 하면, 황제는 그대로 두되 헌법으로 그 권한을 제한하는 입헌 군주제가 바람직하다고 주장하는 사람들도 있었습니다. 이 두 흐름이 대립하다가 쑨원孫文을 비롯해 공화제를 주장하는 사람들은 1911년 10월 10일에 혁명을 일으키고 이듬해인 1912년 1월 1일에 중화민국 정부를 수립합니다. 아시아 최초의 공화제 정부입니다.

● 국민이 선출한 대표자나 대표 기관이 나라를 다스리는 정치 제도. 주권이 군주나 황제에게 있지 않다는 점에서 입헌 군주제나 황제 제도와 크게 다르다.

그런데 중화민국은 중국 전역을 다 장악하지도 못하고, 황제 제도로 되돌아가자고 주장하는 보수파에게 정권을 빼앗기는 등 정치적 혼란이 계속됩니다. 그 와중에 서구 제국주의 국가들은 중국 침략을 더욱 확대합니다. 중국 지식인들은 나라가 왜 이렇게 좀처럼 위기에서 벗어나지 못한 채 갈수록 기울이만 가는지, 그 근본 원인이 무엇인지를 두고 다시 고민합니다. 무기를 바꾸어도 안 되고 정치 제도를 바꾸어도 소용없고, 그렇다면 이제 어떻게 해야 할지 난감한 상황에 빠진 것이지요.

이 상황에서 이런 생각을 하게 됩니다. 무기나 정치 제도가 서구에 뒤떨어진 것만이 아니라 이보다 심각한 문제가 있는 것은 아닐까? 중화민국이 여전히 혼란에 휩싸여 있고 서구의 침략이 계속되는 가운데 1910년대 중반 지식인들은 위기의 근본 원인이 중국인의 사상과 도덕, 의식에 있다고 생각하게 됩니다. 중국 전통문화나 중국인들의 생각, 사상, 가치관 같은 것이 잘못되었기 때문이니 이런 것들을 서구식으로 바꾸어야 한다고 생각한 것이지요.

그런데 중국 전통문화의 핵심이자 중국인의 생각과 가치관의 토대는 무엇일까요? 바로 공자 사상을 토대로 한 유교 문화이지요. 그래서 지식인들은 유교를 타파하고 자유와 개인주의, 민주,

과학적 사고와 같은 서구 근대 사상을 배워야 한다고 주장합니다. 중국 문화를 버리고 서구 근대 문화를 받아들이자는 운동이라고 해서 중국에서는 이를 '신문화 운동'이라고 부릅니다. 중국을 낙후하게 만든 원흉이 바로 유교라고 비판하면서, 반유교 운동과 함께 서구 문화를 배우고 받아들이려는 운동이 크게 일어난 것입니다. 이 운동의 영향은 매우 커서 중국 현대 문학을 대표하는 루쉰魯迅과 같은 작가는 물론이고 마오쩌둥 같은 정치인들 역시 신문화 운동에 직·간접으로 참여했습니다. 현대 중국의 사상적 기원이 바로 신문화 운동입니다.

# 사회주의

전통도 서구도 아닌 새로운 대안

1910년대 후반 세계사에 큰 전환점이 생깁니다. 1917년 러시아에 세계 최초로 사회주의 혁명이 일어나고 1914년부터 시작된 제1차 세계 대전이 4년 만에 끝나지요. 중국인들은 1차 대전 패전국인 독일이 중국에서 점령하고 있던 지역과 취하고 있던 이권을 중국에 돌려줄 것이라고 기대합니다. 하지만 서구 전승국들은 독일의 이권을 중국에 되돌려주는 것이 아니라 일본에 넘겨주는 결정을 내립니다. 이 결정이 계기가 되어 베이징에서 대학생을 중심으로 서구 제국주의와 일본에 반대하는 대규모 시위가 일어납니다. 우리의 3·1 운동과 유사한 5·4 운동˚입니다.

● 1919년 5월 4일 중국 베이징에서 학생들이 일으킨 반일 운동, 반제국주의·반봉건주의 혁명 운동의 출발점이 된다. 시위는 이후 학생에서 상인, 노동자, 일반 시민으로 파급, 전국적인 규모로 이어졌고, 베이징을 넘어 상하이 등으로까지 확대되었다.

1919년 5·4 운동에 참여한 베이징 지역 학생들의 모습.

1920년을 전후해 중국 지식인들 사이에서는 서구 자본주의 국가에 대한 실망감이 커져 갔습니다. 아편 전쟁에서 지고 난 뒤 중국은 서구가 중국보다 앞서 있다고 생각하여 서구를 일종의 선생으로 여기면서 배우려고 했습니다. 서구가 오랑캐이기는 하지만 '오랑캐의 장기長技로 오랑캐를 제압하자'고 외칩니다. 서구의 기술과 무기부터 정치 제도와 사상, 문화에 이르기까지 폭넓게 흡수하려 했지요.

그런데 중국인들이 선생이라고 생각한 서구가 학생인 중국을 계속 괴롭히고 자기 잇속만 챙기는 상황이 계속됩니다. 그러자 중국인들은 서구에 실망하면서 서구의 행태에 차츰 분노하기 시작합니다. 서구는 중국이 따라 배워야 할 선생이 아니고 서구 근대 문명 역시 중국이 배워야 할 이상적인 문명이 아니라고 생각하게 된 것입니다. 더구나 1차 대전 같은 사상 유례가 없는 대규모 전쟁은 서구 사회의 한계를 보여 주었습니다. 중국 내 이권을 일본으로 넘겨준 결정에서 서구는 양심을 저버린 제국주의 세력이라는 것이 드러나기도 했지요. 또한 서구 자본주의 세계는 민주와 자유의 세상이기도 하지만 강한 사람, 돈 많은 사람을 위한 사회라는 인식이 생기면서 서구 근대 사회에 대한 장밋빛 기대도 무너졌습니다. 서구 사회가 지닌 문제점을 직시하게 된 것입니다.

이렇게 서구에 대한 실망이 커져 가던 무렵 러시아 혁명이 성공하자 중국 지식인들은 새로운 희망을 봅니다. 전통 중국도 아니고 서구 근대도 아닌 새로운 제3의 대안으로써 러시아에서 성공한 사회주의에 관심이 생긴 것입니다. 서구 제국주의 국가들로부터 나라와 민족을 구하겠다는 민족주의 동기에, 전통 중국 사회도 서구 근대 사회도 아닌 새로운 사회를 찾아 나서려는 동기가 결합되어 지식인들 사이에서 사회주의가 빠르게 확산됩니다. 서구에게 그동안 받은 치욕을 씻는 한편, 서구 제국주의 국가와 다른 길, 사회주의 체제라는 인류사에 새로 난 길을 러시아와 함께 갈 수 있을 것이라는 매력적인 전망을 발견한 것입니다. 이런 분위기 속에서 1921년에 중국 공산당이 창당되고, 중국 공산당은 당시 중국을 통치하던 국민당을 타이완으로 몰아내고 1949년 중국에 사회주의 정권을 수립합니다.

# 현대

마오쩌둥에서 덩샤오핑까지

1949년 10월 1일 중국 공산당 지도자 마오쩌둥毛澤東은 톈안먼天安門 광장에서 사회주의 중국의 수립을 선언합니다. 중국 공산당은 일본과 서구 제국주의 국가가 차지하고 있던 땅을 되찾고 이들 세력을 몰아냈지요. 게다가 중국 국민당과의 내부 전쟁에서도 승리해 정권을 차지합니다. 중화인민공화국이라는 새로운 정부가 수립된 것입니다. 마오쩌둥은 이날 톈안먼에 올라가 새로운 정부 수립을 선포하면서 이렇게 외칩니다. "중국이 이제 일어섰다!" 이 선언에 많은 중국인이 감격했습니다. 아편 전쟁 이후 서구 여러 나라와 일본에게 굴욕과 치욕을 당했던 시대

톈안먼에서 중화인민공화국의 수립을 선언하는 마오쩌둥.

가 이제 끝났다고 생각한 것입니다. 이렇게 보자면 중국 공산당
은 사회주의를 실현하려는 정당이자 근대의 치욕을 씻고 중국 민
족의 위대한 꿈, 과거 찬란했던 중국의 영광을 부활시키려는 정
당이기도 합니다.

## 마오쩌둥과
## 문화 대혁명

새로운 정부가 수립된 뒤 마오쩌둥은 마약이나 성
매매, 매매혼, 도박, 아편 등 오랫동안 중국 사회의 고질병이었
던 여러 악습을 청산합니다. 그런 가운데 중국을 사회주의 체제

로 빠르게 개조하기 시작합니다. 건국 초기에 중국 공산당은 토지 개혁을 단행하여 지주에게서 땅을 몰수하고 땅이 없던 3억 명가량의 농민에게 나누어 주었습니다. 이로써 지주 계급이 소멸하고 중국 역사에서 처음으로 모든 농가가 자기 땅을 갖는 시대가 열렸습니다. 정확히 말하면 토지는 국가 재산이어서 개인 사이에 사고팔 수는 없었고, 개인은 토지를 자유롭게 무상으로 이용할 수 있는 사용권을 갖는 것이었지요.

사회주의 정권이 들어선 건국 초기에 중국 사회는 자본주의 요소와 사회주의 요소가 섞여 있었습니다. 원래 마르크스주의의 역사 발전 단계에 따르면 세계사는 봉건주의에서 자본주의를 거쳐 사회주의로 진행됩니다. 마오쩌둥 역시 중국이 봉건 시대에서 바로 사회주의로 들어가는 것은 불가능하다고 생각했습니다. 생산력이 발달하지 않았기 때문이지요. 그래서 사회주의로 옮겨 가기 이전에 일정 기간 동안 과도기 단계가 필요하다고 생각한 것입니다. 개인 상공업자나 개인 소유의 중소기업을 용인하거나 토지의 개인 사용권을 인정한 것은 이런 생각 때문이었습니다.

그런데 1953년부터 상황이 바뀌기 시작합니다. 중국 공산당이 자본주의 요소와 사회주의 요소가 공존하는 과도기를 끝내고 중국을 완전히 사회주의 형태로 바꾸기 위한 작업을 진행한 것입니다. 개인이 사용권을 가지고 있던 토지도 공동 농장에 수용하여 집단으로 농사를 짓게 하지요. 생산 수단을 개인이 갖는지, 아니면 국가나 집단이 갖는지는 자본주의와 사회주의를 나누는 중요한 기준이기 때문에, 이런 조치들은 사회주의 사회로 바꾸는 중요한 조치였습니다. 이뿐만이 아닙니다. 전통 사상과 관습 같은 것을 봉건적이라고 규정해 철저히 타파하려고 했고, 이와 함께 자본주의적인 것도 철저히 청산하려고 했습니다. 사회주의는 봉건주의와 자본주의를 넘어선 체제라고 생각해서, 봉건주의와 자본주의가 부활하여 중국이 다시 옛날과 같은 시대로 돌아가는 것을 막기 위한 운동을 지속적으로 벌입니다. 공자와 유교 사상을 봉건사상이라고 비판하고 자본주의나 서구 세계와 관련한 것들을 청산하는 운동을 한 것입니다.

흔히 문혁이라고 줄여 부르는 문화 대혁명(1966~1976년)은 봉건적인 것과 자본주의적인 것을 청산하려는 운동의 결정판입니다. 마오쩌둥은 중국의 정치 제도나 경제 제도는 사회주의로 바뀌었지만 중국인들의 사상과 가치관, 의식 등 문화에는 여전히 봉건적이고 자본주의적인 잔재가 남아 있다고 생각했습니다. 또한 몇몇 중국 공산당 간부들이 정권을 잡은 뒤 예전의 혁명 열정을 잃고 관료주의에 빠져들고 있다고 보았습니다. 그래서 문화를 바꾸는 혁명이 필요하다고 생각합니다. 마오쩌둥은 낡은 사상과 낡은 문화, 낡은 도덕, 낡은 습관이라는 이른바 4가지 낡은 것을 타도하고, 중국 공산당 내에 숨어 있는, 자본주의 길을 가려는 일파(일명 주자파)를 타도할 것을 요구합니다. 정부 기구나 중국 공산당을 통해서는 이런 운동을 진행하기 어렵고 공산당 밖에 있는 대중들을 동원하는 것이 효과적이라고 생각했습니다.

이런 생각에 가장 적극적으로 호응한 사람들이 학생이었습니다. 이른바 홍위병紅衛兵, Red Guard입니다. 기성세대가 봉건주의와 자본주의, 낡은 사상, 낡은 문화에 물든 채 권력을 누리고 있다는 마오쩌둥의 비판에 청년 학생들이 들고일어난 것입니다. 이런 인식 때문에 문혁 때 교사와 지식인, 학자, 작가, 예술가 등 문화계 유명 인사들이 반동적인 권위자로 지목되어 홍위병들에게 호된 비판과 구타를 당했습니다. 또한 공자의 무덤이 파헤쳐지고 서양 책은 사회주의 관련 책을 제외하고 대부분 금서가 되었습니다. 서로 잘못과 약점을 들추어내 우파라고 비판하고 반동이라고 몰아세우는 배반의 시대가 연출되었고, 나중에는 파벌이 나뉘어 권력 투쟁을 벌이기도 했습니다.

## 가난한 것은
## 사회주의가 아니다

문혁은 1976년 마오쩌둥이 죽고 문혁을 주도했던 정치인들이 체포되면서 막을 내립니다. 그런 뒤 덩샤오핑鄧小平이 주도하는 개혁 개방 정책이 실시됩니다. 외국에 문을 열고 외국 기업을 적극적으로 유치하기 시작합니다. 덩샤오핑은 '가난한 것은 사회주의가 아니'라면서 과감하게 경제를 개혁합니다. 농민들이 책임지고 땅을 경작하고 세금을 제외한 나머지 농작물을 시장에 내다 팔아 돈을 벌 수 있도록 허용하고, 국유 기업과 공장을 민간에 팔아서 민영화합니다. 예전에는 대학을 졸업하면 직업도 국가가 정해 주었지만, 이제는 개인들이 알아서 직장을 찾을 수 있도록 합니다. 사회주의 체제에서는 국가가 물건을 생산하고 판매하는 것을 도맡아 했지만 이제는 시장이 국가를 대신해 생산과 판매를 조절하게 됩니다. 시장이 살아나고 시장에 물건이 넘치기 시작하는 가운데 개혁 개방 조치로 새롭게 부자가 된 사람들이 출현하기도 합니다.

개혁 개방 정책으로 1990년대 이후 중국은 경제가 빠르게 발전합니다. 1990년대와 2000년대 초반에 중국은 노동자들의 값싼 임금을 바탕으로 세계 곳곳에 값싼 제품을 공급하는 세계의 공장 역할을 했습니다. 하지만 지금은 가장 큰 소비 시장으로 탈바꿈해 세계 기업들이 중국에 물건을 팔기 위해 경쟁하고 있습니다. 중국이 미국과 어깨를 나란히 하는 세계 2대 강국[62]으로 성장한 것입니다.

● 중국을 부르는 여러 가지 이름

　　중국의 정식 국호는 중화인민공화국이고, 타이완의 국호는 중화민국입니다. 인민공화국과 민국이라는 정치 체제의 차이는 있지만 '중화'라는 호칭은 같이 사용합니다. 중화는 중국을 부르는 여러 호칭 가운데 하나입니다. 예전부터 중국은 중화中華나 화하華夏, 신주神州 등으로 불렸습니다. '중'은 중심이라는 뜻입니다. 단순히 방위로 볼 때 중앙에 있다는 뜻만이 아니라 정치의 중심이자 주변 오랑캐 민족의 지역과 비교하여 고급한 문화를 지닌 중심이라는 뜻이 있습니다. '화'는 아름답고 화려하다는 뜻입니다. '화하'라는 호칭 역시 비슷한 의미입니다. '하'는 예禮라는 이상적 질서가 잘 갖추어져 있었다는 고대 왕조 주나라를 가리킨다고 말하기도 하고, 크고, 바르고, 고상함을 뜻한다고 보기도 합니다. 어쨌든 화하라고 부를 때는 화려하고 훌륭하다는 의미를 나타내거나 그런 것을 갖춘 나라라는 뜻이 됩니다. '신주'라는 이름은 글자 그대로 신의 땅, 하늘의 땅이라는 뜻입니다.

　　이러한 호칭들에는 중국은 화려하고 수준 높은 문화를 갖춘 선택받은 나라로서, 세상의 중심이라는 의미가 담겨 있습니다. 일종의 중국판 선민 의식입니다. 흔히 중화사상, 중화 의식이라고 부르는 생각이지요. 문화 수준을 기준으로 볼 때 중국은 가장 수준 높은 문화를 지니고 있고 나머지는 문화 수준이 낮은 오랑캐라고 보는 인식입니다. 중국인들은 이처럼 문화적 자존심이 강합니다.

중국의 역대 왕조 가운데 국호를 '중국'으로 칭한 예는 없습니다. 청나라 때 서양 국가들과 조약을 체결하면서 국호를 중국으로 쓰기 시작합니다. 한편 '지나支那'는 원래 고대 인도인들이 진나라를 음역하여 부르던 말입니다. 그런데 이 말이 근대 일본에서는 중국을 비하하여 부르는 말로 쓰였지요. 근대 초기에 일본인들이 한국인을 비하하여 부를 때 '조센진'이라고 했듯이, 중국인들을 비하해 '시나진支那人'이라고 불렀지요. 중국인들은 당연히 이 호칭을 좋아하지 않습니다.

● 자금성의 방은 모두 몇 칸일까요?

베이징 관광에서 빠뜨릴 수 없는 필수 코스가 고궁 구경이지요. 고궁은 황제가 살던 곳입니다. 붉은색 칠을 한 건물과 황금색 지붕이 더없이 화려하지요. 그런데 이곳을 구경하기란 쉬운 일이 아닙니다. 단단히 각오를 해야 합니다. 남쪽 톈안먼으로 들어가 북쪽으로 나오기까지 두 시간가량 걸어야 하거든요. 수없이 많은 건물이 이어지는데, 대관절 이렇게 넓은 고궁에 방은 몇 칸이나 될까요? 모두 9999.5칸입니다. 왜 하필 9999.5칸일까요?

명나라와 청나라 때 모두 24명의 황제가 살았던 고궁을 예전에는 '자금성紫禁城'이라고 불렀습니다. 옛날 중국 사람들은 하늘에 3개의 항성이 있는데 그중 하나인 자미항紫微恒은 3개 항성의 한가운데 있고, 위치도 변하지 않는다고 생각했습니다. 이 자미항은 오늘날의 북극성이지요. 자금성의 '자'는 바로 이 자미항에서 유래했습니다. 북극성이 하늘의 중심에 있고 뭇 별들은 북극성을 중심으로 펼쳐져 있듯이, 땅에서 황제가 바로 그렇게 세상의 중심이라고 생각한 것이죠. 여기에 황제가 사는 곳은 보통 사람들은 감히 접근할 수 없는 금지된 곳이라고 하여, 금禁 자를 붙여 자금성이라고 불리게 된 것입니다.

　이처럼 자금성이란 명칭은 하늘과 연관이 있는데, 자금성의 방 칸수도 그러합니다. 세상을 다스리는 옥황상제가 사는 천궁天宮의 방 칸수가 1만 칸인데 하늘의 아들, 즉 천자인 황제가 사는 곳을 천궁보다 크게 지을 수 없어서 반 칸이 적게 되었다는 것이지요. 믿거나 말거나 하는 수준인가요? 다른 설도 있습니다. 자금성의 건축은 9와 5를 기본으로 세워졌습니다. 중국인들은 홀수를 양陽, 짝수를 음陰이라고 하지요. 9는 홀수 가운데 가장 큰 숫자로, 양 가운데 으뜸입니다. 자금성의 계단이나 문 장식 등은 모두 9의 배수로 되어 있지요. 그런가 하면 5는 가장 가운데 숫자입니다. 황제가 세상의 중심인 것과 같지요. 그래서 자금성 입구인 톈안먼 성루에는 5개의 입구가 있지요. 이렇게 9와 5는 황제의 권위를 상징하는 숫자였고, 그래서 황제를 '구오지존九五之尊'이라 부르기도 했습니다. 여기서 9999.5칸의 원리가 나왔다는 것이죠. 고대 중국인들은 하늘과 땅, 인간이 서로 밀접하게 호응한다고 생각했는데, 그 원리를 엿볼 수 있는 곳이 바로 자금성입니다.

이제부터 자금성을 구경할 때는 다리 아프다는 생각만 하지 말고, 고대 중국인들이 하늘의 원리를 어떻게 땅에 실현하려고 했는지 생각하면서 걸어 보기 바랍니다. 한결 즐거운 고궁 구경이 될 것입니다.

# 땅은 넓고
# *02 ≫
# 문화는
# 다양하다

# 거대한 땅

드넓은 황토 문명의 나라

  청나라 말기의 황제들은 서구 여러 나라가 끊임없이 교역을 요구해도 거절했습니다. 중국에는 세상 물건이 없는 것 없이 다 있어서 굳이 다른 나라와 교역하여 사 올 필요가 없다는 것이 그 이유였습니다. 중국은 땅이 넓고, 모든 것이 있을 정도로 자원도 풍부하다는 생각은 옛날 중국인들이 흔히 가진 사고방식이었습니다. 땅은 넓고 자원은 풍부하다는 것을 일컬어 '지대물박地大物博'이라고 합니다.

  실제로 중국은 대국입니다. 영토부터 그렇습니다. 중국은 러시아, 캐나다에 이어 세계에서 세 번째로 큰 나라입니다. 계산법에 따라 미국과 순위가 바뀌기도 하지만 큰 나라임에는 변함이 없지요. 약 960만 제곱킬로미터입니다. 한반도가 약 22만 제곱킬로미터이니까 중국이 약 44배 큰 셈입니다. 또 중국은 남북 간 거리가 약 5,500킬로미터이고 동서 간 거리가 약 5,200킬로미터입니다. 평생 바다 구경 한번 못 해 본 사람이 있을 정도이고, 지금은 교통편이 많이 좋아져서 나아졌지만 고향을 가기 위해 이삼일 동안 차를 타기도 합니다. 후난 성湖南省의 경우 성 하나가 한반도만 한 크기입니다.

## 중국 문명을 상징하는 황허 강

이렇게 국토가 넓지만, 문제는 쓰지 못하는 땅이 많다는 것입니다. 산이나 고원 등이 전체 국토의 3분의 2를 차지합니다. 더구나 요즘에는 이상 기후 현상과 과도한 경지 개간 탓에 사막화되는 토지가 갈수록 늘어나고 있습니다. 우리나라까지 황사가 날아올 정도로 심각한데 전 국토의 30퍼센트가량이 사막화될 위험에 처해 있고 네이멍구內蒙古 지역은 90퍼센트가 사막으로 변했다고 합니다. 중국의 사막화는 중국만이 아니라 동아시아에 재앙이 되고 있습니다.

중국은 서쪽 지역이 높고 동쪽 해안 쪽으로 갈수록 낮은 서고 동저의 지형입니다. 서쪽에는 쿤룬 산맥을 비롯한 높은 산맥과

중국 남송 시대의 궁정 화가 마원(馬遠)이 그린 황허 강의 모습.

파미르 고원이 있고 동쪽 해안 쪽으로 평야 지대가 있는데, 그 중간에 폭넓은 네이멍구 고원과 황투黃土 고원이 자리하고 있습니다. 흔히 중국을 두고 황토 문명이라고 할 정도로 중국 서부 지역, 특히 북서부 지역의 경우 황토 고원이 끝없이 이어집니다. 사람들은 황토 구릉에서 흙을 파내고 집을 지어 살기도 합니다.

그런 황토 지대를 가로질러 황허가 흐릅니다. 세계 4대 문명 가운데 하나인 중국 문명의 발상지가 황허 유역입니다. 황허는 중국 대륙을 동서로 가로지르는, 중국 문명을 상징하는 강입니다. 황허는 말 그대로 노랗습니다. 황토 때문입니다. 황허는 서쪽 끝 쿤룬 산맥에서 시작하여 동쪽 바다에 이르는데 길이가 무려

5,463킬로미터입니다. 이렇게 긴 내륙을 흘러가는데 강물에 황토까지 섞여 있습니다. 폭우가 내리면 황토가 빗물을 타고 황허로 흘러드는 것이지요. 그래서 중국인들은 "황허 물 한 석에 진흙 여섯 두가 섞여 있다."라고 합니다. 황허 물의 60퍼센트가 황토라는 것이지요. 그렇다 보니 강바닥에 황토가 자꾸 쌓여 강바닥이 높아지면서 물이 강둑을 넘어 범람하는 일이 잦아서 주변에 큰 피해를 주곤 합니다. 한 기록에 따르면 기원전 602년부터 서기 1938년까지 황허의 제방이 무너진 경우가 총 1,590회였고, 황허의 수로가 크게 변한 경우도 26차례나 되었다고 합니다.

## 위기는
## 또 다른 기회

그런데 황허의 범람은 막대한 피해를 가져오기도 하지만 때로는 비옥한 땅을 만들어 주기도 합니다. 예전에 황허를 여행할 때 제가 겪은 경험을 하나 소개할까요? 여름이었는데 큰비가 내린 뒤였습니다. 황허에서 모래를 채취해서 가족의 생계를 해결하던 사람을 만났는데, 제가 보기에는 난감한 상황이었습니다. 모래를 채취하는 장비가 모두 물에 잠긴 데다 물이 엄청나게 불어나서 당분간은 돈벌이를 할 수 없어 보였습니다. 그런데 이 아저씨는 여유로웠고, 제게 이렇게 말하더군요.

"물이 불어나면 불어난 대로 살면 되지요. 모래를 채취해서 파는 대신에 고기를 잡아 팔면 되거든요."

황허 물이 불어나는 것이 꼭 재앙만은 아니었던 거지요. 큰비로 인해 주변의 황토가 강으로 쓸려 오고 강바닥에 쌓여 있던 토사도 풀려 강물이 혼탁해지면 물속 산소가 부족해집니다. 그러면 물고기들이 자연스레 물 위로 떠오르기 때문에 애써 잡을 필요도 없이 그냥 떠 올리면 되는 거예요. 자연재해가 닥쳐도 그것이 재앙이 아니라 또 다른 기회가 되는 셈입니다. 중국어로 위기危機란 말에는 위험이라는 뜻과 기회라는 뜻이 같이 들어 있는데, 바로 이런 상황에 어울리지요.

또 황허가 범람하면 물과 함께 많은 황토가 강 유역으로 넘치기 때문에 그해에는 농사를 망치지만 이듬해에는 범람했던 지역이 아주 비옥한 땅으로 바뀌기도 하지요. 황토가 쌓여 농사짓기에 더없이 좋은 땅이 되는 것입니다. 황허 유역이 고대 문명의 발상지가 된 이유이기도 합니다. 황허가 이렇게 자주 범람하면서 피해를 입히기도 하고 이익을 가져다주기도 하다 보니 중국에 이런 속담이 생겨났습니다.

"강은 30년은 동쪽으로 흐르고, 30년은 서쪽으로 흐른다."(三十年河東, 三十年河西)

황허가 자꾸 범람해 물길이 자주 바뀌다 보니 강 동쪽이 서쪽이 되기도 하고, 서쪽이 다시 동쪽이 되기도 하는 것을 두고 나온 말입니다. 중국에서 이 속담은 황허의 물길만이 아니라 인생은 물론이고 세상만사를 설명하는 말로 사용됩니다. 인생이나 세상일은 고정된 것이 없고 황허의 물길처럼 변하기 마련이며, 행운과 불행도 언제든지 바뀔 수 있다고 생각하라는 것이지요. 황허는 지리적인 강인 동시에 중국인들에게 세상의 이치와 인생을 가르쳐 주는 강이기도 합니다. 이런 의미에서 보자면 중국 문명을 두고 황허 문명이라고 하는 데에는 단순히 황허 유역에서 문명이 탄생했다는 의미만이 아니라 중국인들의 삶이나 인생관까지 황허와 연관되어 있다는 의미도 담고 있습니다.

# 인생관

인생 만사 새옹지마

　　중국 문명의 토대는 농업입니다. 상인들이나 도시에 사는 사람들은 날씨나 자연의 변화에 크게 영향을 받지 않지만 농민들은 하루의 날씨는 물론이고 사철의 변화에 민감합니다. 가축을 키우는 목축이나 일정한 거처가 없이 떠도는 유목과 달리 농업은 한 지역에 정착해 씨를 뿌려 열매를 거두는 것으로, 무無에서 유有를 창조하는 과정입니다. 이 과정에서 자연이 무척 중요한 역할을 하지요. 예부터 농부들이 자연의 변화를 예민하게 관찰해 온 것은 이 때문입니다.

　　농부들에게 가장 중요한 자연의 원리는 바로 변화입니다. 중천에 있던 해도 때가 되면 지고 달도 찼다가 기울고, 더위가 가면 추위가 오고 추위가 가면 더위가 온다는 변화가 그것입니다. 농사를 짓는 과정이란 자연의 순환 과정과 하나입니다.

이러한 지극히 평범한 사실이 중국인들에게는 세상 만물의 이치를 이해하는 지혜로 연결됩니다. 세상 만물 가운데 변하지 않는 것은 없고, 영원히 고여 있거나 멈추어 있는 것은 없으며, 들판의 풀이 겨울이 되면 시들었다가 봄이 되면 다시 싹을 틔우듯이 모든 것은 극에 이르면 다시 원래의 자리로 되돌아간다는 원리를 터득하게 됩니다. 중국인들 사고에서는 이 세상에 변하지 않는 것은 없습니다. 변하지 않는 것은 오직 모든 것이 변한다는 그 사실 하나뿐이지요.

세상 만물이 이렇게 끝없이 변하고 순환한다면 사람들은 어떤 생활 태도를 가져야 할까요? 우리도 익히 알고 있는 중국의 유명한 고사성어 가운데 새옹지마塞翁之馬가 있지요. 중국에서는 새옹이 말을 잃었다고 하여 새옹실마塞翁失馬라고 씁니다. 새옹지마 앞에 흔히 '인생 만사'를 붙여서 인생 만사 새옹지마라고 말하곤 합니다. 이 말이 유래한 이야기는 행복과 불행을 바라보는 태도, 사물과 세상일을 대하는 태도를 함축하고 있습니다.

옛날 변방의 한 마을에 새옹이라고 불리는 점술에 능한 노인이 있었는데, 노인의 말이 어느 날 오랑캐 땅으로 가 버립니다. 사람들이 위로하자 노인이 말합니다. "어찌 좋은 일이 없겠어요?" 몇

달이 지나 잃었던 말이 훌륭한 말을 데리고 돌아옵니다. 사람들이 축하하자 노인이 다시 말합니다. "어찌 나쁜 일이 없겠어요?" 집이 부유해지고 훌륭한 말이 많아졌는데 노인의 아들이 말 타기를 좋아해서 말을 타다가 그만 다리가 부러집니다. 사람들이 위로하자 노인이 또 말합니다. "어찌 좋은 일이 없겠어요?" 1년 뒤, 오랑캐가 변경에 쳐들어오자 건장한 남자들이 나가서 싸우게 되었습니다. 그 때문에 변경에 살던 사람 10명 중에 9명은 죽었는데, 다리가 부러진 덕분에 노인의 아들만 살아남게 됩니다.

말을 잃거나 다리가 부러진 것은 나쁜 일이고 불행이지요. 그 불행 앞에서 노인은 "어찌 좋은 일이 없겠어요?"라고 말합니다. 잃었던 말이 되돌아오고 말이 늘어나는 것은 행운입니다. 그런데 그 행운 앞에서 노인은 "어찌 나쁜 일이 없겠어요?"라고 말합니다. 행복과 불행은 따로 있는 것이 아니라 같이 있고, 모든 일에는 양면성이 있다는 점을 노인은 잘 알고 있는 것이지요.

이 노인이 점술에 밝은 사람이란 점도 주목할 만합니다. 중국인들은 『주역周易』의 괘卦를 가지고 점을 칩니다. 이 괘는 변화를 기본으로 합니다. 음과 양을 각각 상징하는 두 괘는 나뉘어 있는 것이 아니라 늘 결합된 채 서로 영향을 미칩니다. 음이 발전해 극에 이르면 양으로 전환되고, 양이 발전해 극에 이르면 음으로 전환되지요. 이 이치에 따르면 세상사는 모두 변화하며 영원한 행복도, 영원한 불행도 없습니다. 모든 일은 양면성을 지니고 불행

● 유교의 경전 중 하나. 지은이에 대해서는 여러 설이 있으나 명확하지는 않다. 서물을 음양으로 설명하면서 거기서 다시 64괘를 만든 뒤, 이를 누네고 여러 해 석을 덧붙였다. 사람의 운명을 점치는 점술의 기원이 되었다.

도 어느 순간, 어떤 조건에서는 행운으로 바뀔 수 있습니다. 행운도 마찬가지입니다. 새옹지마란 고사성어 앞에 인생 만사라는 수식어를 붙이는 것은 인생 만사가 바로 새옹의 말과 같다고 생각하기 때문입니다.

새옹지마와 같은 인생 태도를 가지면 어떻게 될까요? 어떤 어려움에 부딪히더라도 크게 절망할 필요가 없습니다. 새옹의 말이 도망갔다가도 좋은 말을 데리고 돌아오고, 아들의 다리가 부러진 것이 나중에 목숨을 구하는 계기가 되듯이, 불행한 일이 닥쳐도 영원히 불행하란 법은 없습니다. 달이 이지러지다가 다시 둥글어지듯이 다시 일어설 수 있다는 생각은 어려움을 이겨 내는 데 큰 힘이 되는 것이죠. 또 멋진 승리나 행운을 맞이했을 때 너무 자만하거나 도취해도 안 되겠지요. 어느 순간 위험이 닥칠 수 있기 때문입니다. 늘 조심하면서 삼가야 합니다.

이런 인생관의 좋은 점은 무엇일까요? 살아가는 동안에 어쩔 수 없이 겪기 마련인 실패나 좌절 앞에서 극단적으로 절망할 필요가 없겠지요. 여유 있는 시선으로 인생의 불행이나 실패를 바라볼 수 있고, 힘을 얻을 수도 있습니다. 불행도 어느 날 일정한 조건이 충족되는 순간 행운으로 바뀔 수 있으니까요. 흔히 중국인들이 낙관적 인생관을 가지고 있다고 하는데, 인간 만사는 모두 변하고 길흉화복吉凶禍福이 서로 바뀔 수 있다는 생각을 갖게 되면 낙관적일 수 있겠지요.

그렇다면 새옹의 인생관이 지닌 나쁜 점이나 문제점은 무엇일까요? 일종의 소극적인 태도가 걸립니다. 말을 잃어버렸으면 왜 잃어버렸는지, 무엇이 잘못인지를 가려서 다시는 말이 도망가지 않도록 해야 합니다. 그런데 말이 집을 나간 것이 꼭 불행한 일만은 아니라고 생각하면서 마음의 위안을 찾는 것은 소극적인 태도라 할 수 있지요. 자신이 책임지고 일을 처리하는 것이 아니라 외부 조건이 바뀌길 기다리면서 사는 것이니까요.

『삼국지』에서 제갈량은 "일을 꾸미는 것은 사람이지만, 그것을 결국 이루는 것은 하늘에 달렸다."(謀事在人, 成事在天)라고 했습니다. 하늘이나 자연 등이 인간 삶을 궁극적으로 결정한다는 중국인들의 생각을 상징하는 말입니다. 하지만 이 말은 아무것도 하지 않은 채 모든 것을 하늘에 맡기고 하늘의 뜻, 즉 천명天命만 기다리라는 뜻은 아닙니다. 일을 계획하고 실현하기 위해 끝없이 노력한 뒤 천명을 기다려야 하지요.

# 민족과 언어

사람도 문화도 가지각색

　　중국은 56개 민족으로 이루어진 다민족 국가입니다. 물론 민족으로 인정받지 못하는 소수 민족도 많은데 중국 정부가 공식적으로 인정한 민족 구성이 이렇습니다. 56개 민족 가운데 한족이 약 92퍼센트를 차지하기 때문에 사실상 중국은 한족의 나라인 셈입니다. 한족은 전국 각지에 두루 퍼져 있는데 나머지 55개의 소수 민족은 주로 변방에 있는 특정 지역에 집단적으로 거주하고 있습니다. 우리 동포인 조선족 역시 중국 소수 민족의 하나로 옌볜 지역에 주로 모여 살지요.

　　다른 나라에서는 한족만 중국인으로 생각하는 경우가 많지만 중국인들은 언어나 문화가 다르고 민족이 다르더라도 다 중국인이라고 생각합니다. 오래전부터 주변 민족들이 교류나 이주를 통해서 중국에 편입되기도 하고 때로는 전쟁과 침략을 통해 이들을 강제로 편입시키기도 하면서 중국이라는 국가를 유지해 왔기 때문입니다. 중국인들에게는 다민족, 다문화, 다언어의 상황이 자연스럽게 여겨지는 것입니다.

하지만 다민족 국가이다 보니 문제도 많습니다. 오랜 역사에 걸쳐 분열과 통일을 거듭해 온 중국이 가장 경계하는 것은 중국의 분열입니다. 그래서 중국 정부는 한족 중심의 '대한족주의'와 각 소수 민족이 중심이 되는 '지역 민족주의'를 동시에 경계하면서 민족 차별과 민족 분리 움직임에 무척 예민하게 반응합니다. 중국은 소수 민족 언어를 한어와 같이 사용하게 하고 자치구나 자치주를 설정하여 자치권을 부여하기도 합니다. 소수 민족에게 혜택을 주기도 하지요. 예를 들어 소수 민족 학생은 대학 입시에서 혜택이 있습니다. 2015년 베이징대학 입시*를 보면, 이 대학에 지원한 학생 가운데 한족 출신 학생은 중국 수능 시험인 가오카오高考 점수로 커트라인이 662점이었지만, 티베트 출신 학생은 543점이었지요.

하지만 이런 정책에도 불구하고 중앙 정부에 반감을 갖는 소수 민족이 많지요. 소수 민족 거주 지역이 대부분 변방이어서 중국 경제 발전의 혜택을 거의 받지 못하고, 자치를 보장한다고 하지

● 중국 학생들은 대학 중에서 문과는 베이징대학을, 이과는 칭화대학을 가장 선호한다. 2015년에 베이징에서 가오카오를 친 수험생이 6만 8000여 명이었으니 만 명 정도의 학생이 지원했다.

만 실제로는 친정부 인사들로 자치 기구의 자리를 채우면서 정치적으로도 제대로 대우받지 못하는 경우가 많기 때문입니다. 심지어 독립을 추진하려는 경우까지 있습니다. 티베트족이나 위구르족이 대표적입니다. 특히 티베트족은 라마교를, 위구르족은 대다수가 이슬람교를 믿는 등 특정 종교 의식까지 지니고 있어서 독립에 대한 열망이 높습니다. 때로는 대규모 시위나 테러 등을 벌이며 독립 운동을 펼치지요. 소수 민족 문제는 중국 정부가 가장 민감하게 생각하는 뇌관입니다.

중국이 다민족, 다문화 국가이다 보니 중국 정부는 이들 민족을 하나로 묶기 위해서 애를 쓰지요. 이들이 모두 중화 민족이라는 생각을 갖고, 중국 국민이라는 정체성을 지니게 하려는 것이죠. 표준어를 보급한 것도 그런 맥락의 정책입니다. 중국에서는 표준어를 '푸퉁화普通話'라고 하는데, 1955년에 베이징어를 기준으로 하여 제정했습니다. 하지만 중국에서 푸퉁화로 의사소통이 가능한 사람은 농촌, 산촌까지 합친 전국 평균으로 53퍼센트가량에 불과하다고 합니다. 중국인과 소통하기 위해 푸퉁화를 열심히 배우는 사람에게는 절망적인 소식일지도 모르겠네요. 시골로 가면 푸퉁화를 아무리 유창하게 해도 상대방은 내 말을 알아듣지만, 나는 상대방 말을 전혀 알아듣지 못하는 경우가 많지요. 그래도 학력 수준이 높을수록 푸퉁화 소통이 잘되는 편이라 도시에서는 푸퉁화로 소통하는 데에 큰 문제가 없습니다.

중국의 여러 민족이 하나의 민족 정체성, 하나의 국가 정체성을 갖게 만들기 위한 또 하나의 중요한 정책은 바로 역사 교육입니다. 중국 역사학계에서 고구려 역사를 중국 역사로 편입시키는 이른바 '동북공정'*을 추진해 우리를 분노하게 한 적이 있는데, 중국은 이런 작업을 꾸준히 하고 있습니다. 지금 중국의 국경선 안에 있는 소수 민족의 역사를 중국 역사에 넣는 것이지요. 중국은 하나의 역사를 두 나라가 같이 사용하면 된다는, 이른바 '일사양용一史兩用'을 내세웁니다. 그러나 우리나라를 비롯한 주변 국가의 입장은 정반대입니다. '그것이 우리의 역사이지 어떻게 중국의 역사가 되느냐, 역사 훔쳐 가기나 마찬가지다.'라고 거세게 비판할 수밖에 없습니다.

## 북방인과 남방인의 차이

중국은 인종이나 문화로 보면 결코 하나가 아닙니다. 물론 한족이 절대다수이기 때문에 기본적으로 한족 문화의 나라라고 말할 수 있지만, 한족 문화 자체도 한 가지가 아닙니다. 땅이 워낙 넓기 때문에 지역마다 문화가 다를 수밖에 없지요. 크게 남과 북으로 나누어 보아도 차이가 많이 납니다. 중국은 자연지리를 기준으로 하면 황허와 창장長江 사이를 흐르는 화이허淮河를 경계로 하여 남과 북을 나눕니다. 하지만 통상 문화적으로는

● 현재 중국의 국사 안에서 이루어진 모든 역사를 중국의 역사에 편입시키기 위해 중국 정부가 추진한 연구 프로젝트. 중국 동북 지역을 대상으로 한 것으로 지난 2002년부터 추진되었다. 고조선, 고구려, 발해 등의 역사가 이 동북 지방과 관계있어 이에 대한 역사 왜곡의 우려가 제기되었다.

창장을 기준으로 강남과 강북을 나누지요.

강남과 강북 사이에는 많은 차이가 있습니다. 통계를 보면 북쪽으로 갈수록 사람들의 체격이 크지요. 랴오닝, 지린 같은 동북쪽 지역 사람들은 평균 키가 167.5센티미터인 반면 광둥, 푸젠 등 서남쪽 지역 사람들은 162.3센티미터로 작습니다. 음식과 기후 영향이 크죠. 북쪽은 주로 면을 먹고, 육류와 유제품을 많이 소비하는 데다 북쪽 지방이 남쪽 지방보다 일조량이 적고 기온이 낮은 것도 영향을 미친다고 합니다.

북방인과 남방인은 기질도 다릅니다. 북쪽 지방 사람들이 시원시원하고 직선적이며 순박한 데 비해 남쪽 지방 사람들은 좀 더 부드럽고 섬세하고 민감하지요. 중국 유명 작가인 루쉰은 "북방인의 장점은 중후함이고, 남방인의 장점은 기민함이다. 중후함의 폐단은 어리석다는 것이고, 기민함의 폐단은 교활하다는 것이다."(「북인과 남인」)라고 쓰기도 했지요. 루쉰의 진단은 남방과 북방 사람을 두고 가장 흔하게 하는 비교입니다. 재미있게도 남쪽 지방에서는 지능형 범죄가 많은 데 비해, 북쪽 지방에서는 폭력형 범죄가 많다고 합니다. 남쪽 지방에서는 경제 범죄나 사기 사건이 많고, 위조 화폐나 가짜 명품 같은 짝퉁, 해적판 등이 많이 만들어지는 반면 북쪽에서는 폭력, 강도 등의 사건이 많다는 것이죠. 또한 북쪽 사람들은 명분이 있으면 움직이고 남쪽 사람들은 이익이 있으면 움직인다고 말하기도 하지요. 남쪽 지방이 북쪽 지방보다 더 잘살기 때문에 어느 정도 맞는 말이기도 합니다.

## 중국의 대표 도시, 베이징과 상하이

근대 이후 중국에서 강북을 상징하는 도시가 베이징이라면 강남을 상징하는 도시는 상하이입니다. 베이징 사람들은 자존심이 강하고 체면 의식도 강하지요. 베이징은 과거에 황제가 살던 곳이고, 지금은 중국 중앙 정부가 있는 곳이자 국가주석이 사는 곳이라는 자부심이 있지요. 권력과 정치의 중심이 베이징인 것이죠. 중국인 가운데 베이징 구경을 한 번도 못 하고 생을 마치는 사람도 꽤 되니 베이징에 산다는 사실 하나만으로도 자부심을 느낄 만하지요. 베이징 사람들은 한번 입을 열면 동네 이야기에서 시작해 정치, 세계정세에 이르기까지 말이 끝나지 않기로 유명합니다. 인정이 많고 유머가 넘치기도 하지요.

한편 상하이는 근현대 중국 역사를 상징하는 도시입니다. 흔히 중국 사람들이 500년 역사를 보려면 베이징으로 가고, 100년 역사를 보려면 상하이로 가라고 할 정도지요. 상하이는 역사가 비교적 짧습니다. 아편 전쟁에서 진 후 맺은 난징 조약으로 생겨난 도시이기 때문입니다. 그전에는 시골 어촌에 불과했지만 영국과 미국, 프랑스 등이 상하이를 통치하고 여기에 서구를 본떠 도시를 건설하면서 현대 중국의 발상지로 거듭나게 되지요. 그래서

상하이에 있는 와이탄 옆 푸둥 지역의 야경. 고층 빌딩이 밀집되어 있는 이 지역은 세계적인 금융,
상업 도시로 부상한 상하이를 상징적으로 보여 준다.

상하이에는 곳곳에 식민의 상처가 남아 있습니다. 영국인들이 상하이 동쪽 끝 와이탄外灘 지역에 공원을 만들고 '중국인과 개는 출입 금지'라는 공고문을 붙여 중국인들에게 모욕감을 안겼던 일화는 지금도 유명합니다. 베이징이 자부심의 상징이라면 상하이는 서구에게 땅을 빼앗겼던 치욕의 근대 역사를 상징하는 곳이지요.

상하이 사람들은 베이징 사람들에 비해 개방적입니다. 외국인과 외국 문물에 대해서도 그렇고, 외지인들에게도 그렇습니다. 상하이가 중국의 것과 서구의 것이 뒤섞인 가운데 탄생한 혼성 도시인 데다 다른 지방 사람들이 이주해 만들어진 도시인 이유도 있을 겁니다. 상하이는 중국 최고의 금융과 비즈니스의 도시답게 성공과 기회, 모험의 땅이기도 합니다. 그만큼 돈에 대한 셈이 빠른데 기질로 보면 섬세하고 부드러운 편이라 상하이 남자들은 여성에 대한 매너가 제일 좋다는 평을 듣습니다. 그래서 베이징 사람들은 상하이 남자는 모조리 공처가이고, 상하이는 여성의 기가 남성보다 센 도시라고 비꼬기도 하지요.

## 한국과 비슷한 산둥, 모험심 넘치는 광저우

중국인 가운데 한국인과 가장 기질이 비슷한 사람은 산둥 지방 사람입니다. 산둥은 북위 34도에서 38도 사이에 위치하고 있어서 우리나라와 위도도 비슷하고 기후도 비슷하지요.

지리
문명

우리나라와 가장 가깝기도 하고요. 우리나라에 살고 있는 화교 가운데 산둥 지역 출신이 많고, 우리나라 중국집에 산둥 요리가 많은 깃은 다 이 때문입니다.

산둥 사람들은 기질이 시원시원하고 화끈하지요. 때로는 거친 면도 있습니다. 산둥은 고전 소설『수호전』®의 무대로, 오늘날에도 산둥 사람들은 의리와 우정을 중요하게 생각해서 산둥 남자들을 두고 '산둥 대장부山東好漢'라고 부르기도 합니다. 또 산둥은 예전에 공자가 살았던 노나라 지역이어서, 공자의 후손이라는 자부심도 강합니다. 문화 수준이 가장 높은 곳이라고 생각하는 것이지요.

남쪽에 있는 대도시인 광저우 지역 사람들은 중국 사람들 가운데 가장 적극적이고 모험과 개척 정신이 강합니다. 돈과 황금을 중시하고, 돈벌이와 장사에 가장 밝기도 하지요. 광저우 사람 중에 세계 각지로 퍼져 나가서 세계 경제를 주름잡는 부자가 많은 데는 이런 기질 덕분도 있습니다. 자기 몸을 잘 챙겨서 건강식품에 가장 관심이 많고 재물 신 같은 미신을 가장 많이 믿는 이들도 광저우 사람들입니다. 베이징 사람들은 일의 동기나 의미를 중요시하지만 광저우 사람들은 일의 결과를 중요하게 생각하지요.

베이징 사람, 상하이 사람, 광저우 사람을 비교한 농담을 하나 소개할까요? 어느 날 중국에 외계인이 나타났습니다. 베이징 사람들은 외계인을 보자마자 무어라고 했을까요? 지금 정치에 대해 어떻게 생각하느냐고 묻는답니다. 상하이 사람들은 전시회를 열어서 돈 벌 궁리를 한다고 합니다. 그럼 광저우 사람들은 어떨까요? 목욕을 시킨 뒤 요리 방법을 생각한다고 합니다.

이런 이야기도 있습니다. 세 지역 사람들의 경제관념을 비교한 농담입니다. 베이징 사람들은 "내 것이 네 것이고, 네 것이 내 것"이라고 생각한다고 합니다. 내 것, 네 것 하는 구분이 제일 약하다는 것이지요. 인정은 있지만 경제관념은 별로 없는 사람들입니다. 이에 비해 상하이 사람들은 "내 것은 내 것이고, 네 것은 네 것"이라고 생각합니다. 구분이 확실하지요. 그럼 광저우 사람은 어떨까요? "내 것은 내 것이고, 네 것도 내 것이다." 이래서 광저우 사람들이 중국 사람들 가운데 가장 부자인 게 아닐까요?

# 홍콩

영국과 중국 사이에서

홍콩에 가면 동서양이 뒤섞인 거리 풍경이 매력적이지요. 붉은 2층 버스와 왼쪽으로 다니는 차들, 거리 이름 등은 영국을 닮았습니다. 그런가 하면 한자가 가득한 간판과 집 밖으로 나온 장대에 널려 있는 빨래는 중국을 닮았습니다. 이처럼 영국과 중국, 동서양이 뒤섞인 모습이 홍콩의 독특한 풍경이지요.

홍콩이 이러한 특징을 갖게 된 것은 남다른 역사 때문입니다. 지금은 중국 특별 자치구에 속하지만 홍콩은 한때 영국 땅이었습니다. 중국이 아편 전쟁에서 영국에 패한 뒤 홍콩 섬을 영국에 빼앗겼다고 했지요? 우리가 흔히 말하는 홍콩은 홍콩 섬과 주룽九龍

반도를 아우르는 것인데, 나중에는 주룽 지역까지 영국에게 넘기게 됩니다. 그리고 1898년에는 중국 대륙 쪽에 있는 신제新界라는 곳을 영국에 99년간 빌려 줍니다. 홍콩과 주룽 지역은 식수 등을 자체 해결할 수 없는 탓에 영국이 신제를 빌려서 지금과 같은 홍콩이 이루어진 것입니다.

## 영국에서
## 중국으로 반환되다

영국이 다스리던 홍콩은 1997년 7월 1일 중국에 반환됩니다. 사실 영국으로서는 99년간 빌리기로 한 기간이 만료된 신제 지역만 중국에 돌려주면 되는 일이었습니다. 하지만 주룽 지역과 홍콩 섬까지 모두 중국에 돌려주었습니다. 신제가 없으면 어차피 나머지 지역은 식수도 전기도 자급할 수 없는 데다 부도덕한 아편 전쟁을 통해 강제로 빼앗은 땅이라는 부담감도 있었기 때문입니다. 물론 영국이 처음부터 선선히 땅을 내준 것은 아닙니다. 세계 금융의 중심지인 홍콩을 돌려주지 않으려고 안간힘을 썼지요. 하지만 협상 과정에서 중국이 홍콩을 되찾기 위해서라면 전쟁도 불사하겠다고 공언하면서 결국 반환하게 됩니다. 중국은 홍콩을 반드시 되찾아서 근대 초기에 힘이 약해 나라의 일부를 잃은 치욕을 청산하겠다는 의지가 그만큼 강했던 것입니다.

홍콩이 중국으로 반환되는 것을 홍콩 사람들은 어떻게 받아들

지리
문명

였을까요? 영국 식민지에서 벗어나 조국의 품으로 돌아간다고 생각하는 사람들도 있었지만 많은 홍콩 사람들은 불안을 느꼈습니다. 사회주의 체제인 중국이 자본주의 체제인 홍콩을 접수하게 되는 데서 오는 불안감이었습니다. 물론 중국은 홍콩이 반환되더라도 50년 동안 특별 자치구로 두고서 기존 체제를 그대로 유지하겠다고 약속했습니다. 한 나라 안에 두 가지 서로 다른 체제가 공존하는 이른바 '일국양제一國兩制'를 보장한 것입니다. 하지만 과연 그 약속이 그대로 지켜질지 알 수 없다고 생각한 많은 홍콩 사람들이 캐나다나 미국으로 이민을 떠났습니다. 캐나다 밴쿠버는 홍콩 사람들이 많이 이주해서 한때 홍쿠버라고 불릴 정도였지요.

중국에 반환된 뒤 홍콩은 한동안 침체를 겪습니다. 그러다 중국 경제가 빠르게 발전하고 중국과 경제 교류가 늘어나면서 다시 회복되기 시작합니다. 그런데 중국과 교류가 늘면서 홍콩 경제는 갈수록 대륙 경제에 의존하게 됩니다. 중국 대륙 사람들이 홍콩으로 많이 이주해 오면서 홍콩 사람들의 일자리를 위협하기도 합니다.

한편 홍콩을 넘겨받은 중국은 빠르게 영국의 흔적을 지우고 홍콩을 중국과 똑같이 만드는 작업을 하게 됩니다. 홍콩 사람들은 영어와 광둥어를 사용해 왔는데, 반환 이후에는 학교에서 표준어인 푸퉁화를 가르치기 시작하지요. 중국 국기를 게양하고 중국 국가도 방송에서 내보냅니다. 홍콩과 홍콩 사람들에게 홍콩이 중국의 일부이고 홍콩인은 중국 사람이라는 정체성을 심기 시작한 것입니다.

## 노란 우산 혁명,
## 왜 일어났을까

이런 흐름에 일부 홍콩 사람들이 반발하는 일도 있었습니다. 2014년 홍콩에서 노란 우산을 들고 시위에 나섰던 이른바 '노란 우산 혁명'이 대표적입니다. 홍콩 행정을 책임지는 행정 장관을 중국 정부가 지정한 사람 중에서 선출하도록 법을 개정하자, 이는 일국양제를 보장하겠다던 당초의 약속을 위반한 것이라면서 자유로운 보통 선거 보장을 요구한 것입니다. 중국 정부는 홍콩에서 서구식 민주주의를 보장할 경우, 그 물결이 중국 대륙에까지 밀려들까 우려해 홍콩 시위에 대해 강경한 입장을 취했습니다. 그러자 시위는 격렬하게 진행되었습니다.

이렇게 시위가 일어난 것은 홍콩이 갈수록 중국과 통합되고 중국화되는 것을 우려했기 때문입니다. 홍콩 사람들은 왜 중국화되는 것에 거부감을 느끼고 저항하는 것일까요? 홍콩 사람들은 중국인이 아닌가요? 홍콩 사람 중에는 자신이 중국 문화권에 속하고 인종적으로도 중국인이지만, 정치적으로는 중국 대륙의 국민이 아니라고 생각하는 사람들이 많습니다. 사실 1960년대까지만 해도 홍콩 사람들은 다들 스스로 중국인이라고 여겼습니다. 대부

2014년 10월, 노란 우산을 들고 시위에 나선 홍콩 시민들. 홍콩 행정 장관의 완전 직선제를 요구하며
두 달 넘게 진행된 이 시위는 국제 사회에도 깊은 인상을 남겼다.

분 중국 대륙에서 이주해 왔기 때문입니다. 1966년에는 영국의 통치에 반대하는 대규모 반영反英 폭동이 일어날 정도로 민족적으로, 문화적으로 중국인이라는 의식이 강했습니다.

그런데 1970년대 이후 홍콩에서 태어난 젊은 세대는 영국식 교육을 받고 자라면서 자신을 중국인보다는 '홍콩인'이라고 생각하기 시작합니다. 1970년대 이후 홍콩 경제가 발전하고 홍콩이 세계 금융 허브로 성장하면서 서구 사회의 가치관과 생활 방식이 홍콩인들에게 자리 잡았기 때문입니다. 그러면서 홍콩 사람들은 자신들을 중국 대륙 사람들과는 다르다고 여기게 됩니다. 경제력으로나 문화 수준으로나 중국 대륙 사람들보다 자신들이 훨씬 낫다는 우월감을 갖게 되고 대륙 사람들을 멸시하는 의식도 생깁니다. 홍콩은 민주주의와 자본주의가 있는 선진적인 곳인데 비해 중국 대륙은 독재 국가이자 사회주의 체제이고 후진국이라고 생각하는 것입니다. 이런 생각을 가진 홍콩인들은 홍콩이 갈수록 중국 대륙과 하나가 되고, 대륙의 제도가 홍콩에서 실시되는 것을 우려하면서, 홍콩이 독자적인 정체성을 유지하기를 희망합니다.

이런 홍콩 사람들을 두고 중국 대륙 정부와 사람들, 일부 홍콩 사람들은 '매국노'라며 비난하기도 합니다. 오랜 식민지 생활로 홍콩 사람들이 영국에 동화되어 버렸다고 개탄합니다. 일부 홍콩인들은 노란 우산 시위대에 맞서서 친중국 시위를 벌이기도 했습니다.

홍콩 경제가 중국 대륙과 빠르게 통합되는 것을 두고도 생각이 다릅니다. 이를 홍콩에도 도움이 되는 일이자 당연한 추세로 생각하는 홍콩인들이 있는 반면에, 홍콩이 점점 대륙으로 통합되면서 홍콩의 특징을 잃어 간다고 위기를 느끼는 홍콩인들도 많습니다. 이런 생각을 지닌 홍콩 사람들은 더 나아가 홍콩이 중국에서 독립해야 하고, 자신은 중국인이 아니라 홍콩인이라고 주장하기도 합니다.

중국은 홍콩을 반환받으면서 50년 동안 기존의 홍콩 제도를 그대로 유지하기로 약속했습니다. 약속이 끝나는 2047년 홍콩은 어떻게 될까요? 일국양제가 연장되어 특별 자치구의 지위를 계속 유지할까요? 아니면 홍콩이 하나의 성省이 되어 완전히 중국으로 편입될까요? 중국 대륙 정부와 홍콩 사람들을 동시에 만족시킬 만한 해법이 그때까지 나올지 지켜볼 일입니다.

# 타이완

본성인과 외성인의 갈등

1992년에 우리나라가 중국과 수교하기 이전에 우리나라는 타이완을 '자유 중국'이라고 부르고 중국 대륙을 중국 공산당 정부라는 뜻으로 '중공'이라고 불렀습니다. 그때까지 우리는 타이완을 유일한 중국으로 인정하고, 중국 대륙은 정식 국가로 인정하지 않았지요. 그런데 지금 우리는 중국 대륙을 중국이라고 부르고, 타이완을 '자유 중국'이 아니라 흔히 타이완 혹은 대만이라고 부릅니다.

사실 타이완은 나라 이름이 아니라 섬 이름입니다. 타이완의 정식 국호는 '중화민국'입니다. 그런데 중화민국이라는 이름은 국제 사회에서 인정받지 못하고 있습니다. 국제 사회에서 중국 대륙 정부의 힘이 세고, 중국 대륙 정부가 '하나의 중국' 원칙을 내세우고 있어서 그렇습니다. 그러다 보니 타이완이라는 섬 이름을 마치 나라 이름처럼 부르기도 하지요. 타이완 독립을 주장하는 사람들은 중국 대륙과 관계를 단절한다는 의미에서 타이완이라는 명칭을 더 좋아하기도 합니다. 물론 중국 대륙 정부는 결코 타이완을 하나의 국가로 인정하지 않고, 하나의 섬으로 간주하지요. 그러니 타이완의 국기나 국가도 인정하지 않습니다. 2011년에 삼성전자가 스마트폰 출시 기념행사를 하면서 타이완을 중국 지도에 포함시키지 않아서 대륙 네티즌들에게 혼이 난 일이나, 2016년에 타이완 출신 가수 쯔위가 한 방송 프로그램에서 중화민국 국기를 흔들었다고 중국 젊은이들이 화를 낸 데에는 이런 배경이 있습니다. 같은 분단국가이지만 남한과 북한이 각각 유엔에 가입해 국제적으로 두 개의 국가로 인정받고 있는 것과는 상황이 다르지요.

## 국민당의
## 이주 이후

중국 대륙과 타이완이 이렇게 분단국가 형태로 나뉜 것은 국민당 정부가 타이완으로 이주하면서부터입니다. 1912년부터 중국 대륙을 통치하던 국민당은 중국 공산당과 벌인 내전에서 패한 뒤 타이완 섬으로 옮겨 왔습니다. 국민당은 1947년 타이완 중심 도시인 타이베이를 임시 수도로 삼고 타이완을 통치하지요. 중국 대륙에는 1949년부터 중국 공산당이 통치하는 중화인민공화국이 들어서지요. 이때부터 중국 대륙의 중화인민공화국과, 국민당이 통치하는 타이완의 중화민국이 대치하게 된 것이지요. 이후 타이완은 중국 대륙과 분리되어 대륙과 다른 정치 체제와 경제 체제를 유지하게 됩니다. 중국 대륙이 사회주의 국가인 반면 타이완은 자본주의 국가이지요. 원래 타이완은 청나라의 일부였지만, 이제는 대륙과 분리되는 것이지요. 중국 대륙과 타이완은 적대하는 까닭에 서로 왕래하거나 교류하지 못하게 됩니다.

국민당이 공산당에 쫓겨 타이완 섬에 오면서 국민당 군대와 정부 관료들을 포함하여 많은 대륙 사람들도 함께 타이완으로 이주합니다. 국민당이 타이완을 통치하게 되면서 타이완에는 많은 변화가 일어납니다. 타이완 사람들의 일상생활에 일어난 가장 큰 변화는 언어였습니다. 국민당은 흔히 만다린어라고 부르는, 베이징 사람이 쓰는 말을 타이완의 표준어로 정합니다. 정부의 공식용어가 되고, 학교에서도 이 국어를 가르치게 되지요.

새로운 표준어는 타이완 사람들에게는 외국어나 마찬가지였습니다. 원래 타이완에 살던 사람들은 크게 두 부류입니다. 아메리칸 인디언처럼 옛날부터 타이완에 거주한 원주민들과, 명나라 때 중국 남부에서 이주해 와서 타이완에 200년 넘게 살아온 한족입니다. 이들은 민난어閩南語를 주로 사용했습니다. 민난어는 베이징 표준어를 기준으로 보자면 방언입니다. 베이징 표준어는 성조가 4개이지만 민난어는 6개에서 8개까지 있습니다. 한자의 발음이 다르고, 어순이 다르기도 합니다. 예를 들어 베이징 표준어에서는 '나'라는 뜻으로 我를 쓰고 워라고 읽지만, 민난어에서는 와로 발음합니다. 是는 한자는 같지만 표준어에서는 스로 발음하는 데 비해, 민난어에서는 씨로 발음하지요. 아예 다른 한자인 係 자를 쓰기도 합니다. 중국인들끼리도 서로 소통이 되지 않을 정도로 많이 다릅니다. 하지만 국민당이 타이완을 통치하면서 민난어를 쓰던 타이완 사람들이 이제 외국어를 배우듯이 강제로 베이징 표준어를 배우게 되지요.

타이완에서는 국민당이 이주해 오기 이전부터 타이완에 살던 사람들을 타이완 성 현지인이라고 하여 본성인本省人이라고 부르고, 국민당과 함께 타이완에 온 사람들을 다른 성에서 왔다고 하여 외성인外省人이라고 부릅니다. 본성인들은 외성인이 오면서 베이징 말을 쓰게 하고 민난어를 쓰지 못하게 하자 불만이 생길 수밖에 없었습니다.

## 본성인과 외성인의 갈등

1947년 이른바 2·28 사건이 터지면서 본성인들은

타이완의 수도 타이베이의 야경. 큰 빌딩은 타이베이에서 가장 높은 건물인 타이베이 101이다.

외성인에게 더욱 반감을 갖게 됩니다. 2·28 사건은 담배를 파는 노인을 국민당 경찰이 폭행하면서 시작되었습니다. 당시 국민당은 담배를 만들고 판매할 수 있는 권한을 성부가 갖는 담배 전매 제도를 시행했습니다. 그런데 정부 허락 없이 담배를 팔던 노인이 단속에 걸렸고, 단속 과정에서 경찰이 폭력을 행사한 것입니다. 이를 본 시민들이 경찰에 항의하자 경찰이 시민들에게 총을 발사해 시민들이 죽었습니다. 그러지 않아도 국민당이 타이완에 이주해 오는 것에 불만이 있던 사람들이 이러한 폭행 사건에 항의하면서 시위가 걷잡을 수 없이 확대되었습니다. 국민당은 계엄령˚을 선포하고 군대를 동원해 시위대를 난폭하게 진압하는데 이 과정에서 약 2만 명이 죽고, 10만 명가량이 행방불명됩니다. 국민당은 이때부터 1987년까지 40년간 전쟁 같은 국가 비상 사태에나 발령하는 계엄령을 발동하여 타이완을 통치했습니다.

2·28 사건은 타이완에서 본성인과 외성인 사이에 갈등이 깊어지는 시발점이었습니다. 오늘날 타이완을 이해하기 위해서는 이 갈등을 먼저 이해해야 한다고 할 정도로 심합니다. 이 갈등은 현재 거주하는 사람이 언제부터 타이완에 살았는지를 따지는, 즉 타이완 사람들의 출신을 둘러싼 차원을 넘어섭니다. 이념 갈등과 지역 갈등에, 무엇보다 중국 대륙과 통일할 것인지, 아니면 타이완 독립을 추구할 것인지 같은 민감한 쟁점이 본성인과 외성인 사이의 갈등을 중심으로 형성되어 있기 때문입니다.

● 대통령이 계엄, 즉 일정한 지역의 행정사무나 사법권을 군의 관할 아래 두거나 그 권리나 자유를 일부 또는 전부 제한하거나, 또는 한 지역의 정치 질서를 법적으로 정지시키다.

민난어를 쓰는 본성인들은 주로 타이완 남부 지역에 거주합니다. 정치적으로나 경제적으로 소외되어 있고, 일부는 국민당이 통치하던 때보다 예전 일본인들이 점령하던 시기가 더 나았다고 생각하기도 합니다. 자신들이 대륙에서 온 국민당 사람들보다 훨씬 나은데 국민당 사람들이 갑자기 옮겨 와서 지배자 노릇을 한다고 여기는 것이지요. 중국 대륙과의 통일보다는 현상 유지나 타이완 독립을 지지합니다. 정치적으로는 국민당의 반대파인 민주 진보당(민진당)을 지지하는 사람이 많습니다.

이에 비해 외성인에게 타이완은 어디까지나 임시로 거주하는 곳이고, 타이베이 역시 임시 수도일 뿐입니다. 언젠가는 대륙을 통일하고 돌아가려고 생각하지요. 그들은 대륙에 조상 무덤도 있고 두고 온 가족과 친척도 있습니다. 수도 타이베이를 비롯한 북부 지역에 많이 거주하면서 소수지만 정치와 경제를 장악하고 있고 본성인들보다 대체로 더 잘삽니다. 베이징어를 사용하고, 통일을 바라는 국민당을 지지합니다.

## 타이완의 미래는 어디로

본성인과 외성인은 언어와 정서, 지역과 정치 노선, 통일 문제 등 여러 가지 면에서 서로 다르고, 이것이 정치적으로는 민진당과 국민당이라는 정당과 연결되어 있습니다. 타이완은

타이완의 상황

|  | 본성인 | 외성인 |
| --- | --- | --- |
| 사람 | 200년 이상 거주한 토박이 | 1947년 이후 대륙에서 이주 |
| 언어 | 민난어 | 베이징어 |
| 주 거주지 | 타이완 남부 | 타이베이 등 타이완 북부 |
| 정치 노선 | 민주 진보당 지지 | 국민당 지지 |
| 통일 문제 | 타이완 독립 추구 | 국민당 주도의 통일 추구 |

민진당이 집권한 8년(2000~2008년)을 제외하고 국민당이 통치했습니다.˚ 민진당이 집권하던 시절에는 타이완 독립 노선을 추구했습니다. 당시 대통령은 연설을 하면서 베이징어가 아니라 민난어를 사용하기도 했습니다. 하지만 다시 국민당이 집권하자 타이완 독립을 추구하는 흐름은 주춤해졌습니다.

　타이완은 둘로 양분되어 심각하게 대립하는 사회이고, 이 대립이 국민당과 민진당 지지로 표출되고 있지요. 사실 타이완의 많은 사람들은 독립이나 통일 같은 극단적 선택보다는 현상 유지를 바랍니다. 하지만 선거 때가 되면 정치 대립이 극심해지면서 통일과 독립 문제가 정치 이슈로 부각되고 갈등이 도지곤 합니다. 우리도 그렇지만 타이완에서도 국민을 분열시키는 주범은 정치입니다.

　그런데 최근에는 독립이냐 통일이냐를 떠나서 중국 대륙과 각종 교류가 날로 늘어나고 있습니다. 경제 교류는 물론이고 여행도 많이 하고 타이완 학생들이 대륙으로 유학을 가기도 합니다. 갈수록 하나로 합쳐지는 것입니다. 정치는 몰라도 경제와 사람들의 교류 차원에서는 거의 통일된 느낌입니다. 물론 이러한 상황을 우려하는 사람들도 있습니다. 타이완 경제가 대륙에 완전히 종속되고 대륙의 값싼 농산물과 저임금 노동자들이 유입되면서 타이완 경제가 침몰하고 있다고 비판합니다. 대륙과의 교류를 통해 대기업이나 소득 수준이 높은 사람들은 혜택을 보지만 보통사람들은 오히려 생활이 더욱 나빠지고 있다고 비판하는 것이지요. 이렇게 가다 보면 타이완이 장차 홍콩처럼 중국 대륙에 넘어가게 될 것이라고 우려하는 사람들도 있습니다. 타이완은 독립하게 될까요, 아니면 타이완의 미래는 홍콩의 길일까요?

# 티베트

역사 해석을 둘러싼 오랜 논쟁

티베트 문제는 중국과 티베트 사이의 민감한 문제일 뿐만 아니라 전 세계인의 관심거리이기도 합니다. 티베트인들은 티베트가 지금 식민 상태에 놓여 있다면서 독립을 주장하고, 중국인들은 티베트는 국가가 아니라 중국의 일부라고 주장합니다. 두 주장이 날카롭게 대립하고 있지요.

명칭만 하더라도 우리나 서구 세계에서는 티베트라고 부르지만, 중국은 시짱西藏이라고 부르고 티베트족을 짱족藏族이라고 부릅니다. 중국은 티베트가 역사적으로도 그렇고 지금도 중국의 일부이자 중국 소수 민족의 거주지라고 보지요. 티베트 문제는 워낙 민감한 데다 역사와 정치에 두루 걸친 문제이기도 해서, 여기서는 티베트 측과 중국 측의 상이한 입장을 소개하는 형식으로 살펴볼까 합니다. 우리나라에서는 일반적으로 티베트라고 부르기 때문에 명칭은 그대로 티베트라고 하지요.

## 티베트의 독특한
## 종교와 문화

티베트의 영토는 중국 서남부 지역에 드넓게 펼쳐져 있습니다. 면적이 122만 제곱킬로미터로, 한반도 전체 면적이 약 22만 제곱킬로미터이니까 한반도보다 6배 정도 큽니다. 중국 전체 육지 면적의 8분의 1에 해당하고 인구는 300만 명 정도입니다. 북위 26도에서 36도에 걸쳐 있고, 히말라야 서쪽에 있는 유명한 티베트 고원이 이 지역의 대부분을 차지합니다. 티베트 고원은 세계의 용마루라고 불리는 곳으로 평균 고도가 4,500미터입니다.

티베트가 전 세계의 주목을 받는 것은 중국 소수 민족 지역 가운데 가장 독립 운동이 활발하고, 특히 티베트 망명 정부 지도자인 달라이 라마가 티베트 독립을 위해서, 그리고 세계의 정신적 지도자의 한 사람으로서 활동하면서 중국 정부와 대립하고 있어서입니다. 2009년 이후 티베트 독립을 요구하며 분신한 사람이 139명이나 됩니다.

1950년에 중국 군대가 티베트에 진주하고, 1959년에 티베트의 종교 지도자인 제14대 달라이 라마가 라싸를 탈출하여 인도로 망명합니다. 그리고 티베트 임시 정부를 세우면서 이 지역은 세계의 관심사가 되었지요. 티베트인들은 2008년 베이징 올림픽을 앞두고도 대규모 독립 시위를 벌였는데 미국과 프랑스 등 서구 세계에서 티베트 독립을 지지하는 사람들도 힘을 보태 성화 봉송을 가로막으며, 베이징 올림픽을 거부하는 운동을 벌이기도 했습니다.

티베트에는 독특한 역사와 문화가 많습니다. 티베트에는 윈난雲南성과 쓰촨四川성의 차를 티베트의 말과 교환한 데서 유래한 차마고도茶馬高道라는 유명한 길이 있는데, 여기서도 알 수 있듯이 야크와 말 같은 가축을 치는 지역이 많습니다. 또한 티베트에는 여러 형제가 한 여인을 아내로 맞아 함께 사는 일처다부제의 풍속이 남아 있습니다. 여성의 권력이 강한 것으로도 유명하지요. 고유한 말과 글도 가지고 있고, 무엇보다 독특한 티베트 불교인 라마교가 있어서 티베트 사람들을 하나로 묶는 데 큰 기여를 합니다. 라마는 스승을 뜻하는데, 티베트 사람들은 스승인 라마의 가르침을 불경이나 불교의 가르침보다 더 중요하게 생각합니다. 라마를 신비하고 초월적인 능력을 지닌 살아 있는 부처로 여기면서 신앙의 대상으로 모시지요. 라마는 종교만이 아니라 정치까지 장악하고 있습니다. 티베트인들은 라마가 사망하면 아이의 몸으로 환생

티베트에서 중국 남부 지역을 연결하는 교역로였던 차마고도의 오늘날 풍경.

한다고 믿어서 라마가 죽은 뒤 그의 환생이라고 믿는 어린아이를 찾아 대를 잇게 합니다. 현재 티베트 망명 정부의 지도자인 달라이 라마는 14대째 환생한 인물입니다.

## 역사 해석을
## 둘러싼 대립

티베트 독립을 주장하는 쪽도, 티베트가 중국의 일부라고 주장하는 쪽도 모두 그 근거로 역대 중국 왕조들과 티베트 사이의 관계를 내세웁니다. 물론 양측의 해석은 정반대이지요. 한쪽에서는 티베트가 역사적으로 독립국이었다는 것을 강조하면서 "티베트는 중국과 분리된 자주적 독립 국가였다."라고 말하고, 다른 쪽에서는 "시짱은 자고로 중국의 분할할 수 없는 일부였다."라고 강조하지요.

양측이 역사 해석을 둘러싸고 대립하는 대표적인 쟁점 두 가지만 볼까요? 당나라 때 티베트는 토번이라 불렸는데, 당나라의 문성 공주文成公主와 토번의 군주였던 송찬간포松贊干布가 결혼을 합니다. 그런데 이를 두고 독립파는 문성 공주의 출가는 토번의 군사 위협을 받은 당 황제가 마지못해 보낸 것이라고 말합니다. 하지만 중국 측은 당과 토번의 관계는 우호적이었고, 두 사람이 결혼하고 당 황제가 송찬간포를 왕으로 책봉함으로써 두 나라 사이에 상하 관계가 맺어졌다고 말합니다.

몽골족 정권인 원나라 시기의 티베트와 중국의 관계도 쟁점입니다. 몽골이 세계를 정복해 나갈 무렵 몽골 제국의 대칸과 티베트의 대라마 사이에 단월檀越 관계가 맺어집니다. 단월이란 불교에서 자비심으로 아무 조건 없이 절이나 승려에게 물건을 바치는 것을 말합니다. 시주施主라고도 하지요. 이렇게 시주를 받은 승려는 그 신도를 위해 기도하게 되지요. 중국을 정복한 몽골 황제가, 불교 신자가 절이나 승려에게 물건을 바치듯이 티베트 왕에게 티베트 통치권을 주고, 즉 시주하는 한편, 티베트 왕은 몽골 황제의 중국 통치를 위해 기도하는 것이지요. 1245년에 몽골의 황제 쿠빌라이는 당시 티베트 불교 지도자에게 편지를 보내서 "당신에게 가르침을 받은 대가로 당신에게 선물을 하지 않을 수 없"다면서 "전 티베트를 다스릴 권위를 당신에게 부여"한다고 말하고, "내가 당신의 시주로 선택된 만큼 당신도 부처님의 가르침을 수행할 의무를 다해야 할 것"이라고 말합니다.

이때 티베트와 몽골 사이에 맺어진 단월 관계는 이후 청나라 때까지 지속되기 때문에 이를 어떻게 보느냐는 매우 중요한 문제입니다. 티베트 독립파 쪽에서는 불교에서 흔히 볼 수 있듯이 단순히 승려와 시주 사이의 관계였을 뿐, 몽골과 티베트 사이가 중앙 정부와 지방 정부의 관계는 아니었다고 말합니다. 하지만 중국 쪽에서는 몽골이 원나라를 세운 이후에도 티베트 불교 고승에게 티베트 지방의 통치권을 위임하고 정부 기구를 세우는 등 원나라의 통치권 안에 있었다고 말하지요. 요컨대 "시짱은 원나라 때부터 중국의 판도 안으로 들어왔다."라고 말하는 것이지요.

이 두 가지 역사적 사실에 대한 해석의 차이 말고도 무수한 쟁점이 있습니다만 그 핵심은 이것입니다. 티베트 독립파는 티베트가 역대 중국 왕조들과 단월 관계를 맺었으나 이는 어디까지나 상호 협조와 상호 존중을 바탕으로 한 관계였고 티베트는 독립국이었다고 말하지요. 반면 중국은 시짱 지역은 중국의 일부였다고 주장하는 것입니다.

20세기에 이르러 중국과 티베트 관계는 또 한 차례 전환을 맞습니다. 청나라 말기인 1910년에 청나라는 티베트 고원에 군대를 파견합니다. 물론 그전에도 청이 보호와 간섭을 계속해 왔지만 군대를 파견한 것은 이때가 처음입니다. 그런데 청나라가 망하고 1912년 중화민국이 성립되자 청나라의 군대 진주 때 망명했던 제13대 달라이 라마가 다시 티베트로 돌아와서 만주족, 한족 관리들을 모두 내쫓고 중국과 관계 단절을 선언합니다. 중국에 사회주의 정권이 들어선 뒤 1950년에는 중국 군대가 티베트로 진군하고, 1951년에는 티베트 정부와 중국 정부 사이에 조약이 맺어져서 중국 군대가 티베트에 진주하게 됩니다. 그 뒤 중국 공산당의 주도 아래 티베트 지역을 사회주의 사회로 바꾸는 작업이 진행되지요. 물론 이 과정에서 티베트인들이 강렬하게 저항하지요. 1959년에는 대규모 독립 시위가 일어나고 달라이 라마가 망명해 망명 정부를 수립합니다. 그러자 중국 정부는 티베트를 완전히 접수하여 1965년에 시짱 자치구를 수립합니다.

어때요? 매우 복잡하면서도 민감한 쟁점이 많아서 판단하기가 쉽지 않지요? 티베트와 중국 사이의 갈등은 중국과 세계의 반중국 세력 사이의 대립이기도 합니다. 서구의 인권 단체와 반중국

티베트의 라싸 지역에 있는 라마교 사원인 포탈라 궁. 7세기에 창건되었다고 전해지며 티베트 전통 건축의 걸작으로 꼽힌다.

단체들은 티베트 독립을 지지하면서 중국에 티베트에 대한 탄압을 멈추고 독립을 인정하라고 촉구하고 있지요. 이 중 일부는 반중국 운동 차원에서 티베트 문제를 끊임없이 쟁점으로 만들기도 합니다. 하지만 중국 정부는 서구 국가나 단체들이 티베트 독립을 지원하는 것은 물론이고, 달라이 라마를 그들 나라에 입국시키는 것마저도 중국을 분열시키려는 서구의 정치적 음모로 규정하고 있습니다.

　앞으로 티베트의 운명은 어떻게 될까요? 가능한 시나리오는

지리
문명

113

셋 정도겠지요. 지금처럼 현상 유지하는 것, 독립하는 것, 중국에 속하면서도 홍콩처럼 1국 2체제 수준의 지위를 갖는 것이 그것입니다. 이 가운데 티베트의 독립은 제일 가능성이 희박할지 모릅니다. 중국은 결코 독립을 용인하지 않을 것이기 때문입니다. 중국 입장에서 보면 티베트는 역사적으로 오랫동안 중국의 일부로 생각되어 왔고, 더구나 여러 면에서 중국에 중요한 지역입니다. 군사적 요충지인 데다 철광석과 납, 아연, 석유가 함유된 암석층 등 많은 지하자원이 묻혀 있지요. 더 중요한 것은 티베트가 독립할 경우 다민족 국가인 중국이 근본적으로 위태로워질 수 있다는 것입니다. 티베트의 독립이 다른 소수 민족 지역에도 영향을 미쳐 도미노처럼 독립 물결이 일어날 것을 우려하는 중국은 결코 독립을 용납하지 않을 것입니다.

가능성으로 보자면 지금 이대로 유지될 가능성이 가장 높지요. 그러면 중국과 티베트 사이의 갈등만이 아니라 티베트 문제를 둘러싸고 세계적으로 티베트 독립을 지지하는 사람들과 중국 사이의 갈등도 지금처럼 계속되겠지요.

● 중국 속담이 궁금해요

**먼 길을 가 봐야 말의 힘을 알 수 있고, 오랫동안 만나 봐야 사람 마음을 알 수 있다.(路遙知馬力, 日久見人心)**

중국 사람은 사귀기가 쉽지 않다고 말하는 사람들이 많습니다. 한국 사람 같으면 벌써 친해졌을 텐데 몇 번을 만나도 가까워지지 않는다는 거지요. 확실히 중국인을 사귀는 데는 한국인보다 훨씬 긴 시간이 필요합니다. 중국인들은 말이 먼 길을 가는 것을 보고서야 진짜 힘이 있는지를 알 수 있듯이, 사람도 한두 마디 말이나 행동으로는 알 수 없고, 여러 번 만나고 오랫동안 지켜보고 나서야 정확하게 판단할 수 있다고 생각합니다. 중국인들이 쉽게 마음을 터놓거나 자기 속내를 드러내지 않는 것도 그 때문이지요. 좋지 않은 모습과 좋은 모습을 두루 보아야 사람을 알 수 있습니다. 이 속담은 오랜 시간을 두고 천천히 사람을 사귀는 중국인의 습관을 담고 있습니다.

**은혜를 입고도 갚지 않으면 소인이고, 원한이 있는데 갚지 않아도 역시 군자는 못 된다.(有恩不報小人, 有讐不報亦非君子)**

중국 문화에서는 '보답'을 중시합니다. 은혜를 입었으면 당연히 보답해야 합니다. "예는 오고 가는 것"이라는 말이 있듯이 받았으면 반드시 보답해야 하는데, 받은 것보다 많이, 요컨대 이자를 붙여서 보답하면 더 좋습니다. 밥을 한 끼 대접받았으면 반드시 나도 대접해야 하는데, 가급적 여러 번 사는 것이 좋지요. 중국 표현으로 "한 방울 은혜를 샘솟는 샘물로 보답"하는 것이지요. 사실 유교 윤리는 어떤 점에서 이 보답의 원리입니다. 부모에게 은혜를 입었으면 자식은 부모에게 효도해야 하고 부모의 말을 잘 들어야 하지요. 이런 유교의 원리가 중국인의 일상에 남아 있는 것이죠. 보답은 어떤 사람이 사람다운 정, 즉 인정이 있는지를 가늠하는 기준입니다.

그런데 은혜만이 아니라 원한에도 보답의 원칙이 적용되는 경우가 있습니다. 무협 만화나 소설을 즐겨 읽는 사람들은 금방 알 것입니다. 무협 소설은 대개 복수하는 이야기지요. 나라의 원수나 가문의 원수, 혹은 사악한 무리에 당한 뒤 뼈를 깎는 고통을 이겨 내면서 무술을 연마하여 마침내 복수하는 이야기가 많습니다. 정의를 실현하기 위해서 복수하거나 약자가 강자에 복수하는 것을 당연하다고 생각하는 것이지요. 물론 강자가 약자에게 복수하는 것은 안 됩니다. 복수도 정의를 실현하고 약자를 위한 것이어야 하지요. 중국 소설가 루쉰이 "나는 복수가 꼭 나쁘다고 생각하지 않는다."라고 한 것도 이런 의미였습니다.

집에서는 부모에게 의지하고, 집을 나가서는 친구에게 의지한다.

(在家靠父母, 出門靠朋友)

중국인들은 나와 관련 있는 '내 사람'과 남을 구별하길 좋아합니다. 그래서 내 사람에게는 잘해 주고 나와 관련 없는 남에게는 싸늘하게 대하지요. 나를 기준으로 나하고 친한 정도에 따라 사람들의 등급을 나누어서 다르게 대하는 것이지요. 이런 인간관계에서 최고로 중요한 사람은 바로 친구입니다. 중국인들에게 친구 관계는 맺기는 어렵지만 일단 맺고 나면 최고의 관계가 됩니다. 부모와 자식 관계처럼 절대적으로 의지하는 사이가 되지요. 그래서 이런 속담이 있는 것이지요. 그만큼 중국인들은 친구를 중요하게 생각하고, 우정이 인간관계의 정점이자 꽃이라고 생각합니다. 중국에서 친구를 사귀는 것이 어려운 것은 친구가 이처럼 중요하기 때문입니다.

사람은 유명해지는 것을 꺼리고, 돼지는 살찌는 것을 꺼린다.

(人怕出名, 猪怕壯)

중국도 우리나라처럼 유교 전통의 영향 때문에 집단주의 문화가 강하게 남아 있습니다. 집단주의 문화에서는 집단과 조화를 이루는 것이 잘 행동하는 것이지요. 모난 행동이나 말을 하면 집단에서 배척받기 쉽습니다. 그래서 튀는 행동을 하지 않고 자기 속마음을 겉으로 잘 드러내지 않지요. 돼지는 먼저 살이 찔수록 먼저 불행을 당합니다. 잡아먹히는 것이지요. 돼지가 그렇듯이 사람도 유명해지고 튀게 되면 불행을 겪을 수 있어서 유명해지는 것을 꺼린다는 속담은 중국인의 집단주의 문화에서 비롯된 소극적 인생관을 보여 줍니다. 우리나라에도 "모난 돌이 정 맞는다."라는 속담이 있지요.

중국에 아직도 남아 있는 이런 소극적인 태도는 유교 문화 탓도 있지만 현대 중국 정치의 영향 때문이기도 합니다. 정치가 혼란하고 바른말을 하는 사람을 탄압하는 환경에서 괜히 먼저 나서면 당하거나 불이익을 받을 수 있다고 생각하게 된 것이지요. "먼저 말하면 먼저 죽는다."(先說先死)라는 말도 있습니다. 다른 사람이 어떻게 말하는지 다 살핀 뒤에 자기 의견을 말하는 게 안전하다는 것이지요.

하지만 이제 중국에서도 행동이나 생각이 튀는 사람이 많아지고, 사회 분위기도 이런 사람을 포용하는 방향으로 바뀌고 있습니다. 특히 젊은이들은 더욱 그렇습니다. 중국에 '쇼하다作秀'라는 신조어가 생길 정도로 자기를 과감하게 드러내는 것을 꺼리지 않을 뿐만 아니라 오히려 즐기는 분위기가 생긴 겁니다. 중국도 집단주의 사회에서 점점 개인주의 사회로 바뀌고 있다는 징후입니다.

# 사회주의와 자본주의의

## *03 갈림길 에서

# 일당 지배
중국 공산당이 곧 국가

　　　우리나라에서는 집권 여당의 대표가 대통령을 겸하거나 집권 여당의 고위직이 정부의 요직을 겸하지 않습니다. 하지만 중국에서는 중국 공산당원의 주요 간부가 국가의 요직을 같이 맡습니다. 우리나라로 치면 대통령에 해당하는 국가주석, 국회의장에 해당하는 전국인민대표대회 위원장, 국정을 총괄하는 국무원 총리 등은 반드시 중국 공산당의 최고 직위인 중앙 정치국 상무위원만이 할 수 있습니다.

　　중국 공산당 지도자가 국가 지도자를 맡는 데서 알 수 있듯이, 중국의 정치 체제는 중국 공산당과 국가가 결합되어 있습니다.

이를 두고 '당-국가party-state' 체제라고 합니다. 나라를 통치하는 과정에서 중국 공산당이 국가를 지배하거나 대체하는 시스템입니다. 우리나라는 집권당과 국가가 분리되어 있지만, 중국은 집권당인 중국 공산당이 국가를 대신하고, 당의 뜻을 국가와 정부에 직접 반영하는 정치 체제인 것이지요.

중국 정치 체제를 '당과 국가 체제'라고 당과 국가를 나란히 병렬해 부르지 않고, 당-국가 체제라고 연결해 부르는 것은 당이 곧 국가인 체제이기 때문입니다. 중국 공산당의 총책임자인 총서기가 중국 국가주석을 겸할 뿐만 아니라 군대 통솔권까지 갖는 것만 보더라도 이를 알 수 있지요. 중국은 중국 공산당의 나라인 것이죠. 그래서 중국 정치 지도자였던 덩샤오핑은 "만약 중국에 문제가 생긴다면 그것은 공산당에 문제가 생길 경우다."라고 말하기도 했습니다. 중국 공산당과 중국은 분리가 불가능한 구조입니다.

중국 공산당은 1949년에 중국 국민당과 치른 전쟁에서 이겨 중화인민공화국을 세웠습니다. 그때부터 지금까지 중국 대륙을 통치하고 있습니다. 민주주의 국가들은 여러 정당이 선거를 통해 경쟁하고, 선거에서 이긴 정당이나 그 정당을 대표하는 인물이 수상이나 대통령이 되어 정부를 책임집니다. 물론 다음 선거에서 지면 다른 정당 사람이 다시 나라를 대표하지요. 중국은 그렇지 않습니다. 중국 공산당은 선거를 통해 중국을 통치하는 것이 아닙니다. 총칼이 동원된 내전을 치러 국민당을 이기고, 국민당을 타이완으로 몰아낸 뒤 1949년부터 정권을 잡은 것입니다. 중국에도 중국 공산당 말고 다른 여러 정당이 있습니다. 하지만 이들 정당은 정권을 차지하기 위해서 중국 공산당과 경쟁하지 않습니다. 권력은 늘 중국 공산당에 있고, 국가를 대표하는 주석과 행정 수반인 총리는 중국 공산당 내부에서 선출됩니다. 서구 민주주의 관점에서 보자면 중국은 일당 독재 국가입니다. 중국 공산당이 모든 권력을 독점하고 있고 영구 집권한다는 점에서 그렇습니다.

## 독재와는 다른
## 일당 지배 체제

중국 공산당 지배 체제는 시진핑習近平 주석이 취임한 이후 변화가 생겼습니다. 특히 2018년에 헌법에서 국가주석 임기 제한 조항을 개정하면서 크게 바뀌었지요. 과거 중국 헌법 79조에서는 국가주석 임기는 5년이고, 두 번을 초과할 수 없다고 하여, 중임만 가능하도록 규정했습니다. 이는 개혁 개방 초기인 1982년 헌법 개정 이후 유지되어 왔습니다. 그래서 보통 10년마다 국가주석이 교체되고, 이와 함께 중국 공산당 지도부도 대거 교체되었습니다. 그런데 2018년에 임기는 "두 번을 초과할 수 없다."라는 내용을 삭제했습니다. 개정 조항대로라면 5년 임기를 여러 차례 연임할 수 있습니다. 이 개헌을 두고 1인 장기 집권의 길을 열어 놓은 개헌이라는 비판이 나오는 것은 이 때문입니다.

또한 시진핑 집권 이후 중국 공산당 특유의 집단 지도 체제도 변화했다는 지적도 있습니다. 개혁 개방 이후 중국 공신당 최고 지도부는 집단 지도 체제로 운영되고 있습니다. 특정한 사람이나 특정 정치 계파가 권력을 독점하는 것이 아니라 여러 파벌과 인물이 권력을 나누어 갖는 것입니다. 권력 싸움에서 이긴 한 인물이나 특정 정치 계파가 모든 것을 독식하는 체제가 아닙니다. 중국 공산당 최고 기구인 중앙 정치국 상무위원의 경우, 7명 혹은 9명의 상무위원이 각각 사회와 경제, 이념과 선전, 법률과 치안 등을 나누어 담당합니다. 각 상무위원이 자신이 담당하는 업무를 책임지는 셈입니다. 주석인 상무위원이 국방과 외교를 담당하고, 총리인 상무위원이 경제를 담당하는 것도 이런 분담의 원리에 따른 것입니다.

각 상무위원의 독자적 권리를 보장하기 위해 상무위원회에서는 대개 만장일치의 합의를 통해 국가 중대사를 결정합니다. 물론 만장일치가 어려운 상황에서는 투표로 결정하기도 합니다. 개혁 개방 이후 딱 한 번 그런 일이 있었다고 합니다. 중국이 세계무역기구WTO에 가입할 것인지를 두고 의견이 팽팽하게 맞서 투표를 통해 결정했습니다. 이렇게 투표를 할 수도 있어 중앙 상무위원은 보통 홀수로 운영합니다. 시진핑 집권 이후 시진핑으로 권력이 집중되면서 이런 분권을 바탕으로 한 집단 지도 체제가 유명무실해졌다는 비판도 있습니다.

중국 공산당은 세대 교체를 위해 일정 나이 이상이 되면 최고 지도부가 되지 못하게 하는 불문율을 시행하기도 합니다. 이른바 '7상 8하七上八下' 제도입니다. 문서로 규정된 것은 아니지만, 중국 공산당 최고 직인 정치국 상무위원 나이에 적용하는 불문율입니다. 만 67세면 상무위원이 될 수 있지만 68세면 상무위원이 되지 못하고 은퇴해야 합니다. 최고 직위를 항구적으로 차지하는 것을 막기 위해서 이런 불문율을 둔 것인데, 어디까지나 불문율이어서 언제든 바뀔 가능성도 있습니다.

많은 서구 국가와 달리 중국은 나라가 먼저 있고 난 뒤, 중국 공산당과 같은 정당이 선거를 통해 집권하여 국가를 운영하는 경로를 밟지 않았습니다. 중국 공산당이 전쟁을 통해서 다른 정당을 물리치고 나라를 차지하는 경로를 밟았습니다. 흡사 전통 왕조가 세워지는 과정과 비슷합니다. 그래서 중국은 중국 공산당의 나라입니다. 당이 곧 국가입니다. 이런 일당 통치 시스템은 일당이 장기 집권하고 권력을 독점하는 치명적인 약점을 지니고 있습니다. 물론 정권이 바뀌지 않기 때문에 국가 정책을 일관성 있게 추진하고, 장기적인 국가 목표를 세워 실천하기에 용이하기도 합니다. 민주주의 측면에서는 약점을, 국가 정책의 효율적 집행이라는 점에서는 강점을 지닌 체제입니다.

# 지도자

국가주석이 되는 길

우리나라 대통령은 군사 쿠데타로 정권을 잡은 군인 출신 대통령들을 제외하면 대부분 정치인 출신입니다. 물론 정치인이 되기 전에 변호사로 일했던 사람도 있고, 장관을 지낸 경우도 있지만 대부분 정치인인 국회 의원을 거쳐 대통령이 되었지요. 소속 정당에서 꾸준히 지지 기반을 넓힌 뒤 내부 경선을 거쳐 정당의 대통령 후보가 되고, 그 뒤 대통령 선거에서 다수표를 얻으면 대통령이 되어 5년간 대한민국을 이끌게 됩니다. 대통령이 되는 과정은 민주주의 체제인 다른 나라들도 대개 비슷합니다.

## 중국 지도자 중에 바보가 없는 이유

그런데 중국에서 국가주석이 되는 길은 이와 많이 다릅니다. 2016년 현재 중국의 국가주석인 시진핑을 예로 들어 보겠습니다. 시진핑은 어렸을 때 아버지를 따라 농촌에서 생활한 뒤 1979년 대학을 졸업하고 군인 생활을 합니다. 1982년부터는 우리나라로 치면 군郡에 해당하는 허베이河北 성 정딩正定 현에서 공산당 부서기와 서기를 맡습니다. 그 뒤에는 푸젠福建 성 샤먼廈門 시로 옮겨 부시장이 됩니다. 푸젠 성에서 17년을 근무하면서 푸젠 성 당 부서기를 거쳐 푸젠 성을 책임지는 성장 자리에 오릅니다. 그 뒤 2002년부터는 저장浙江 성 성장과 당 서기를 맡고 2007년에는 상하이 당서기가 됩니다. 그런 뒤 2007년 정치국 상무위원이 되고, 2013년 3월 국가주석으로 선출됩니다. 국가주석이 되기까지 16개 정부와 당의 직책을 맡았고, 그가 통치한 지역의 주민은 1억 5000만 명에 이릅니다.(KBS 다큐멘터리 「슈퍼차이나」 참조.)

시진핑뿐만 아니라 다른 지도자들도 대부분 이와 유사한 길을 걸어서 중국 공산당 최고 자리에 앉거나 장관 또는 총리직에 오릅니다. 말단 행정 조직부터 성 단위 행정 조직까지 여러 지방 정부를 맡아 본 풍부한 현장 경험과 전문 지식, 실무 능력을 겸비한

정치
경제

사람들로 공산당과 국가의 지도부가 구성되는 것입니다. 정치인이자 행정가로서 대부분 오랜 기간을 두고 행정 및 통치 능력 등여러 능력을 검증받은 사람들이지요. 흔히 농담처럼 중국 지도지중에는 부패한 사람은 있을지언정 바보나 멍청한 사람은 절대 없다고 말하는 것은 이 때문입니다. 우리나라는 대통령이 되는 데유권자들의 다수표를 얻는 것이 가장 중요하지만 중국의 국가주석은 능력과 경험이 중요합니다. 국가 지도자가 오랜 기간에 걸쳐 길러지는 셈입니다.

그러면 국가주석은 어떤 절차를 거쳐 선출될까요? 중국 헌법 79조에 따르면 국가주석은 선거권과 피선거권이 있는 45세 이상인 사람으로, 우리의 국회에 해당하는 전국인민대표대회에서 국회 의원 격인 인민 대표들이 선출합니다. 간선제인 셈이죠. 그런데 이때 후보가 여러 명인 경우는 없습니다. 대개 전국인민대표대회가 열리기 전에 중국 공산당에서 새로운 총서기 후보를 선출하고, 그 총서기 후보를 유일한 국가주석 후보자로 해 투표하는 것이지요. 일종의 찬반 투표인 셈입니다. 중국 헌법에 따르면 과반수 이상 득표를 하면 선출되는데, 시진핑의 경우 2013년 3월에 국가주석으로 당선될 때 2,956명의 표 가운데 2,952표를 얻었습니다. 반대가 1표였고 기권이 3표였습니다.

이렇게 선출된 국가주석과 중국 공산당 총서기는 대개 연임해 10년간 집권하게 됩니다. 중국 공산당 내부 인물 중에서 국가주석이 뽑히고, 또 그 안에 있는 사람으로 교체되기 때문에 그 사람이 그 사람이라고 평가 절하할 수도 있지만, 꼭 그런 것만도 아닙니다. 대개 새 국가주석은 첫 5년 동안은 전임자의 정책을 유지하고, 두 번째 5년 동안에는 자기 색깔을 냅니다.

## 협상 민주와
## 선거 민주의 결합?

그렇다면 중국 공산당 총서기가 국가주석이 되는 시스템에서 총서기는 어떻게 선출할까요? 앞서 말씀드렸듯 중국 공산당의 최고 기구는 중앙 정치국 상무위원회입니다. 총서기는 7명의 정치국 상무위원 가운데서 선출됩니다. 상무위원회에서는 중국 공산당 원로들의 의견, 내부 분파들의 의견을 수합해 만장일치 형식으로 총서기를 선출하고, 이렇게 선출된 총서기가 국가주석으로 추천되는 것이지요. 물론 총서기로 선출되려면 먼저 상무위원이 되어야 합니다. 상무위원은 중국 공산당 하층 조직원의 투표와 중국 공산당 각 분파 조직들의 합의 등을 통해 선출됩니다. 그러니 중국 국가주석은 서구 국가들이나 우리나라처럼 국민들의 직접 투표로 선출하지 않고 중국 공산당원을 대상으로 중국 공산당원들이 선출하는 셈입니다. 이렇게 중국 공산당 내부에서 선출되니 당내 각 분파의 합의도 중요하고, 능력과 경력도 중요한 고려 대상이 됩니다.

중국에서는 이러한 선출 제도를 '협상 민주'와 '선거 민주'가 결합된 것이라고 말합니다. 현명하고 능력 있는 인재를 선발하는 엘리트 선발 방식으로서, 정치적 인기나 대중의 인기에 따라 지도자가 뽑히고, 선거가 돈에 좌우되는 서구 민주주의 선발 방식보다 우월하다고 주장하기도 합니다. 이것이 중국적 민주 정치라고 주장하지요. 중국 공산당은 자신들의 방식이 능력 있는 사람을 국가 지도자로 뽑는 더 합리적인 방법이라고 말합니다.

하지만 이런 중국의 주장은 중국 공산당의 일당 지배를 합리화하는 주장이라고 비판받기도 합니다. 중국 공산당의 영구 집권을 위해서 전체 국민들의 직접 투표로 국가 지도자를 뽑는 민주주의 제도를 실시하지 않는다는 것이지요. 물론 중국처럼 큰 나라에서 투표를 통한 직접 민주주의를 하는 것은 현실적으로 어렵기 때문에 지금의 방식이 중국 현실에 맞는다고 긍정적으로 평가하는 시각도 있습니다. 어쨌든 후보자가 오랜 행정 경험 및 정치 경험과 검증된 능력을 갖춘 것을 기본 조건으로, 합의와 간접 선거를 통해 지도자를 뽑는 중국의 선출 방식은 민주주의 방식과도 다르고 일인 독재 체제와도 다른 독특한 방식인 것만은 분명합니다.

# 국가 체제

시장 경제를 도입한 사회주의

　　지금부터 하는 이야기는 조금 어려울 수도 있습니다. 자본주의와 사회주의 같은 큰 주제를 다루기 때문입니다. 벌써 골치가 아픈가요? 공부는 늘 '내가 이것도 몰랐구나.' 하는 부끄러움과 '내가 이제 이것도 아는구나.' 하는 뿌듯함이 교차하는 과정이지요. 부디 뿌듯한 느낌이 드는 기회가 되길 바라면서 시작해 보겠습니다.

　중국은 사회주의 국가이지요. 중국 헌법 제1조에는 중화인민공화국은 사회주의 국가이고, 사회주의는 중화인민공화국의 기본 제도이며, 어떤 조직이나 개인도 사회주의 제도를 파괴하는 것을 금지한다고 되어 있습니다. 우리나라는 자본주의 나라라서 중국과 다른데, 혹시 중국에 가 보았다면 중국에서 우리와 다른 사회주의 시스템을 경험한 적이 있나요?

사실 막상 가 보면 중국이 사회주의 국가라고 하지만 우리와 무엇이 다른지 모르겠다고 하는 사람들이 많습니다. 특히 극심한 빈부 격차를 보면 더 그렇습니다. 하늘 높이 치솟은 집값 때문에 집을 구하지 못하는 서민들, 저임금에 시달리는 사람들, 부동산 개발 열풍 때문에 살던 집이 하루아침에 철거되어 거리로 나앉은 철거민들, 돈이 없어서 병원에 가지 못하고 죽어 가는 사람들, 그 한편에서 옛날 황제가 부럽지 않을 정도로 호화로운 저택에 사는 사람들을 보면 그렇지요. 중국이야말로 돈 있는 사람들의 천국이라고 말하기도 합니다.

이런 형편이니 자본주의 나라와 아무런 차이가 없다고 생각하는 것도 무리가 아닙니다. 그래서 자동차 운전에 비유해 이런 농담을 하곤 합니다. 중국은 '좌회전 깜빡이를 켜고, 우회전하는 나라'라고요. '겉은 붉지만 속은 하얀 나라'라고 말하기도 합니다. 사회주의라는 간판을 내걸고 있지만 실은 자본주의 나라라는 것이지요. 중국 공산당이 계속 집권하는 것만 사회주의이고, 나머지는 모두 자본주의라고 말하는 사람도 있습니다.

## 빈부 격차가
## 발생하는 이유

자본주의와 사회주의의 가장 큰 차이는 무엇일까요? 사회주의는 자본주의 사회를 비판하면서 그 문제를 극복하기 위해서 나왔지요. 자본주의 사회에 대한 대안으로써 그것을 무너뜨리고 세운 체제입니다. 사회주의는 자본주의 사회에 어떤 문제가 있다고 본 것일까요?

자본주의 체제는 장점도 많고 단점도 많지요. 모든 사람이 자유로운 경쟁을 통해 경제 활동을 하는 것은 장점입니다. 누구든 능력에 따라 돈벌이를 할 수 있으니 돈이 많이 벌릴수록 의욕도 생겨서 더욱 열심히 일하게 됩니다. 이 과정에서 개인도 발전하고 사회와 국가도 발전하지요.

단점도 있습니다. 사람이 상품처럼 취급받기도 하고 모든 가치가 돈에 종속되기도 하지요. 특히 큰 문제는 부자와 가난한 사람 사이에 격차가 많이 벌어진다는 것입니다. 부자들은 더욱더 부유해지고 가난한 사람은 더욱더 가난해지는 일이 발생할 수 있고, 이런 상황에서 가난한 사람들이 사람대접을 제대로 못 받기도 하지요. 그런데 부자는 소수이고, 가난한 사람은 다수입니다. 그래서 자본주의 체제는 다수는 고통받고 소수만 행복한 체제라고 비판받는 것이지요.

사회주의는 자본주의 체제가 갖고 있는 이런 단점을 극복하겠

정치
경제

133

다는 목표를 내걸었습니다. 많은 사람이 고르게 잘사는 세상을 만들고, 돈 때문에 인간 이하의 대접을 받는 일이나, 사람이 돈의 노예가 되는 일이 없는 세상을 만들겠다는 것이었지요.

그런데 자본주의 체제에서는 왜 빈부 격차가 발생하는 것일까요? 어떤 사람은 부지런히 일하지만 어떤 사람은 게을러서일 수도 있지요. 하지만 그것이 가장 중요한 원인은 아닙니다. 빈부 격차가 발생하는 가장 근본적인 이유는 어떤 사람은 생산 수단°을 가지고 있지만, 어떤 사람은 생산 수단이 없기 때문입니다.

생산 수단은 왜 이렇게 중요할까요? 한번 생각해 보세요. 여러분은 같은 값이라면 쌀 1,000가마와 논 1,000제곱미터 가운데 무엇을 선택하겠습니까? 현명한 사람이라면 당연히 논을 선택할 겁니다. 왜냐고요? 쌀은 한번 먹으면 없어지지만 논을 가지고 있으면 계속 벼를 심어 쌀을 생산할 수 있기 때문이지요. 수백 개의 빵보다 아무리 작더라도 빵집이나 제빵 기계를 소유하는 게 더 나은 이치이지요. 이처럼 논이나 제빵 기계 같은 생산 수단이 있으면 그만큼 돈을 벌 기회도 많아집니다. 반면 생산 수단이 없으면 자기 몸으로 일을 해서, 즉 노동력을 팔아서 돈벌이를 해야 합니다.

이처럼 생산 수단의 소유 여부가 빈부 격차가 벌어지는 주요 원인이기 때문에 사회주의 국가들은 생산 수단을 개인들이 갖지 못하도록 하고 나라가 소유합니다. 자본주의 체제에서는 생산 수

● 생산 과정에서 노동력 대신이나 노 곡기 되는 것(으로 생각함. 땅, 노 자, 장비
사유재산, 화폐, 건고 같은 도 능처 등이 포함. 경제 요소에 속함.

단을 갖고 있는 개인이 이익을 많이 차지하지만, 사회주의 체제에서는 생산 수단이 국유화되거나 공유제로 사회화되어 있기 때문에 국가나 조직이 나서서 이익을 나누어 주지요. 이렇게 되면 빈부 격차가 줄어들 수 있겠지요. 돈을 더 벌기 위한 치열한 경쟁도 줄어들게 됩니다. 하지만 내 것이 없이 대부분 나라 것이거나 집단 소유다 보니 일할 의욕이 떨어지고, 생산성이 떨어지는 문제가 발생하지요. 소득 차이가 줄어들기는 하지만 다 함께 가난해질 수도 있습니다.

1949년 중국에 사회주의 정권이 들어서고 나서 중국 정부와 중국 공산당은 개인 소유의 토지와 기업 등을 국유화하거나 집단 공동의 재산으로 하는 공유제로 바꾸었습니다. 그런 뒤 일한 시간과 일의 쉽고 어려움 등에 따라 임금과 식량 등을 개인에게 나누어 주었지요. 서구 세계와 교류도 중단하고, 폐쇄적인 자급자족 경제를 운영합니다. 당시 중국 정부와 중국 공산당은 중국이 세계사를 선도하고 있다고 말했습니다. 미국이나 영국 같은 서구 국가들은 자본주의 체제이지만 중국은 자본주의의 문제점을 극복하고 사회주의 체제를 택했기 때문에 역사의 발전 단계에서 더 앞서 있다는 논리였지요. 역사는 봉건주의 시대와 자본주의 시대를 거쳐 사회주의와 공산주의 시대로 나아간다고 보는 입장에서는, 사회주의는 자본주의보다 한 단계 앞선 체제가 되지요.

이런 생각 때문에 사회주의 정권이 수립되고 나서 중국에서는

정치
경제

135

봉건적인 것과 자본주의적인 것은 모두 비판하고 타도해야 하는 대상이었습니다. 유교를 비롯한 전통 사상이나, 제사 같은 전통 문화 역시 봉건적인 것이라 낙인찍어 부정했지요. 개성이나 개인의 자유, 서구 대중문화, 서구 소설과 영화는 자본주의 것이라고 비판하면서 즐기는 것을 금지했습니다. 봉건적인 것과 자본주의적인 것을 청산해야 중국에 사회주의를 실현할 수 있고, 중국이 세계에서 가장 앞선 나라가 될 수 있다고 생각한 것이지요. 중국 공산당을 이끌었던 마오쩌둥(1893~1976년)은 중국에서 봉건주의, 자본주의가 부활할까 염려하면서, 많은 사람들을 봉건주의 잔당이라든가 자본주의 부활을 꿈꾸는 세력이라며 비판했지요. 마오쩌둥은 중국에서 자본주의 요소를 완전히 제거하고 사회주의를 실현하려 했습니다.

마오쩌둥 시대에 많은 중국인은 중국이 서구 자본주의 국가들보다 앞서 있고 우월하다고 생각했습니다. 정부 선전 때문이기도 했고, 서구 세계와 교류가 없이 폐쇄된 채로 지내다 보니 세계의 사정을 잘 알 수 없던 때문이기도 했습니다. 하지만 현실은 달랐습니다. 사실 중국은 서구 자본주의 국가들보다 적어도 경제적으로는 뒤처져 있었습니다. 대규모 농장에서 공동으로 일했지만 생산성은 갈수록 떨어졌습니다. 중국인들은 생활난에 직면했고, 중국과 서구의 경제적 격차는 더욱 벌어졌지요.

　　　　　중국은 1976년에 마오쩌둥이 죽으면서 변화를 맞습니다. 1978년부터 서구 자본주의 세계를 향해 문을 여는 이른바 개혁 개방 시대가 열리지요. 그런 변화를 주도한 사람은 마오쩌둥의 뒤를 이어 중국 공산당을 이끈 덩샤오핑(1904~1997년)입니다. 덩샤오핑을 중심으로 중국 공산당에서 개혁 개방을 주장한 사람들의 생각은 여러모로 마오쩌둥과 달랐습니다. 마오쩌둥은 사회주의 이념의 순수성을 지키고 사회주의 이상 사회를 건설하려 했지만, 덩샤오핑은 매우 현실적이고 실용적인 관점에서 중국의 현실을 바라보았습니다. 덩샤오핑은 "검은 고양이든 흰 고양이든 쥐를 잡는 고양이가 좋은 고양이다."라는 중국 속담을 즐겨 쓰는가 하면, "진리를 검증하는 유일한 기준은 실천"이라고 하면서, 정해진 이론이나 원칙보다 지금 현실과 결과를 중요하게 생각했지요. 그래서 중국의 가장 큰 문제는 생산이 낙후된 것, 즉 생산력이 발전하지 않아서 물질문화에 대한 중국인들의 요구를 채워 주지 못하는 것이라고 생각했습니다. 또한 "사회주의를 하려면 생산력이 발전해야 한다. 빈곤은 사회주의가 아니다. 우선 빈곤에서 벗어나야 한다."라고 말하기도 했습니다. 생산력을 발전시켜 중국인들의 생활 수준을 향상시키는 것이 중국 공산당의 임무라고 강조했지요.

중국의 개혁 개방에 앞장섰던 덩사오핑. 1979년 전 미국 대통령 지미 카터 부부와 만났을 때의 모습이다.

그런가 하면 사회주의에 대해서도 새로운 생각을 내놓습니다. 사회주의에도 여러 단계가 있는데, 중국은 사회주의가 완성된 단계에 있는 것이 아니라 사회주의가 이제 막 시작된 가장 기초 단계에 놓여 있다고 말하지요. 이른바 '사회주의 초급 단계론'입니다. 개혁 개방 초기인 1982년에 중국 공산당은 "우리나라 사회주의 사회는 초급 발전 단계에 처해 있으며 물질문명은 아직 발달하지 않았다."라고 말합니다. 사회주의에 속하기는 하지만 사회주의가 시작되는 단계라는 것입니다. 이 단계에서는 발달한 선진국보다 뒤떨어져 있고 가난하며 생산력도 발달하지 않아서 물질 생활에 대한 중국인들의 바람을 채워 주지 못한다고 보았습니다. 그래서 낙후와 빈곤 상태에서 벗어나 풍요로운 물질생활을 누리려면 사회주의 체제만으로는 되지 않는다고 생각합니다. 자본주의 요소도 필요하다는 것이지요.

덩샤오핑은 생산 수단을 집단이 공동으로 소유하거나 국가가 소유하는 것은 사회주의 초급 단계에는 맞지 않는다고 보았습니다. 이 단계에서는 개인이 생산 수단을 소유할 뿐만 아니라 사고팔 수도 있어야 생산력이 발전한다는 것입니다. 그런가 하면 덩샤오핑 시대에는 시장 경제는 자본주의에만 있는 것이 아니라 사회주의에도 있을 수 있다면서 '사회주의 시장 경제'란 용어를 사용하기도 하지요. 마오쩌둥 시대에는 물건을 생산하고 분배하는 것을 국가가 맡아서 했지만 덩샤오핑 시대에는 시장 기능에 맡겨서 수요와 공급 법칙이 작동하게 됩니다. 경제에서 정부가 통제하고 관여하는 것을 줄였지요. 이제 개인의 사유 재산도 생기고 그 재산을 사고팔 수도 있게 됩니다. 국유 기업만이 아니라 개인 기업도 늘어나 개인이 가게는 물론 공장이나 회사도 세울 수 있게 됩니다.

사회주의 초급 단계에서는 사회주의 간판을 내걸고 있기는 하지만, 경제만 보면 자본주의와 별반 차이가 없어 보입니다. 지금 중국에서는 토지만 국가 소유이고 건물이나 아파트는 자유롭게 사고팔 수 있습니다. 시장 경제 형태의 경제 체제가 세워지기 시작한 것입니다.

또한 덩샤오핑과 개혁 개방을 추진하는 사람들은 모두가 가난한 상태에서 벗어나 부유해지려면 일부 지역이나 사람들이 먼저 부유해지는 것을 용인해야 한다는 '선부론先富論'도 내놓습니다. 일부가 부자가 되면, 나머지 사람들도 자극을 받아 그 사람을 따라 배우면서 열심히 일해서 결국에는 모두가 부자가 될 수 있다는 것이죠. 빈부 격차가 갈수록 심해지는 현실을 바꾸기 위해 사회주의 국가를 세웠지만 이제는 일부가 먼저 부자가 되는 일을 장려하게 된 것이지요.

## '붉은 자본주의' 국가를
## 보는 시각

오늘날 중국은 미국과 함께 세계 2위의 경제 대국, 세계 1위의 수출 대국이자 세계 1위의 외환 보유국입니다. 중국 경제가 이처럼 발전한 것은 덩샤오핑이 주도한 개혁 개방 정책, 그리고 사회주의에 대한 새로운 해석 덕분입니다. 사유 재산을 인정하고 시장을 활성화시키면서 생산력이 발전했고, 덩샤오핑이 말한 대로 풍요로운 물질생활을 누릴 수 있게 된 것이지요. 많은 중국인이 여전히 중국 공산당을 지지하는 것도 중국 공산당이 사회주의 초급 단계론을 도입해 중국인의 생활을 개선하고 중국을 부유한 나라, 강한 나라로 만들었다고 생각하기 때문입니다.

자본주의 선진국과 당당하게 경쟁할 수 있을 만큼 부유해지고 자본주의 국가와 비슷한 시장 경제를 하는 지금도 중국과 중국 공산당은 사회주의 국가 건설이라는 목표를 내세우고 있습니다. 여러분은 어떻게 생각하세요? 중국 공산당이 말하듯이, 중국이 사회주의 초급 단계에서 생산력을 발전시킨 뒤 진정한 사회주의를 실현할 수 있을까요? 덩샤오핑은 모두가 잘사는 게 사회주의라고 말했지만, 지금 중국은 모두 부자가 되는 것이 아니라 부자는 더욱 부유해지고 가난한 사람은 더욱 가난해지고 있다고 비판하는 중국인도 많습니다. 부와 가난의 세습을 풍자하는 '부자 2세富二代', '가난한 2세貧二代'라는 말까지 생겨나고 있지요.

어떤 사람들은 이런 중국을 두고 정치만 사회주의인 '붉은 자본주의' 국가라고 부르기도 하지요. 중국이 갈수록 자본주의 국가를 닮아 간다고 생각하는 사람들은 중국 공산당이 집권을 합리화하기 위해 사회주의라는 간판을 내걸 뿐이라고 말합니다.

하지만 어떤 사람들은 길게 볼 필요가 있다고 말합니다. 중국 공산당이 사회주의를 내세우는 이상 그 이름에 구속되어 결국은 자본주의 사회보다 더 나은 사회를 만들리라는 것이지요. 중국이 사회주의 길을 끝까지 갈 것이라고 보는 관점입니다. 과연 21세기가 끝날 무렵 중국은 어떤 나라가 되어 있을까요? 인류사의 흥미로운 주목거리 가운데 하나입니다.

# 문화 대혁명

청년 세대의 반란

　　한 가족이 겪은 희비극을 중심으로 중국 현대사를 다룬 영화 「인생」에는 문화 대혁명 때 목숨을 잃는 주인공의 딸 이야기가 나옵니다. 조금 허망하게 죽지요. 아이를 낳으려고 병원에 갔는데 의사가 자리에 없습니다. 의사는 '반동적인 학술 권위자'라는 팻말을 목에 걸고 길거리에서 비판받고 있었고, 학생들이 병원을 차지한 채 의사 노릇을 하고 있었는데, 출혈을 수습하지 못한 겁니다. 이처럼 학생들이 직장이나 학교를 차지한 모습이라든가, 학생들이 선생들을 조롱하는 모습은 영화나 소설에서 흔히 볼 수 있는 문화 대혁명의 모습이지요.

왜 문화 대혁명을 다룬 영화나 소설에는 이처럼 어린 학생이나 청년들이 교장이나 선생, 아버지, 지체 높은 중국 공산당 간부나 학자를 비판하고 때로는 그들에게 폭력을 가하는 장면이 종종 나올까요?

## 마오쩌둥과
## 홍위병 운동

문화 대혁명은 원인부터 전개 과정까지 매우 복잡해 이해하기가 쉽지 않습니다. 먼저 명칭부터 살펴볼까요? 문화 대혁명의 정식 명칭은 무산 계급 문화 대혁명無産階級文化大革命입니다. 그러니까 이름으로 보면 무산 계급 문화로 중국을 바꾸기 위한 혁명입니다. 모든 중국인이 무산 계급의 생각과 사상, 언어 등을 갖게 하려는 것이었죠.

중국은 이미 사회주의 국가인데 왜 무산 계급 문화로 중국인들을 바꾸려고 했을까요? 여기에는 문화 대혁명을 발동한 인물인 마오쩌둥의 판단이 있습니다. 마오는 중국이 다시 자본주의 사회로 돌아갈 위험이 있다고 판단했습니다. 정치나 경제 제도는 사회주의로 바뀌었지만 중국인들의 생각이나 의식, 사상은 여전히 자본주의나 봉건주의 상태에 머물러 있다고 보았지요. 또 많은 사람이 자본주의를 부활시킬 기회를 엿보고 있다고 생각했습니다. 특히 중국 공산당과 사회 여러 부문의 권력층 중에 그런 사람이 많다고 보았습니다. 중국에는 사회주의를 멸망시키고 자본주의를 부활시키려는 '자산 계급 사령부'가 있고, '자본주의 길을 가려는 당권파'가 있다고 본 것이지요. 더구나 마오쩌둥은 당시 중국 공산당과, 국가 권력을 쥐고 있던 일부 사람들이 몹시 못마땅했습니다. 사회주의 국가가 처음 들어설 때는 순수했던 사람들이 새로운 권력층이 되면서 관료주의에 젖어 버렸다고 불만을 가진 것이지요. 권력에 취해 점점 자기 잇속을 챙기면서 관료들과 중국인들 사이에 거리가 벌어지고 있다고 생각했지요.

마오쩌둥의 이런 생각이 문화 대혁명의 중요한 배경이 됩니다. 마오쩌둥은 중국이 사회주의에서 다시 자본주의로 돌아갈 수 있다고 생각했고 관료주의에 찌든 당과 정부의 고위직들, 문화계 인사들을 사회주의 사상으로 다시 교육해야 한다고 생각합니다. 하지만 당시 마오쩌둥에게는 실권이 없었고, 그의 생각에 동조하는 당 지도부도 많지 않았습니다.

이런 상황에서 마오가 자기 생각을 실현하기 위해 어떻게 했을까요? 마오는 청년들이 들고일어나도록 자극합니다. 어느 나라든 청년들은 높은 이상을 지닌 사람들이어서 현실에 불만이 많을 수밖에 없는데, 마오는 이런 청년들이 나서서 권력자들을 비판하게 한 것이지요. 예를 들어 베이징대학에서 한 강사가 대학 총장을 비판하는 대자보를 붙였는데, 마오는 이런 행동을 적극적으로 지지하는 글을 『인민일보』에 씁니다. 그러자 학생과 청년들이 나서서 마오의 생각을 실천하기 시작합니다.

중·고등학생과 대학생들이 주축이 된 붉은 수호대 홍위병 조직이 전국 곳곳에서 만들어집니다. 심지어 초등학생들까지 나서서 홍소병紅小兵을 조직하기도 합니다. 이들은 붉은 마오 선집을 들고 톈안먼 광장에 모여서 마오 찬가를 부르면서 그에게 열광합니다. 당시 홍위병들에

문화 대혁명 당시 마오쩌둥의 사진을 들고 행진하는 아이들.

게 마오는 태양과 같은 존재였습니다. 마오 개인숭배가 극에 달했지요. 홍위병들은 "혁명에는 이유가 있다." "낡은 것을 파괴하고 새것을 세우자." "파괴 없이 건설 없다." 같은 구호를 외치며 학교와 각종 관공서, 기관을 점령합니다. 그런가 하면 교장이나 당 관료, 기관의 고위직에 있는 사람들을 잡아내서 무릎을 꿇리고 목에 죄목이 쓰인 종이를 걸게 한 뒤 비판합니다. 봉건주의나 자본주의에 젖은 행동이나 과거의 잘못을 반성하라는 것이었지요. 주로 당 관료처럼 높은 지위에 있던 사람, 유명한 사람 등이 비판의 대상이었기 때문에, 그 여파로 유명 작가와 지식인, 교

사들이 자기 제자나 학생에게 모욕당한 뒤 자살하기도 했지요. 어떤 홍위병은 자기 아버지를 비판대에 세우기도 했습니다. 문화 대혁명을 두고 일종의 청년 세대의 반항이자 '아버지 세대 타도 운동'의 성격을 지닌다고 평가하는 것은 이런 홍위병 운동 때문입니다.

## 문화 대혁명이
## 가져온 재난

영화나 소설에 흔히 나오는 것과 같은 폭력적인 운동은 1968년 무렵 거의 끝나지만, 문화 대혁명이 초래한 재난은 막대했습니다. 수많은 사람이 폭력으로 죽었고, 작가 라오서老舍를 비롯하여 여러 유명 지식인들과 문화계 인사들이 자살하기도 했습니다. 많은 전통문화 유산이 파괴되기도 했습니다. 홍위병들은 공자나 유교에 관한 서적을 봉건주의라고 해서 불태우고, 공자 무덤도 파헤치고 비석도 전부 깨뜨렸습니다. 서양에서 들어온 책들은 서구 자본주의 산물이라고 해서 금서로 지정해 버리고 도서관에 있는 서양 소설은 모두 폐기했습니다. 많은 책이 봉건적이라거나 자본주의 독버섯이라고 비판받으면서 출간이 금지돼 문화의 사막 시대가 연출되었습니다. 대학은 문을 닫았고 대학생들은 참다운 지식은 교실이 아니라 논밭이나 공장에 있다면서 농촌이나 공장으로 갔습니다. 농민이나 노동자의 생활을 체험하면서 그들과 하나가 되어야 진정한 지식인이라고 생각한 것이지요.

문화 대혁명은 수많은 희생을 치른 뒤 1976년 마오쩌둥이 죽으면서 막을 내립니다. 중국에서는 문화 대혁명을 '10년 동란', '10년 재난'이라고 부릅니다. 중국 정부와 공산당도 문화 대혁명이 끝난 뒤 이것은 마오쩌둥이 발동했다는 점을 분명히 한 뒤, 문화 대혁명은 어떠한 의미에서도 혁명이 아니었고 중국인들에게 막대한 손실을 가져온 재난이었다고 규정했습니다. 또한 문화 대혁명이 타도의 대상으로 삼았던 자본주의 사령부 같은 것은 존재하지도 않았고, 문화 대혁명 때 비판당했던 사람들은 중국의 핵심 인물들이었다고 정리했습니다. 문화 대혁명의 모든 것을 부정한 가운데, 당시 비판받았던 사람들을 복권시켰습니다. 농촌으로 갔던 청년들은 다시 도시로 돌아왔고, 대학 입학시험이 부활되어 대학은 새로 입학생을 모집했지요. 문화 대혁명의 종말은 마오쩌둥 시대의 종말이자 덩샤오핑 시대의 개막이었고, 개혁 개방 시대의 시작이었습니다.

# 마오쩌둥

죽어서도 살아 있는 영웅

여러분은 죽은 뒤 영원히 방부 처리되어 있는 사람을 본 적이 있나요? 저는 딱 한 번 보았는데, 바로 마오쩌둥이었습니다. 1992년의 추운 겨울, 마오쩌둥 기념관이 있는 톈안먼 광장에는 칼바람이 불었습니다. 베이징의 겨울은 눈보다 바람이 무섭지요. 매서운 바람을 맞으며 중국인들 틈에서 꼬박 두 시간 동안 줄을 서서 기다렸습니다. 마침내 마오쩌둥 기념관으로 들어갔는데, 분위기가 살벌했습니다. 마오의 시신이 안치된 곳이 가까워질수록 더욱 그러했습니다. 경찰인지 군인인지 모르겠지만 무장한 채 줄지어 선 사람들이 관람객에게 절대 멈추지 말라고 경고했기 때문에 마오쩌둥의 모습은 계속 걸어가면서 힐끔 봐야 했습니다.

유리관 속에 누워 있는 마오쩌둥은 사진에서 본 모습보다 훨씬 창백했습니다. 그렇게 주마간산으로 마오를 보고 난 뒤, 기분이 썩 유쾌하지는 않았습니다. 마오는 이것을 원할까? 이렇게 방부 처리해 두는 것은 마오를 영원히 기리기 위한 것인가, 아니면 그저 흘러간 과거 유물을 보존하는 차원인가? 차라리 중국인의 장례 풍습대로 화장하는 게 더 나은 것은 아닐까? 여러 생각이 들었지요.

중국은 마오쩌둥의 사진을 톈안먼 광장 한가운데 걸어 두는 것으로도 부족해 광장에 기념관을 만들고 시신을 방부 처리해 보존하고 있습니다. 중국에서 이처럼 극진한 대접을 받는 인물은 마오밖에 없습니다. 덩샤오핑은 죽은 뒤에 화장했습니다. 중국인에게 마오쩌둥은 단지 중국 공산당 지도자나 과거의 국가주석이라는 차원을 넘어섭니다. 마오쩌둥은 무엇보다도 중국 민족을 구한 민족의 영웅입니다. 아편 전쟁 이후 외국의 침략에 시달리면서 나라의 절반을 잃어버리는 등 굴욕의 근대 100년의 역사를 끝내고 중국을 구한 영웅으로 추앙받고 있지요. 중국 공산당이 중국인들에게는 사회주의 정당인 동시에 민족을 구하고 다시 일으켜 세운 민족주의 정당으로 여겨지는 것과 비슷하지요.

마오에 대한 개인숭배가 절정에 달한 것은 앞서 말했듯 마오가

전면에 커다란 마오쩌둥 사진이 걸려 있는 톈안먼 광장 풍경.

살아 있을 때인 문화 대혁명 때였습니다. 마오를 찬양하는 노래와 포스터가 중국을 온통 도배했지요. 정치 운동의 일환이었습니다. 중국 정부와 중국 공산당이 마오 숭배 분위기를 주도했고, 문화 대혁명의 주축 세력인 청년과 청소년들이 광적으로 마오를 숭배했지요. 이들은 마오쩌둥의 글을 모은 마오 선집에 나오는 구절을 달달 외울 정도였습니다. 정치적 목적을 위해 마오쩌둥 우상화가 진행된 시대였습니다.

마오가 죽은 뒤 중국 공산당은 그를 평가하면서 공이 7이고 잘못이 3이라고 했습니다. 중국 공산당의 공식 입장입니다. 공이 훨씬 크다고 정리했지만 마오쩌둥에 이어 중국 공산당과 중국을 이끈 덩샤오핑이 개혁 개방을 추진하면서 마오의 사회주의 정책은 거의 폐기됩니다. 마오의 정책은 중국을 낙후시키고, 중국인들을 가난에 빠지게 한 정책으로 여겨진 것이지요. 자본주의 요소를 도입하고 시장 경제를 확대하는 등 마오쩌둥 시대와 거의 반대의 길을 가면서 중국은 미국과 함께 세계 2대 강국으로 성장했지요. 그런데도 중국에는 여전히 마오를 신성하게 여기고 따르는 사람들이 많습니다.

어떤 중국인들은 지금도 마오를 신처럼 숭배하기도 합니다. 택시 기사들은 무사고를 기원하며 마오 사진을 차에 걸고 다닙니다. 장사가 잘되라고, 집안에 복이 들어오라고 문에 마오 사진을 붙이기도 합니다. 일부 중국인들이 마오를 얼마나 신처럼 여기는지 엿볼 수 있는 이야기가 있습니다. 중국 남쪽 지방에서 교통사고가 났습니다. 버스가 전복된 큰 사고였습니다. 그런데 승객 가운데 한 사람만 부상 하나 없이 멀쩡했다는군요. 다름 아닌 마오 사진을 들고 있던 사람이었답니다. 사람들은 마오가 그 사람을 보호한 거라고 했습니다. 믿거나 말거나 한 이야기이지만, 이쯤 되면 마오는 거의 신 수준입니다. 후난 성에 있는 마오의 생가는 어느 종교 성지보다도 많은 관람객이 찾는 장소가 된 지 오래지요.

한편 지금 중국 현실의 어두운 면을 비판하기 위해 다시 마오쩌둥을 찾는 중국인도 있습니다. 중국 경제가 발전하는 과정에서 빈부 격차도 심해지고, 범죄도 느는 등 갖가지 나쁜 사회 현상이 나타나면서 마오쩌둥 시대를 그리워하거나 그때가 더 좋았다고 생각하는 사람들이 생겨나기 시작한 것이지요. 마오 시대에는 가난하기는 했지만 마약이나 성매매, 도박이 없었고, 가난한 사람들도 대접받았다고 생각하지요. 지금은 평생을 벌어도 집을 사지 못하지만 마오 시대에는 모두가 집이 있었고, 의료비 걱정도 없었다고 생각하는 것입니다. 중국 공산당이 돈 있는 자본가들까지 입당을 허용하면서 부자들을 위한 정당이 되어 가고, 갈수록 시장 논리를 강조하면서 힘 있는 사람, 경쟁력 있는 사람, 돈 있는 사람들을 위한 정책을 주로 편다고 보는 사람들이 중국 정부와 중국 공산당에 대한 불만을 마오쩌둥을 빌려 표현하는 것이지요. 이렇게 지금 중국 현실에 불만이 있는 중국인들에게 마오는 죽어서도 여전히 살아 있습니다.

하지만 마오쩌둥을 숭배하는 것을 비판하는 사람도 많습니다. 특히 지식인 중에 많지요. 중국인들이 민주 의식이 부족하고 어리석어서 독재자였던 마오쩌둥을 숭배한다고 비판하지요. 마오 시대를 겪어 보지 않은 사람들이 마오 시대의 좋은 점만 보고, 그때 난무했던 폭력과 광기를 무시하고 있다고 비판하기도 합니다. 이렇게 마오를 어떻게 생각하고 평가할지를 두고 중국인들 사이에 입장이 첨예하게 갈리고 있습니다. 또 마오에 대한 평가는 지금 중국에 대한 평가와 연결되어 있습니다.

# 산업

짝퉁과 산자이 사이

중국 하면 가짜나 짝퉁을 떠올리는 사람들이 많습니다. 그만큼 중국에는 가짜 상품이나, 정품을 교묘하게 모방한 짝퉁 제품이 많지요. 유명 브랜드 사치품부터 휴대 전화, 자동차, 심지어 쌀이나 달걀에 이르기까지 종류도 놀랄 정도로 다양합니다. 대도시에 짝퉁 제품을 전문으로 파는 상가가 있을 정도지요. 물론 중국 정부도 단속을 하지만 쉽게 근절되지 않지요. 최근에는 짝퉁이 정품을 추월하는 현상까지 나오고 있습니다. 애플의 짝퉁이라고 비판받던 샤오미小米 휴대 전화가 돌풍을 일으키며 중국 시장에서 삼성 휴대 전화의 판매량을 추월하기도 했지요.

● 2010년 설립된 중국 기업으로 스마트폰을 비롯해 텔레비전, 공기 청정기, 에어컨 등을 생산한다. 창업 초기에 스마트폰의 저렴한 가격으로 화제를 몰려들어 갔다. 애플의 제품을 불모, 광고 방식까지 따라해 짝퉁이라는 꼬리표가 붙었으니 이후 급속도로 성장하고 있다.

짝퉁 제품을 만드는 것은 엄연한 범법 행위입니다. 다른 사람이나 기업이 오랜 시간 막대한 노력과 비용을 들여서 개발한 제품을 쉽게 모방해 돈을 버는 것이어서 그렇지요. 지적 재산권 보호라는 법적 차원만이 아니라 도덕적 차원에서도 비난을 받을 일입니다. 사실 인기 있는 제품을 모방하여 값싸게 파는 짝퉁 제품은 세계 어느 나라에나 있지요. 하지만 중국에서는 이런 짝퉁 제품이 훨씬 많이 나오는 것이 사실입니다. 왜 중국은 짝퉁 천국이라는 말을 들을 정도로 짝퉁이 판을 칠까요?

## 중국이 짝퉁 천국인
## 까닭

가장 큰 이유는 중국이 짝퉁을 잘 만들 수 있는 기술과 인력을 보유하고 있기 때문입니다. 실제로 중국 기술 수준이 높아진 것은 중국의 빠른 경제 성장이 그 배경이기도 합니다. 더구나 과거에는 첨단 제품이었던 휴대 전화나 노트북을 최근 들어서는 중소기업에서 생산할 정도로 기술이 상향, 보편화되었습니다. 중국도 성장하면서 짝퉁 제품을 만들 수 있는 인력이 늘어나고 기술 수준이 높아진 것입니다. 더구나 중국은 시장 자체도 엄청나게 크다 보니, 중저가 제품을 원하는 소비자도 무척 많습니다. 고가의 유명 브랜드 제품을 갖고는 싶지만 구입할 여유가 없는 사람들이 모양이나 기능에서 진짜를 꼭 빼닮은 짝퉁 제품을 구입하는 것이지요. 중국에서 경제가 침체되거나 소득 격차가 심해질수록 짝퉁 제품을 찾는 사람이 늘어나는 것도 이와 관련이 있지요.

중국 정부나 중국인들이 짝퉁 제품에 너그러운 것도 짝퉁 제품이 유행하는 데 영향을 미치고 있습니다. 흔히 기술 수준이 낮고 경제 발전이 늦은 나라는 선진국 기업의 기술을 모방하는 것으로 시작해 경제 발전을 이룬 경우가 많지요. 일본도 그렇고 우리나라도 그러합니다. 나라 사이만이 아니라 대기업과 중소기업 사이에도 이런 경우가 많지요. 대기업 제품을 모방하면서 중소기업이 성장하기도 하지요. 이런 맥락에서 중국 정부나 중국인들은 기술 수준이 낮은 중국 기업이 선진 글로벌 기업과 경쟁하기 위해서는 짝퉁 단계를 거칠 수밖에 없다고 생각해 짝퉁 제품에 관대해지는 것이지요. 이런 인식이 중국에서 짝퉁이 좀처럼 근절되지 않는 데에 기여하고 있는 셈입니다.

## 산자이로 거듭난
## 짝퉁

그런데 중국의 짝퉁 열풍에 중요한 전환점이 생깁니다. 1990년대 말에서 2000년대 초반에 남부 광둥 지방에서부터 짝퉁 생산 공장을 '산자이山寨'라고 부르기 시작합니다. 산자이는 그 뒤부터 남의 것을 모방하거나 패러디한 것을 일컫는 말로 널리 쓰이게 됩니다. 그런 가운데 짝퉁이 공산품뿐만 아니라 문화로 확장되기 시작합니다. 2008년 중국 인터넷을 달군 가장 뜨거운 신조어가 바로 산자이입니다. 중국어로는 아직 낯설지만, 산자이를 한자로 읽은 '산채'라는 말은 우리에게도 익숙합니다. 산채는 산적이라든가 정부에 대항하여 난을 일으킨 사람들이 산속에 성처럼 만든 진지나 소굴을 뜻하지요. 소설에도 자주 나옵니다. 중국 소설 『수호전』에서 정부에 대항하던 이들이 근거지로 산채를 차리기도 했고, 우리나라 소설에서도 임꺽정은 청석골에, 장길산은 구월산에 산채를 차리기도 했지요. 이들은 정부에 대항한다는 점에서 불법 세력이지만, 한편으로는 정부의 억압과 불의에 저항한다는 점에서 의적이기도 하지요. 산자이란 말은 중국은 물론이고 우리나라에서도 불법, 비합법이라는 의미와 함께 억압적인 정부나 기존 질서에 저항하는 의적의 이미지를 동시에 지니고 있습니다.

그래서 짝퉁 제품을 산자이라 부르면 짝퉁은 새로운 의미를 지니게 됩니다. 불법이기는 하지만 기존의 주류 제품이나 문화에 대한 저항과 비판이라는 의미를 지니는 것이지요. 『수호전』의 영웅들이나 임꺽정의 무리가 산채에 모여 무력으로 정부에 대항하는 것이 불법이기는 하지만 민중들의 소망을 반영해 정부와 기존 질서에 저항하는 의미를 지닌 것처럼 말이죠. 짝퉁이 산자이로 거듭나면서 주류에 저항하는 비주류라는 의미를 부여받은 것입니다.

그러면서 여러 가지 산자이 문화 현상이 일어납니다. 2008년 베이징 올림픽 성화 봉송 기간에 허난河南 성 산골 마을에서는 마치 정식 봉송인 것처럼 일부 사람들이 성화를 봉송하고, 이를 인터넷에 올리기도 했습니다. 자기들 나름대로 올림픽 축하 행사를 연 것입니다. 네티즌들은 유명 텔레비전 프로그램을 모방한 프로그램을 만들어 인터넷에 올리기도 합니다. 중국인들은 설 전날 저녁이면 가족들이 모여 앉아 중국 국영 방송인 CCTV에서 방영하는 「춘완春晚」이라는 오락 프로그램을 보곤 합니다. 중국 최대의 오락 프로그램이지요. 유명 연예인들이 총출동하는 화려한 잔치이지만, 정부의 업적을 선전하는 선전물이라는 혹평을 받기도 합니다. 그래서 일부 네티즌들은 '산자이 춘완'을 만들었습니다. 네티즌으로 위원회를 꾸려서 유명 연예인이 아니라 네티즌이 참여하는 프로그램을 만든 것이지요. 이런 산자이 프로그램은 수도 없이 많습니다. 이런 프로그램이 많이 만들어지고 중국인들의 환영을 받는 것은 그만큼 중국 방송이 보통 사람들의 요구와 기대를 반영하지 못하고 있다는 반증입니다.

아주 기발한 산자이도 있습니다. 항저우의 한 농민은 대나무로 실물의 20분의 1 크기로 베이징 올림픽 주경기장을 제작하기도 했습니다. 세계 유명 건축물을 모방하여 지은 산자이 건축물로 이루어진 거리도 있습니다. 산자이 전국인민대표대회도 열렸습니다. 전국인민대표대회는 중국 국회에 해당하니까 이를테면 짝통 국회인 거죠. 제 구실을 못한 채 유명무실한 전국인민대표대회를 패러디하여, 자신들이 인민 대표가 되어 의안을 내고 토론을 합니다. 산자이란 말이 '산자이 휴대 전화'와 같이 짝퉁 공산품을 가리키는 데 머물지 않고 풍자, 비주류, 저항, 풀뿌리 민중 정서 등의 의미를 갖고 하나의 문화 현상, 사회 현상으로 유행하는 것이지요.

중국에서 짝퉁 문화 혹은 산자이 문화는 양면성을 지닙니다. 일반적으로 세계적인 유명 브랜드를 모방한 짝퉁 제품을 소비하는 것은 '나도 주류가 되고 싶다.'라는 욕망의 표현입니다. 중국에서 짝퉁 제품이 유행하는 것도 이런 맥락으로 주로 휴대폰이나 명품 가방 같은 공산품 소비에서 나타나는 현상입니다. 그런데 한편으로는 비주류 문화의 속성도 지니고 있습니다. 문화 영역에서 만들어지는 산자이가 특히 그러하지요. 보통 중국인들의 정서를 대변하면서 주류 문화나 사회 현상, 정부 주도의 문화를 풍자하거나 그것에 저항하는 성격을 지니기도 합니다. 중국만의 독특한 산자이 문화입니다.

# 경제 성장

세계의 공장에서 세계의 시장으로

여러분 주변에는 어떤 중국산 제품이 있는지 한번 찾아볼까요? 장난감부터 자전거, 노트북, 청소기, 선풍기 등 수도 없이 많을 겁니다. 우리는 중국산 제품에 포위되어 있다고 해도 과언이 아닙니다. 외국에서도 「'메이드 인 차이나' 없이 살아 보기」 같은 텔레비전 프로그램이 만들어질 정도로, 중국산 제품 없이는 생활이 불가능할 지경이 되었습니다.

중국이 미국과 함께 세계 2대 대국으로 성장한 것은 무엇보다도 빠른 경제 성장 덕분입니다. 중국 경제는 1980년대부터 30여 년 동안 연평균 10퍼센트 넘게 성장했지요. 해마다 기복 없이 이

정치
경제

렇게 성장한 것은 놀라운 일이지요. 중국 경제가 이렇게 초고속으로 성장한 비결은 투자와 수출이었습니다. 중국 안팎에서 많은 돈이 중국에 몰리면서 투자가 늘었고, 중국은 세계의 공장이 되었지요. 중국은 값싼 노동력을 바탕으로 만든 제품을 전 세계로 수출했습니다. 중국 제품은 무엇보다 값이 쌉니다. 하지만 품질도 최고 수준은 아니더라도 소비자의 기본 요구를 충족해 줄 정도는 됩니다. 이런 중국제 공산품이 전 세계 시장에 공급되면서 중국은 세계 경제에 큰 기여를 했지요. 아이폰만 하더라도 애플 본사는 미국에 있지만 여러 나라에서 생산된 부품을 중국 공장에서 조립하여 최종 생산합니다. 다른 기업의 의뢰를 받아서 단순한 가공이나 제조 공정을 담당하는 형태의 일을 임가공賃加工이라고 합니다. 노동력이 싸고, 믿고 의지할 정도로 기술력도 갖추어야 가능하지요. 세계 기업에게는 중국이 이런 임가공을 맡기기에 가장 적절한 곳이었습니다. 우리나라의 많은 기업들도 값싼 노동력을 찾아서 공장을 중국으로 이전했고, 중국에서 제품을 생산해 다른 곳으로 수출했지요.

그런데 이렇게 많은 돈을 투자받거나 해외 수출을 통해 경제를 성장시키는 방식이 더 이상 중국 경제의 성장을 이끌 수 없는 상황이 일어납니다. 2008년 세계 금융 위기˚로 세계 경제가 침체되면서 중국의 수출이 크게 줄었고, 이에 따라 실업률이 높아진 것입니다. 선진국들의 경제 상황이 나빠지면서 중국도 수출에 타격

● 2008년 말 미국 금융 시장에서 시작돼 전 세계로 번져 나간 대규모 금융 위기 사태를 통틀어 가리킨다. 미국의 초대형 대출업체가 파산하면서 다른 대형 금융사와 증권 회사의 파산이 이어졌고, 그 여파가 전 세계로 미치면서 마이너 전 세계 금융 시장에 엄청난 연쇄적 파급을 가져왔다.

2015년 12월, 스모그 적색 경보가 발령된 베이징 도심. 오후 3시인데도 도시가 짙은 스모그에 뒤덮여 시야가 흐릿하다.

을 받은 것이지요. 그뿐만이 아닙니다. 중국 정부에서 경제를 계속 발전시키고 경기를 활성화하려고 막대한 돈을 투자했는데, 이렇게 인위적으로 경기를 살리려는 정책이 후유증을 낳기 시작합니다. 돈이 많이 풀리다 보니 소비자 물가가 오르고 과잉 투자로 인해 부동산 가격이 폭등하는 문제가 발생한 것입니다. 주택이나 빌딩 같은 건물을 너무 많이 지은 공급 과잉 현상도 나타납니다. 기업도 사업이 잘될 때 설비나 직원을 지나치게 늘린 탓에 재정 압박에 시달렸지요. 공급과 설비는 넘치는데 수요는 충분히 따라 주지 않는 문제가 일어난 것이지요.

또한 중국 노동자들의 임금이 꾸준히 오르면서 중국산 제품의 가격이 과거보다 비싸져 세계 시장에서 가격 경쟁력이 과거만 못하게 되었고, 임가공 형태의 수출도 많이 줄어들었지요. 한국 기업만 하더라도 옷이나 신발 같은 제품을 중국 공장에서 많이 만들었는데 중국 노동자 임금이 오르면서 수익이 나지 않게 되자 많은 기업이 중국에서 철수해 동남아 등지로 이전했지요.

이뿐만이 아닙니다. 그동안 경제 성장만을 중요하게 생각하다 보니 공해나 환경 오염도 심해지고, 도시와 농촌 사이, 부자와 가난한 사람 사이에 소득 격차도 더욱 벌어져서 사회 갈등이 갈수록 심해지고 있습니다. 대규모 투자와 대외 수출에 의존해 경제를 발전시키는 방식이 한계에 이르거나 바람직하지 않다는 인식도 생기게 됐지요. 경제 성장률도 과거에는 늘 10퍼센트 정도였지만 이제는 7퍼센트도 위협받는 상황이 되었습니다.

이렇게 되자 중국은 2010년을 전후로 해서 경제 발전 방식을 전환하게 됩니다. 일반적으로 경제의 3대 주체를 가계와 기업, 정부라고 하지요. 중국 정부는 이 가운데 가계, 즉 가정과 개인들이 돈을 더 많이 씀으로써 전체 경제가 성장하는 전략을 택합니다. 소비를 늘려 경제를 활성화하는 정책이지요. 집안에 돈이 많으면 소비가 늘고, 소비가 늘면 기업이 잘되어 전체 경제가 잘 돌아가게 마련입니다. 과거에는 중국산 제품을 세계 시장에 많이 팔아서 경제를 발전시키려 했다면 이제는 가계 소득을 늘려 국내 소비를 늘리는 정책, 이른바 내수 촉진 정책으로 전환한 것이지요. 이런 정책 변화로 중국 경제에서 수출이 차지하는 비중이 줄어드는 대신 서비스 업종의 비중이 늘어나고, 도농의 격차와 빈부 격차도 조금씩 줄어들고 있습니다. 소득이 얼마나 균등하게 분배되는지를 보여 주는 수치인 지니 계수*를 보면, 2008년을 전환점으로 수치가 조금씩 낮아지고 있습니다.

내수를 늘리는 정책으로 전환하면서 이제 중국이라는 거대한 시장이 세계인들의 관심 대상이 되었습니다. 중국이 세계 공장에서 세계 시장으로 변한 것이지요. 이를 두고 Made in China 시대에서 Made for China 시대로 변화했다고 말하기도 합니다. 중국이 전 세계 시장에 중국산 제품을 공급하던 시대에서 전 세계가 중국 시장을 겨냥해 제품을 만들어 파는 시대로 바뀌었다는 것이지요. 전 세계 기업들이 중국 시장을 차지하기 위해 혈투를 벌이기 시작한 셈입니다.

우리나라 기업들도 중국 시장에 활발하게 뛰어들고 있습니다. 공산품부터 음식, 디저트, 문화 산업에 이르기까지 그 분야도 다양하지요. 감자탕, 팥빙수 같은 한국 특징이 강한 음식들도 중국 소비자들을 잡으려고 진출하고 있습니다. 여러분 중 중국에서 사업을 할 꿈을 꾸는 사람이 있다면 중국에 무엇을 팔겠습니까? 중국인에게 물건을 팔려면 무엇보다 중국 사람들을 잘 알아야 합니다. 물론 가격도 적당하고 물건도 좋아야 하겠지만 중국인의 생각과 마음을 읽는 것부터 시작해야 할 것입니다.

● 이탈리아의 통계학자 지니가 고안한 지니의 법칙에서 나온 것으로, 소득 분배의 불평등도를 나타내는 수치이다. 0과 1 사이의 값으로 나타내는데, 0에 가까울수록 소득이 균등하게 분배된 것이다.

# Q&A

● 톈안먼 사태는 어떤 사건이었나요?

1989년 6월 4일 새벽, 채 동이 트지도 않은 시각, 탱크 소리가 톈안먼 광장에 울려 퍼집니다. 톈안먼 진압 작전이 시작된 것입니다. 베이징의 대학생들은 4월 15일부터 각 대학과 톈안먼 광장에 모여 정부에 항의하는 시위를 벌이고 있었습니다. 대학생들은 왜 거리로 나선 것일까요? 1978년부터 실시된 개혁 개방 정책은 중국 경제를 발전시키고 중국인들의 생활 수준도 향상시키는 등 많은 성과를 거두었지만, 1980년대 중반 이후 여러 가지 문제를 낳기도 합니다. 물가가 오르고 빈부 격차도 확대되었지요. 노동자들은 임금보다 물가가 더 많이 올라 고통을 받게 됩니다. 하지만 중국 공산당 고위층과 정부 관료들의 부정부패는 예전보다 심해져 이들은 많은 돈을 벌게 되었지요. 중국이 개혁 개방을 통해 시장 경제를 도입한 이후 일어난 현상들입니다.

이런 현실에 대한 불만이 쌓여서 1986년부터 대학생들의 시위가 베이징과 상하이에 있는 대학에서 산발적으로 일어납니다. 당시 총서기 후야오방은 이런 시위에 관대한 태도를 보이다가 결국 물러납니다. 그런데 돌발 상황이 벌어지지요. 1989년 4월 15일에 후야오방이 사망합니다. 대학생들은 톈안먼 광장에 모여 그의 죽음을 추모하기 시작합니다. 이 추모는 자연스럽게 시위로 발전했지요. 대학생들은 총리와 면담을 요구하고 수업을 거부하는가 하면 단식을 하기도 합니다. 정부의 답변이 없을수록 학생들의 행동도 과격해졌습니다. 학생들의 시위에 동조하는 시민들도 가세하기 시작합니다. 중국 정부는 계엄령을 선포하여 시위를 차단하려고 하지만 시위대의 기세는 꺾일 줄을 모릅니다. 중국 공산당은 시위를 공산당과 사회주의를 부정하는 동란으로 규정합니다. 1989년 6월 4일 새벽 탱크를 앞세우고 군인들이 톈안먼 광장에 진입하여 유혈 진압을 벌였습니다. 중국 군대를 인민군이라고 부르는데, 인민의 군대가 인민을 향해 총을 겨눈 것이지요. 이 톈안먼 사태는 중국 현대사의 최대 비극 가운데 하나입니다.

● 중국 IT 시대의 영웅 마윈의 3무론

중국 기업인 마윈馬雲은 중국 최대 전자 상거래 업체인 알리바바의 창업자입니다. 알리바바는 뉴욕 증권 시장에 상장할 정도로 전 세계적인 기업이 되었고 초고속으로 성장하고 있지요. 최근에는 전자 결제, 인터넷 은행으로 사업이 계속 확대되고 있지요.

1964년 중국에서 '지상의 천당'이라고 불리는 항저우에서 태어난 마윈은 1990년대 이후 태어난 젊은 중국인들이 가장 존경하는 중국 기업인입니다. 많은 젊은이가 마윈처럼 성공하는 것을 꿈꾸지요. 마윈이 젊은이들의 우상이 된 것은 그가 성공해서 돈을 많이 벌었고, 많은 돈을 사회에 기부했기 때문만은 아닙니다. 그가 여러 차례 실패를 겪으면서도 마침내 꿈을 이룬 점도 크게 작용합니다.

마윈은 중학생이던 열두 살 때 산 라디오를 통해 날마다 영어 방송을 들으면서 영어에 흥미를 갖게 되었다고 합니다. 학구파처럼 보이지만 문제아 기질도 있었습니다. 열세 살에는 싸움을 자주 해서 강제로 다른 중학교로 전학을 가야 하기도 했지요. 고등학교 시험에 재수를 했고, 대학 갈 때도 삼수를 했습니다. 수학은 지독히 못했나 봅니다. 고등학교 입학시험에서 수학을 고작 31점을 받았고, 대학교 입학시험에서는 71점을 받았다고 합니다. 막노동을 하며 삼수를 한 끝에 겨우 대학에 입학했는데 이것도 기막히게 운이 좋은 덕분이었습니다. 영어과에 응시했는데 수학 점수가 부족해서 떨어졌습니다. 하지만 영어 성적이 좋은 학생에게 입학을 허가하는 기회를 잡아서 드디어 대학생이 되었지요. 이때부터 그의 영어 실력도 빛을 발하여 모범 학생이 되었고, 학생회장도 했습니다. 대학을 마친 뒤 대학에서 영어 강사를 하면서, 고향인 항저우의 유명한 관광지인 시후西湖 호숫가에서 영어 대화 모임을 만들기도 하지요. 항저우에서 영어 통역으로 이름을 날리게 되면서 통역 회사를 설립하기도 하고, 꽃 장사를 하는가 하면 의약품을 팔기도 했습니다.

그 뒤 1995년 미국 방문이 그의 인생을 바꾸어 놓습니다. 미국에서 인터넷을 보고는 중국에서도 인터넷 사업이 앞으로 유망할 거라고 생각하고는 돌아오자마자 중국에서 처음으로 전자 상거래 회사를 세우지요. 그가 회사를 설립하고 3개월 뒤에 중국에 인터넷이 도입되지요. 이렇게 하여 중국 최대 전자 상거래 창업자로서 마윈의 길이 시작된 것입니다.

마윈은 매우 낙관적인 사람입니다. "불행한 일은 매일 일어나지요. 나도 늘 불행한 일을 겪고 있고요. 하지만 그럴 때마다 긍정적 사고를 하려고 노력합니다."라고 말합니다. 자신의 성공 비결을 '3무론三無論'으로 설명하는데 이 말도 유명하지요. 마윈은 자기에게 3가지가 없었다고 말합니다. 전문 기술이 없었고, 돈이 없었고, 계획이 없었다는 것이지요. 그런 사람이 어떻게 성공했을까요? 마윈은 이렇게 말합니다. 자신은 기술이 없었지만 같이 일하는 사람들이 기술 전문가여서 기술은 그들에게 맡기고 자신은 큰일을 신경 쓸 수 있었다는 것이지요. 컴퓨터 같은 기술을 다루는 사람들은 대부분 공대 출신들이겠지요. 그런데 마윈은 영어가 특기인, 문과 마인드를 가진 사람이지요. 마윈은 이것이 약점이 아니라 성공의 발판이었다고 말합니다. 전문가들이 능력을 발휘할 수 있도록 큰 그림을 그리고, 그들을 잘 관리하는 것이 자기 임무이자 능력이란 것이지요.

또한 마윈은 과거에 돈이 없었던 경험 때문에 지금도 절약하는 습관이 있는데 절약이 돈을 버는 지름길이기 때문에 돈이 없었던 것이 성공의 비결 가운데 하나였다고 말합니다.

마지막으로 계획이 없는데 어떻게 성공할 수 있을까요? 마윈은 계획이 없었기 때문에 수시로 변하는 시장 상황에 빨리 대응할 수 있었다고 말합니다. 시장은 늘 변하기 때문에 미리 정해진 계획이 변화에 방해가 될 수 있다는 것이지요.

마윈은 지금 중국에서 단순한 기업인이 아닙니다. 청소년과 청년들에게 꿈과 용기를 주는 인생의 멘토이지요.

# 변화를 거듭하는

## *04 중국

# 남녀평등

화장을 시작한 중국 여성들

　　요즘은 우리나라 남자들도 요리에 관심이 많고 부엌일하는 것을 그리 어색하게 생각하지 않지요. 하지만 요리 솜씨만 보자면 아직 중국 남자만 못할 겁니다. 중국 남자들은 요리하는 것을 당연하게 생각합니다. 실력도 대체로 빼어나지요. 중국의 남녀 지위를 상징적으로 보여 주는 사례입니다.

　유엔에서 발표하는 남녀평등 지수를 보면, 같은 유교 문화권이지만 중국은 늘 우리보다 한참 앞서 있습니다. 매년 순위가 비슷한데, 우리와 일본은 주로 100위권 밖에 있지만 중국은 40위권쯤에 있습니다. 최근 들어 중국의 남녀평등 상황이 많이 악화되었는데도 여전히 우리보다 한참 앞에 있습니다.

## 작은 발 한 쌍에 쏟은
## 한 항아리의 눈물

중국이 원래부터 남녀가 평등했던 것은 아닙니다. 근대 이전, 중국에서 여성은 인간 이하의 대접을 받았습니다. 전족纏足이라고 들어 보았는지요? 여자의 발을 어렸을 때 천으로 꽁꽁 싸매서 자라지 못하도록 하는 풍습입니다. 과거 중국에서는 여자 발의 크기가 세 치, 그러니까 약 9센티미터 정도여야 최고로 아름다운 발로 쳤고, 최대 15센티미터를 넘지 않아야 했지요. 전족은 사진으로 봐도 끔찍합니다. 당나라 때부터 있었던 이 제도는 1902년에야 폐지됩니다. 전족은 여자를 남자의 장식물이나 소유물로 생각하는 여성관을 상징합니다. 유교 경전인 『예기』에 나오는 "여자는 어려서는 아버지를 따르고 결혼해서는 남편을 따르고 남편이 죽은 뒤에는 아들을 따라야 한다."라는 말에서 알 수 있듯이 유교 문화에서 여자는 철저히 남자에게 종속된 존재였지요. 아버지가 딸을 돈 받고 파는 일도 있었습니다.

대개 근대화가 이루어지면서 이런 여성의 지위도 차츰 나아지는데, 중국도 그러했습니다. 여자들도 학교에 다니게 되었고, 부모 마음대로 시집보내는 경우도 줄어들었습니다. 본인 의사를 존중하는 자유연애와 연애결혼이 확대되었고, 여자들도 일하면서 사회로 나오게 되었지요. '신여성'이 탄생한 겁니다. 그렇게 여성의 지위가 과거보다 나아졌지만, 매매혼이라든가 축첩 등의 풍습은 여전했고, 가정에서 여성의 역할도 크게 변하지 않았습니다.

중국 여성의 지위가 획기적으로 개선된 것은 사회주의 정권이 들어선 뒤부터입

전족을 한 여성이 신었던 신발. 신발 크기만 보아도 발이 매우 작았음을 짐작할 수 있다.

니다. 1949년 사회주의 정부가 수립된 이후 최초로 1950년 5월에 시행한 법이 혼인법입니다. 그만큼 당시 중국 정부가 여성 문제에 관심을 기울였다는 것을 알 수 있지요. 이 혼인법은 제1장 제1조에서 "강제 결혼, 남존여비, 자녀의 권익을 무시하는 봉건주의 결혼 제도를 폐지하고 남녀의 혼인 자유, 일부일처, 남녀의 권리 평등, 부녀와 자녀의 합법적인 이익을 보호하는 신민주주의 혼인 제도를 실행한다."라고 규정했습니다. 결혼이 집안 간의 합의가 아닌 개인의 자유의사에 따라 이루어져야 한다고 규정한 것이지요. 제2조에서는 이중 결혼과 첩을 금지하며, 과부의 혼인 자유에 간섭하는 것을 금지하는 한편, "혼인 문제를 빙자하여 재물을 취하는 것을 금지"했습니다. 어린 나이에 시집보내는 조혼,

한 남자가 여러 부인과 사는 축첩, 돈을 받고 혼인시키는 매매혼 등 중국 사회의 고질적인 악습을 모두 폐지한 것입니다.

마오쩌둥 시대에는 흔히 여성을 '하늘의 반쪽半邊天'이라고 불렀습니다. 남녀가 평등하다는 것을 강조한 말이었지요. 물론 그 시대에도 남성과 여성이 완전히 동등한 것은 아니었지만 상대적으로 여성의 지위가 전보다 훨씬 높아졌습니다. 사회주의 정권 수립 이후 여성 취업 인구도 크게 늘어나고, 남녀 근로자 사이의 임금 격차도 크게 줄어듭니다. 당시 중국 정부는 여성들이 일에 많이 참여할 수 있도록 다양한 제도와 시설을 만들었습니다. 대부분의 아이들이 탁아소를 갈 수 있도록 했고 직장이나 아파트 단지 안에 구내식당을 잘 갖추어 여성들을 주방에서 해방시켰습니다. 오래된 중국 아파트에 가 보면 주방이 매우 좁지요. 집에서 별로 음식을 해 먹지 않던 당시 사회 분위기가 설계에 반영되었기 때문입니다. 지금도 중국인들은 아침마저 길거리 가게나 패스트푸드점에서 해결하곤 합니다.

다시 찾은
여자다움

그런데 개혁 개방이 시작된 뒤로, 특히 1990년대 이후부터 중국 사회에서 여성의 지위가 갈수록 내려가고 있다는 말이 자주 나옵니다. 유엔 남녀평등 지수도 해마다 나빠지고 있습니다. 시장 경제가 도입된 이후 여성의 취업률이 낮아지고, 정리 해고° 과정에서 여성이 더 쉽게 해고를 당하고 있습니다. 남녀 사이의 임금 격차도 갈수록 확대되고요. 이를 필연적인 현상으로 해석하기도 합니다. 과거 계획 경제 시대에는 정부가 취업과 임금 결정에 직접 관여해 남녀를 동등하게 대우하는 정책을 펼쳤지만, 시장 경제가 도입되고 나서는 개별 기업이 취업과 임금을 결정하기 때문이지요.

1990년대 이후 중국에 전업주부가 출현한 것을 두고, 중국에서 여성의 지위가 갈수록 낮아지고 있다는 증거라고 말하기도 합니다. 마오쩌둥 시대에는 기혼 여성들도 대부분 직장이 있었거든요. 물론 건강 상황이나 본인의 뜻에 따라 전업주부가 된 경우도 있긴 했지만요. 그래서 전업주부가 늘어나는 현상이 갈수록 여성이 남성에 종속되는 사회 분위기를 상징한다고 보는 것이지요. 각종 미인 선발 대회가 다시 개최되는 것도 여성의 지위가 하락한 것을 보여 준다고들 말하지요.

이런 주장과 달리, 중국 여성이 이제 여자다움을 찾아가고 있다고 주장하는 사람들도 있습니다. 마오쩌둥 시대에 남녀가 평등했던 것은 사실이지만, 이는 여성을 그 자체로 인정한 것이 아니라 남성과 같은 존재로 만드는 평등이었다는 것이지요. 그도 그럴 것이, 마오쩌둥은 중국 여성을 두고 이런 유명한 말을 한 적이 있습니다. "중국 여성은 군복을 좋아하지 화장을 좋아하지 않는

● 긴박한 경영상의 이유가 있을 때, 기업이 생존하기 위해서 법에서 정한 절차 및 요건에 따라 근로자를 해고할 수 있도록 한 제도.

다.”실제로 적어도 복장에서는 남녀 구별이 없었습니다. 화장하는 여성은 타락했거나 사상에 문제가 있다고 생각했기에, 여성도 남성과 똑같이 군복을 입고 똑같이 노동해야 했지요. 깅하고 힘세고 노동 잘하는 여성이 제일이었습니다.

그런데 개혁 개방이 되고 시장 경제가 도입되면서 중국 여성들이 달라지기 시작합니다. 여성을 부르는 호칭도 새로 생겨납니다. 마오쩌둥 시절에는 남녀 불문하고 '통즈同志'라고 불렀지만, 개혁 개방 이후 여자를 '샤오지에小姐'라고 부릅니다. 남성과 구분해 여성을 여성으로 부르는 호칭이 생긴 것이지요. 그뿐만 아니라 여성들이 화장을 다시 시작했습니다. 미의 기준도 바뀌어 여성스러움을 잘 드러내는 것이 기준이 되었지요. 중국 여성들이 갈수록 외모에 관심을 가지면서 미용 산업은 중국에서 유망 사업으로 떠오르고 있습니다.

흔히 여성은 세상의 변화를 가장 민감하게 대변한다고 말하는데, 중국이 딱 그렇습니다. 중국도, 중국 여성도 빠르게 변하고 있습니다. 여성 관념부터 외모까지 빠르게 일어나고 있는 변화가 중국 여성을 여전히 '하늘의 반쪽'으로 여기는 남녀평등의 바탕 위에서 이루어진다면 더 바람직하겠지요.

# 언론의 자유

위에는 정책, 아래에는 대책

　　세계적인 인터넷 기업 구글은 2010년에 중국에서
철수했습니다. 검열 문제로 중국 정부와 마찰을 빚었기 때문입니
다. 당시 중국 정부는 구글에 갈 테면 가라는 식으로 아주 강경한
태도를 보였습니다. 사실 중국인들은 구글이 없어도 그다지 불편
하지 않습니다. 구글이나 페이스북, 트위터는 세계인이 함께 사
용하는 매체이지만 중국인들은 이것을 사용하지 않습니다. 아니,
사용할 수 없습니다. 중국 정부가 차단하고 있기 때문입니다. 그
대신 중국 것을 쓰지요. 구글 대신 바이두를 쓰고, 페이스북과 트
위터 대신 웨이보微波, Weibo와 위챗微信, We Chat을 씁니다. 자기 나라

것을 선호하는 중국인들의 습관 때문이기도 하지만 중국 정부가 이것만 허락하기 때문에 그렇기도 합니다. 아무래도 중국 정부가 통제하고 감시하기에는 다국적 기업이나 외국 기업보다 중국 기업이 편하겠지요. 중국인들이 구글 대신 바이두를 쓰고 페이스북 대신 위챗을 쓰면서 중국의 IT 산업이 크게 발전하기도 했지만 그 대가로 중국인들은 의사 표현을 늘 감시당하는 셈입니다.

중국은 시장 경제를 받아들이고 자본주의 국가나 다름없이 경제 체제를 바꾸어 왔지만, 언론 통제만큼은 변함없이 하고 있습니다. 중국 공산당을 비판하는 글, 타이완 독립이나 티베트 독립 같은 중국의 '분열'을 언급하는 글처럼 중국 정부가 민감하게 생각하는 내용은 여지없이 삭제됩니다.

인터넷 공간만이 아니라 영화나 드라마도 그렇습니다. 영화는 상영하기 전에 두 차례 심사를 받아야 합니다. 제작 전에는 대본을 심사받고, 제작 후에는 완성본을 심사받습니다. 여기서 문제가 되면 극장에 걸 수 없지요. 상영하는 중에 상영 금지 처분을 받기도 합니다. 인기를 얻으며 방송되던 드라마가 중국 사회를 너무 어둡게 그렸다거나 중국 사회의 치부를 건드렸다는 이유로 갑자기 방송이 중단되기도 하지요. 감독이나 제작자로서는 여간 곤혹스럽지 않을 겁니다. 어마어마한 돈을 들여 영화를 만들었는데 검열에 걸려서 상영을 못 하게 되면 그 돈을 고스란히 날리게 되니까요. 투자한 돈을 건지기 위해서라도 검열을 받아들일 수밖에 없는 처지이지요.

자유롭게 말할 자유, 생각을 자유롭게 표현할 자유는 인간의 기본 권리 중 하나인데, 중국에서는 당분간 이런 자유를 온전히 누리기 어려워 보입니다. 중국 공산당은 이렇게 말합니다. "당의 지도에 악의적인 의도로 공격하는 것, 사회주의 제도를 공격하고, 당과 국가의 역사를 왜곡하고 허위 사실을 유포하는 모든 잡지사, 강좌, 회의, 영화, 텔레비전, 방송국, 연극 등에는 그 표현 공간을 허용하지 않을 것이며, 모든 디지털 잡지, 모바일 시청 매체, 휴대 전화 미디어, 휴대 전화 메시지, 위챗, 블로그, 게시판 등 새로운 미디어 콘텐츠 역시 이에 해당한다. 이런 언론에 대해서는 인터넷에서 통제를 강화해야 한다."(2013년 8월 19일 「전국선전사상공작회의」에서 한 시진핑의 연설) 한마디로 중국 공산당과 국가에 대한 비판을 허용하지 않겠다는 것입니다.

중국인들도 이런 검열과 사상 통제, 언론 통제에 불만이 많지요. 인터넷에 올린 글이 삭제되면 이런 말로 중국 권력과 현실을 풍자하기도 합니다. "조화롭게 됐어!"(被和諧了)

'조화'는 후진타오 시대 때부터 중국 공산당과 중국 정부가 내건 핵심 정책 가운데 하나입니다. 모든 사람이 사이좋게 조화를 이루어 사는 조화 사회를 건설하겠다는 것입니다. 네티즌들은 이를 이용해 풍자하는 것이지요. 자기 글이 삭제되는 것을 두고 조화롭게 됐다고 하면서 인터넷에 올린 글조차 삭제하는 것이 조화

사회

179

위챗의 로고.

사회란 말이냐고 항의하는 것입니다.

그런가 하면 지혜롭게 검열을 피해 가기도 합니다. 민주화를 요구하던 시위대를 군대를 동원해 해산하면서 많은 사상자를 낸 1989년 6월 4일 톈안먼 사태에 대해서 중국 정부는 공식 관점 외에 다른 의견이나 논의를 엄격하게 통제하고 있지요. 그래서 중국 네티즌들은 6월 4일이 아니라 5월 35일이라는 가상의 날짜를 만들어 인터넷 검열을 피하기도 합니다. 중국 속담에 "위에 정책이 있으면, 아래에는 대책이 있다."(上有政策, 下有對策)란 말이 있는데 그 말 그대로입니다. 중국 정부가 아무리 비판을 통제하려 해도 중국인들은 새로운 빈틈을 찾아서 끝없이 저항하지요. 자고로 세상을 어둠으로 모두, 영원히 가릴 수 있는 마법의 손은 없는 법입니다.

# 종교의 자유

통제를 전제로 한 자유

중국에 종교의 자유가 있는지 여부를 딱 잘라 말하기는 쉽지 않습니다. 자유의 범위를 어떻게 규정하느냐에 따라 달라지기 때문입니다. 예를 들어 중국에도 교회가 있고 성당이 있고 이슬람 사원도 있습니다. 이들 공간에서 각 종교의식에 따라 종교 활동을 할 수 있지요. 이렇게 보면 종교의 자유가 있다고 할 수 있겠지요. 일요일이면 우리나라에서처럼 신자들이 성당이나 교회에서 예배를 보는 데 아무 문제가 없습니다. 하지만 정해진 장소에서만 종교 활동을 해야 한다든지, 종교 기관이 정부에 활동을 보고해야 한다든지, 외국인이 선교를 할 수 없다는 점

사회

등을 감안하면 중국에는 종교의 자유가 없는 셈이라고 말할 수도 있습니다. 종교의 자유를 완전히 보장하지 않고 제한적으로 보장하기 때문이지요.

중국 헌법을 보면 2장 36조에 "중화인민공화국 국민은 종교와 신앙의 자유를 가진다."라고 분명히 규정하고 있습니다. 우리나라 헌법 1장 20조에 "모든 국민의 종교의 자유를 가진다."라고 규정한 것과 차이가 없지요. 그런데 중국 헌법에는 그 밑에 이런 언급이 더 있습니다. "어떤 국가 기관, 사회단체, 개인이라도 국민에게 종교를 믿거나 믿지 말도록 강제해서는 안 되고, 종교를 믿는 국민과 믿지 않는 국민을 배척해서도 안 된다. 국가는 정상적인 종교 활동을 보호한다. 누구도 종교를 이용하여 사회 질서를 파괴하고, 국민의 신체 건강을 해치며, 국가 교육 제도의 활동을 방해해서는 안 된다. 종교 단체와 종교 사무는 국외 세력의 지배를 받지 않는다."

이 언급은 중국이 신앙의 자유를 보장한다고 하지만 믿지 않을 자유를 전제로 하여 믿을 자유를 보장하고 있는 등 많은 유보와 전제가 있다는 것, 중국 정부가 종교 활동을 여러 가지로 통제한다는 것을 보여 줍니다. 종교의 자유가 있기는 하지만, 엄격한 통제를 전제로 한 자유인 것입니다. 특히 국외 세력의 지배를 받지 않는다는 제한은 매우 특이하지요.

중국의 종교 통제 정책은 우선 5대 종교만 인정하는 것에서 출발합니다. 전통 종교인 불교, 도교에 이슬람교, 기독교, 가톨릭교의 5대 종교만 인정하고 나머지 종교는 인정하지 않습니다. 파룬궁처럼 민간 신앙을 기반으로 한 종교가 인정받지 못하는 것은 이 때문입니다.

중국의 종교 통제 정책은 '삼정三定' 정책과 '삼자三自' 정책이 핵심입니다. 삼정이란 정해진 장소에서, 정해진 사람과, 정해진 내용에 따라 종교 활동을 해야 한다는 규정입니다. 종교 활동은 교회나 성당, 절, 도교 사원 등 정해진 장소에서 특정 종교인에 의해서만 이루어져야 하고, 이들 장소는 반드시 정부 행정 당국의 감독을 받아야 한다고 규정한 것입니다.

삼자란 기본적으로 외국 종교 단체와 연계 없이 운영하는 것입니다. 중국 종교 단체 스스로 운영하는 자치自治, 스스로 운영 경비를 마련하는 자양自養, 스스로 전도하고 종교 교의를 해석하는 자전自傳을 뜻합니다. 이런 정책에 따라 운영되는 교회를 삼자 교회라고 부르기도 합니다. 중국이 공인하는 교회이지요. 결국 중국은 어떤 해외 종교 조직이나 종교인이 중국 종교 사무에 관여하거나 중국에 선교하는 것을 금지하고 있습니다. 만약 외국에서 종교 조직이나 종교인의 자격으로 중국을 방문하려면 반드시 중국 당국의 허가를 받아야 합니다. 물론 외국인 개인이 중국에 입국하여 특정 종교를 선교하는 것도 당연히 불법입니다.

중국은 왜 이렇게 종교의 자유를 허용하는 것에 소극적이고,

국내 종교 조직이나 활동이 해외와 연결되는 것을 철저히 차단하는 것일까요? 기본적으로는 중국이 사회주의 국가여서 종교 자체를 부정적으로 생각하기 때문입니다. 마르크스주의에서는 종교를 흡사 마약처럼 사람들의 의식을 마비시키는 것이라고 생각합니다. 종교는 사람들을 속이는 일종의 '허위의식'이자 인간 의식이 채 숙성하지 못해서 생겨난 것이라고 보지요. 역사가 발전하면서 종교는 결국 소멸할 것이라고 보는 겁니다.

이런 이유와 함께 중국 근대사의 경험도 작용하고 있습니다. 중국은 근대에 서구 여러 나라와 벌인 전쟁에서 잇달아 패한 뒤 굴욕적인 불평등 조약을 맺고 영토를 빼앗기기도 했지요. 이런 불평등 조약에는 대개 기독교°의 선교 자유 보장, 교회 설립의 자유 등의 내용이 포함되어 있었습니다. 그렇다 보니 중국에서는 기독교 같은 서구 종교가 중국에 들어오는 것을 서구 제국주의가 중국을 침탈하는 것과 같이 여기게 되었습니다. 중국의 안전을 위해 경계하고 차단해야 할 대상으로 여기는 거부감이 생긴 것입니다.

개혁 개방 정책을 채택한 이후 중국 공산당의 종교 관련 정책은 과거보다는 좀 더 유연하게 바뀌었습니다. 아직도 여전히 많은 통제가 있지만, 적어도 종교를 단기간에 근절해야 할 것으로 보지는 않습니다. 그보다는 중국 공산당과 오랫동안 공존해야 할 대상으로서, 종교와 사회주의가 잘 조응해야 한다고 여기지요.

● 중국 사회가 개방되면서 종교 인구도 빠르게 늘어나고 있다. 정확한 통계는 없지만, 기독교 인구가 2억 8000만 명에서 1억 2000만 명까지 된다고 보기도 한다.

# 포스트 80세대

시장 경제 첫 세대의 출현

중국은 2015년에 1980년부터 실시해 온 '한 자녀 정책'을 수정했습니다. 2015년 10월 29일 중국 공산당 제18기 5차 중앙 위원회 회의에서 한 자녀 정책을 폐기하고 '두 자녀 정책'을 도입하기로 결정했지요. 이제 중국인들은 누구나 2명의 자녀를 낳을 수 있게 되었습니다.

인구 문제를 잘 다루는 것은 중국에서 중요한 일입니다. 그동안 늘 인구가 많아서 걱정이었지요. 그래서 인구 증가를 통제하는 정책을 줄곧 써 왔습니다. 그런데 인구가 정체되거나 감소하면 노동력이 부족해지고 노령 인구가 빠르게 늘어나서 경제 성장이 위태로워질 수 있습니다. 그래서 인구 증가를 다소 용인하는 방향으로 정책을 전환한 것이지요. 물론 아이를 자유롭게 낳도록 완전히 허용한 것은 아니고 여전히 2명으로 제한하고 있습니다.

중국의 한 자녀 정책은 인구 통제에는 그 나름대로 성공을 거두었지만 다른 편에서는 큰 부작용을 낳았습니다. 중국인들, 특히 농촌 사람들은 전통적으로 자식이 많을수록 복이 많다고 생각하고 실제로 농촌에서는 자식이 중요한 노동력을 제공하는데, 이렇게 자녀 수를 통제하자 반발이 심할 수밖에 없었지요. 벌금을 내지 않으려고 호적에 올리지 않은 불법적인 아이들, 이른바 '헤이커우黑口'도 생겨납니다. 물론 3명의 자식을 둔 것으로 알려진 유명 영화감독 장이머우張藝謀처럼 돈이 있는 사람들은 벌금을 내는 한이 있더라도 여러 명을 낳기도 해서 대중의 손가락질을 받기도 했지요.

## 새로운 중국인의 탄생

한 자녀 정책으로 태어난 '독자 세대'는 '새로운 중국인'들입니다. 중국에서는 이들 세대를 1980년 이후에 태어났다고 해서 '포스트 80세대'라고 하지요. 우리나라에서는 중국 발음대로 '바링허우80後'라고 부르기도 합니다. 이전과는 전혀 다른 세대라고 해서 '뉴 차이니즈'라고 부르기도 하지요. 이들은 중국의 개혁 개방을 상징하는 세대입니다. 중국이 사회주의 계획 경제를 버리고 시장 경제를 받아들이며 개혁 개방을 선언한 것이 1978년인데, 이들 세대는 그 이후 출생해 중국이 비약적인 발전을 이루는 1980~1990년대에 성장했지요. 이전 세대가 사회주의 체제 속에서 성장한 반면에 이들은 시장 경제 속에서 성장한 첫 세대라는 점에서 새로운 중국인인 것이죠.

이들은 외동자식이기 때문에 집안에서 온갖 사랑을 독차지하고 자란 세대로서, 중국에서는 이들을 '꼬마 황제小皇帝'라고 부르기도 합니다. 극단적으로는 2명의 부모와 4명의 조부모(친조부모와 외조부모)를 합쳐 총 6명이 오직 한 아이에게 사랑과 관심을 쏟습니다. 그러니 어떻게 되겠어요? 아이는 온 가족이 애지중지하는 집안의 보물이자 모두가 떠받드는 '황제'가 된 것이지요. 가정은 아이를 중심으로 돌아가고, 소비와 교육 모두 하나뿐인 아이를 잘 키우기 위한 고려가 먼저입니다. 중국은 우리 못지않게, 어쩌면 우리보다 더 교육열이 높은 나라이기 때문에 아이에 대한 부모의 관심과 투자도 엄청나지요. 중국에서 이들을 '가장 이기적인 세대'라고 부르면서 나쁘게 생각하는 사람들이 있는 것은, 온갖 사랑을 받고 자라서 자기만 알고 남을 생각할 줄 모르는 유아독존 세대라고 보기 때문입니다.

그렇다면 포스트 80세대의 의식은 어떨까요? 이들의 성장 환경을 보면 어느 정도 짐작할 수 있습니다. 이들은 중국이 시장 경제를 도입한 이후 성장한 세대이기 때문에 사회주의 체제에 대한 기억이 별로 없고 그 대신 시장 경제와 소비문화에 익숙합니다. 이전 세대와 비교하면 상대적으로 부유한 환경에서 자라기도 했고요. 그런가 하면 인터넷 세대, 사이버 세대이자 글로벌 세대이기도 합니다. 또한 중국에 대한 애국심을 갖고 있거나 중국 민족에 대한 애정과 자부심이 넘치는 강한 민족주의 경향을 보이기도 합니다. 이들이 초등학교나 고등학교에 다닐 무렵인 1990년대 초반 중국 정부는 애국주의 교육을 강하게 전개했습니다. 1989년 6월 4일에 톈안먼에서 민주화를 요구하던 시위대를 강제 진압한 뒤 다시는 이런 일이 일어나지 않게 하겠다면서 학생들을 대상으로 애국주의 교육을 대대적으로 펼칩니다. 포스트 80세대는 그런 교육을 받으면서 자랐습니다.

하지만 이들 세대가 강한 애국주의나 민족주의 의식을 지닌 것을 교육 탓으로만 볼 수는 없습니다. 이보다는 그들의 성장 시기에 주목할 필요가 있습니다. 이들이 성인으로 성장한 시기는 중국이 비약적으로 발전하던 무렵입니다. 중국 경제가 매년 15퍼센트씩 성장하던 때지요. 그런가 하면 베이징 올림픽과 상하이 엑스포 등을 개최하고, 유인 우주 왕복선도 성공적으로 발사하는 등 중국이 세계 2대 대국으로 자리매김한 때이기도 하지요. 이렇게 자기 나라가 나날이 발전하고 미국과 겨룰 수 있을 정도의 대국이 되는 것을 보면서 자연스럽게 자부심을 갖게 된 것입니다.

## 시장 경제 시대의
## 그늘

시장 경제 시스템 속에서 자라난 이들은 기성세대와 어떻게 다를까요? 이들 세대를 상징하는 유행어를 통해 살펴볼까요? 쿨하다酷, 쇼하다, 웨이보, 위챗, 남과 다른 것另類 등 이들 세대가 잘 쓰는 유행어로 보자면 이들은 쿨하면서 남들 앞에서 쇼하듯이 자기 개성을 표현하는 것을 좋아하고, 웨이보나 위챗 같은 소셜 미디어에 빠져 있고, 소비할 때는 남과 다른 것을 선택하는 성향이 있는 것으로 이해할 수 있습니다. 쿨하다는 말과 쇼하다라는 말은 예전 중국어에는 없던 단어들입니다. 이런 단어만 보아도 사회주의 체제에서 성장한 기성세대와 전혀 다른, 시장 경제 시대의 첫 세대라는 점이 확실히 느껴지지요.

그런데 그것이 꼭 행복한 것만은 아닙니다. 이 세대의 특징과 관련된 또 다른 유행어들을 보면 그렇습니다. 하우스 푸어房奴, 달팽이 집蝸居, 개미족蟻族, 맨몸 결혼裸婚, 부자 2세, 관료 2세官二代, 가난한 2세 등의 키워드를 보면 이들 세대의 그늘이 느껴집니다. 이들은 2000년 이후 직장을 잡고 사회에 나오기 시작하는데, 그들 앞에 펼쳐진 세상은 녹록지 않습니다. 예전 사회주의 시스템에 따라 중국이 움직이던 시절에는 대학을 졸업할 때 학교와 정부에서 직장을 정해 주었고, 직장에 들어가면 집이 곧 제공되었

2010년 중국 상하이에서 열린 엑스포 개막식에서 펼쳐진 불꽃놀이 풍경. 중국관 위로 화려한 불빛
이 반짝이고 있다. 상하이 엑스포는 180여 개국이 참여해 성황을 이루었다.

으며, 의료 보험은 물론이고 정년퇴직한 뒤 노후까지 보장되는 경우가 많았습니다. 물론 좋은 직장일수록 아파트도 좋고 복지 수준도 높았지요.

그런데 중국이 시장 경제 시스템을 채택한 뒤로 상황이 달라졌지요. 학교나 직장을 자유롭게 선택할 수 있게 된 것은 좋지만 취업난이 심해졌고, 무엇보다 집을 사기가 너무 어려워졌습니다. 예전에는 모든 직장이 아파트 같은 공동 주택을 가지고 있었기 때문에 취직한 뒤 직급에 따라 크고 작은 집을 가질 수 있었지요. 그런데 이제는 취업도 어렵지만 집을 나누어 주던 제도도 없어져서 개인이 자기 능력에 따라 집을 사야 합니다. 문제는 평생을 벌어도 사기가 어려울 정도로 집값이 비싸다는 것이지요. 지금 베이징이나 상하이의 집값은 서울과 같거나 더 비쌉니다. 그런데 월급은 서울의 3분의 1 수준입니다. 그래서 집을 사려고 노예처럼 일해야 하고, 대출을 받아 집을 산 뒤에는 대출금을 갚느라 허리가 휘는 것이죠. 개미족이 되어 죽어라고 일하지만 미래에도 희망은 별로 없는 셈입니다. 시장 경제가 도입된 뒤로 빈부 격차가 갈수록 심해지고 있기 때문입니다. 그래서 아버지가 부자면 자식도 부자고, 아버지가 높은 직위의 공무원이면 자식도 편하지만, 가난한 집안은 자식도 가난을 대물림한다는 생각이 퍼지고 있지요.

사회

# 분노하는 청년

중국식 네티즌 민족주의

어느 나라든 젊은 사람들은 대개 불만이 많습니다. 세상에 대해서도 그렇고 기성세대에 대해서도 그렇습니다. 젊은 이들은 이상과 기대 수준이 높고 뜻하는 바가 많아서 지금 세상에 대해 쉬이 만족하지 않지요. 젊은이들이 이상주의적인 열정을 가지고 불만을 표출하고, 기성세대와 사회를 비판하면서 세상은 더욱 좋아집니다. 사회와 기성세대가 젊은 사람들의 이야기를 귀담아들어야 하는 이유는 이 때문입니다.

1990년대 이후 중국에도 이렇게 불만을 가진 청년들이 늘어납니다. 불만의 수준을 넘어 분노하기도 합니다. 포스트 80세대 가운데 주로 인터넷 공간에서 활동하면서 불만을 표출하는 젊은 중국인들을 '펀칭憤青'이라고 부릅니다. '분노하는 청년憤怒的青年'을 줄인 말이지요. 젊은이들이 구직난과 생활고 등으로 어려움을 겪는 현실은 세계 어느 나라나 비슷비슷한데 중국 젊은이들도 이 때문일까요? 중국 젊은이들은 무엇에 가장 분노하는 것일까요?

## 베이징 올림픽에 담긴
## 중국의 꿈

중국의 분노하는 청년들이 세계적인 관심을 끈 것은 베이징 올림픽이 열리던 때인 2008년입니다. 중국은 베이징 올림픽을 앞두고 세계 각국을 돌며 올림픽 성화를 봉송했습니다. 세계적으로 베이징 올림픽 축하 분위기를 조성하려는 뜻이었습니다. 그런데 그 과정에서 사건이 일어납니다. 티베트 독립을 지지하며 중국에 비판적인 사람들이 성화 봉송을 방해했고, 프랑스에서는 봉송하던 도중에 반중국 시위대에게 성화를 빼앗기는 일까지 일어납니다.

2008년 베이징 올림픽은 중국인들에게 단순한 스포츠 행사가 아니었습니다. 매우 큰 의미가 있었지요. 우선 아편 전쟁 이후 중국이 겪은 굴욕을 청산하고 중국이 새로이 도약하고 있다는 것을 확인하고 싶은 자리였지요. 중국이 이제 이만큼 성장했다는 것을 세계에 알리는, 근대 이후 가장 큰 경사이자 잔치라고 생각했습

2008년 4월 7일, 프랑스 파리에서 베이징 올림픽 성화 릴레이 주자로 달리던 전 프랑스 테니스 선수 파스콸레가 반중국 시위자들로 인해 성화가 꺼져 난감해하고 있는 모습.

니다. 또한 베이징 올림픽이 중국의 새로운 모습을 보여 주면서 중국이 세계와, 특히 서구와 새롭게 만나는 계기가 되기를 바랐지요.

사실 중국은 미국을 비롯한 서구 주요 국가들과 별로 사이가 좋지 않았습니다. 여기에는 여러 가지 이유가 있지요. 중국이 아편 전쟁에서 패한 뒤로 영국, 미국, 프랑스, 독일 등은 중국의 영토 일부를 '조차租借'라는 이름으로 차지하고 자기 나라처럼 다스렸습니다. 이 국가들이 중국을 절반의 식민지 상태로 만든 것

● 한 나라가 다른 나라의 영토를 빌리고 일정 기간 동안 다스리는 일을 말해요.
자주

이죠. 그런가 하면 중국은 구소련과 함께 사회주의 진영을 이루어, 미국을 중심으로 한 서구 자본주의 진영과 대립한 바 있습니다. 그리고 최근에는 중국이 대국으로 부상하자 미국이 이를 불편하게 여기면서 중국이 강국이 되면 세계에 위협이 된다는 '중국 위협론'을 내세워 중국을 봉쇄하려 하고 있지요.

이런 상황에서 중국은 베이징 올림픽을 통해 서구에 중국이 얼마나 찬란한 문화를 지닌 나라인지 보여 주고, 중국은 세계와 평화롭게 만나려 한다는 뜻을 전하고자 했습니다. 올림픽 개막식 행사에서 중국은 전통문화를 유감없이 뽐냈는데, 여기서 중국의 이미지를 강력한 힘을 가진 '무武'의 나라가 아니라 선비와 그림, 시의 나라로 표현했습니다. 중국이 세계를 위협하는 폭력 국가가 아니라 유구한 전통을 지닌 문화의 나라임을 강조한 것이지요. 개막식 행사에서 『논어』*에 나오는 구절인 "벗이 멀리서 오니 기쁘지 아니한가."(有朋自遠方來不亦樂乎)를 새긴 것 역시 서구 세계와 좋은 관계를 맺고 싶다는 화해의 메시지를 전달하려는 것이었습니다.

하지만 이런 꿈은 2008년 4월 시작된 성화 봉송에서부터 깨졌습니다. 티베트 독립을 지지하는 사람들을 중심으로 중국에 반대하는 시위가 일어나면서 양측 사이에 심한 마찰이 벌어졌지요. 더구나 CNN을 비롯해 평소에도 중국에 비판적이었던 미국과 서구의 여러 언론이 올림픽을 전후해 중국을 비판하는 특집 프로

● 유교의 대표적인 경전. 고대의 사상가인 공자의 가르침을 전하는 가장 확실한 문헌이다. 공자와 그 제자들의 언행이 수록되어 있다.

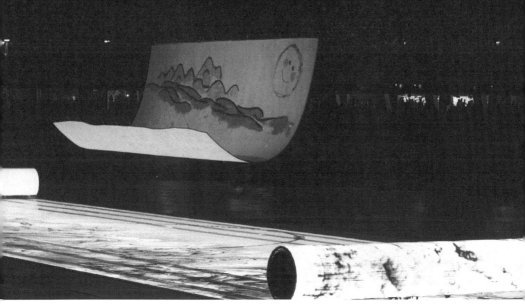

베이징에서 열린 제29회 하계 올림픽 개막식에서 선보인 장면. 중국은 산수화가 그려진 두루마리가 펼쳐지는 장면을 연출해 중국이 문화의 나라임을 보여 주었다.

그램을 잇달아 방송하기도 했습니다. 중국은 베이징 올림픽을 계기로 서구와 새롭게 만나려고 했지만 결과적으로는 중국과 서구 사이에 갈등이 더욱 커진 것이죠.

### 해외에서 나타난
### 분노의 물결

이런 상황에 가장 민감하게 반응한 이들이 중국 젊은이들, 특히 미국이나 프랑스 등 해외에 있는 젊은이들이었습니다. 그들은 미국 시엔엔CNN, 영국 비비시BBC 등 서구 언론들이 중

196

국에 대한 편견과 오해에 사로잡혀 중국과 티베트 관계를 비롯해 중국에 관한 여러 사실을 왜곡하고 중국과 중국인을 모욕한다며 비판합니다. 그리고 스스로 영상 등을 제작하여 유튜브에 올리기도 하고 '안티 시엔엔 웹' 같은 홈페이지를 만들어 서구 언론에 대항하기도 합니다. 사회 관계망 서비스를 총동원해 서구 언론이 일부러 중국을 악마의 이미지로 왜곡하고 있고, 중국이 부상하는 것을 막으려는 정치적인 목적으로 베이징 올림픽을 방해한다고 비판했습니다. 성화 봉송을 방해하는 사람들에 맞서 시위대를 조직하기도 했지요. 또한 올림픽 성화를 빼앗기기도 했던 프랑스에 대한 분노를 표출하려고 프랑스계 할인점인 까르푸 불매 운동을 벌이기도 했습니다. 이 과정에서 양측 사이에 심한 충돌도 일어났지요. 우리나라에서도 마찬가지였습니다. 국내 대학에서 유학 중인 중국인 학생들이 성화 수호를 위한 시위를 조직하면서 폭력 사태가 일어나기도 했습니다.

이런 것을 보면 중국 청년들은 서구가 중국을 비판하는 것에 대항하는 민족주의 정서를 강하게 지니고 있지요. 서구는 중국의 지위가 상승하는 것을 인정하지 않는 것은 물론 중국을 분열시키고 혼란에 빠트리려 한다고 생각하고, 중국인들이 최고의 민족적 잔치라고 생각하는 베이징 올림픽을 방해한다면서 불쾌해했습니다. 특히 미국 유명 대학에 재학 중인 중국인 유학생들이 자발적으로 대거 참여한 점이 이색적이었는데, 이를 두고 중국 유학생들이 미국에서 체류하는 도중에 받은 멸시와 차별이 원인 중 하나라는 분석이 나오기도 했습니다.

중국 청년들의 분노가 외국을 향한 것만은 아닙니다. 중국 현실과 중국 정부에 대한 불만도 같이 있습니다. 미국 등 서구 국가를 향한 중국 청년 세대의 분노는 시장 기능을 중시하면서 서구와 같은 신자유주의 정책을 펴는 중국 정부에 대한 비판으로 표출되기도 합니다. 지나치게 시장 원리만을 내세우면서 빈부 격차가 확대되고 청년 세대가 취업과 주택 마련, 생계유지 등에서 갈수록 어려움에 겪는 것에 불만을 드러낸 것이지요. 이들의 불만은 외국을 겨냥한 것인 동시에 중국 정부를 겨냥한 셈입니다.

이렇게 보자면 중국 청년들의 분노는 일본이나 우리나라 인터넷에서도 볼 수 있는 '네티즌 민족주의'의 한 표현이라고 할 수 있을 것입니다. 청년들이 갈수록 힘들어지면서 그 불만을 인터넷 공간에서 민족주의 정서로 표출하는 것이지요. 중국의 분노하는 청년들을 보면 한국도, 중국도, 일본도 청년들이 행복한 것이 자국의 안정은 물론이고 동아시아 평화를 위한 한 가지 조건임을 알 수 있습니다.

# 농민공

중국 도시의 2등 시민

　　근대화 과정에서 도시는 많은 사람에게 기회의 땅
으로 여겨지곤 합니다. 도시로 가면 일자리도 많고 누구나 노력
하면 돈을 벌고 출세할 수 있다고 생각하기 때문이지요. 어떤 이
들은 이런 꿈을 꾸며 자발적으로 도시에 오기도 하고, 어떤 이들
은 농촌이나 산골에서 더 이상 밥벌이하기가 어려워 어쩔 수 없
이 도시로 오기도 합니다. 기회를 찾아, 돈을 찾아, 희망을 찾아
도시로 모여들지요.

　우리나라도 한창 근대화와 산업화가 진행되던 시기에 많은 사
람이 농촌을 떠나 도시로 몰려들었지요. 어떤 사람은 상급 학교

에 진학하기 위해, 어떤 사람은 공장이나 직장에 다니기 위해 도시로 왔습니다. 그런데 중국에서는 이런 일이 불가능합니다. 농촌 사람들이 도시로 이주하는 것을 불법으로 규정해 막았고, 지금도 그렇습니다.

중국인들은 누구나 '후커우戶口'란 것을 가집니다. 우리로 치면 호적과 비슷합니다. 그런데 이 후커우는 농촌과 도시를 엄밀하게 구분해 농촌 후커우를 가진 사람은 특별한 예외 상황이 아니면 도시 후커우를 가질 수 없습니다. 그리고 농촌 후커우를 가진 사람은 도시로 이주하지 못해요. 우리는 시골 사람이 도시로 이사해도 동사무소에 가서 신고만 하면 그 도시의 시민이 됩니다. 하지만 중국에서는 그렇게 주민 등록 자체를 옮길 수가 없습니다. 실제로 도시에서 일하고 있다고 하더라도 그 도시의 정식 시민은 아닌 것이죠.

이 때문에 여러 가지 문제가 발생합니다. 학교에 다녀야 할 아이가 있어도 도시의 학교에 보낼 수 없고, 의료 보험 혜택도 받을 수 없습니다. 도시에서 일하지만 시민으로서 권리를 누리지 못하고 보호도 받지 못하는 것이지요.

이것이 중국의 후커우 정책입니다. 1958년부터 실시되었는데, 농촌 인구가 도시로 몰려들 경우 혼란에 빠지는 것을 막고, 도시 인구를 전체의 20퍼센트 이내로 제한한다는 명분으로 거주 이전의 자유를 제한하는 정책이었습니다. 그 많은 농촌 인구가 베이징이나 상하이 같은 대도시로 몰려들 경우 일어나게 될 혼란을 막자는 것이었지요. 농촌 사람들을 차별하는 정책인데, 그럼에도 불구하고 그런대로 잘 지켜졌습니다. 그런데 개혁 개방 정책이 시행된 이후, 특히 1990년대 이후 도시를 중심으로 중국 경제가 크게 발전하면서 문제가 생깁니다. 돈을 벌기 위해서 농촌 사람들이 너도나도 도시로 몰려든 것이죠. 도시에 와서 공장에 취업하기도 하고, 부동산과 건설 경기가 크게 일어나면서 인력이 많이 필요해진 건설 공사장에 가서 인부가 되기도 하고, 식당에서 서빙을 하기도 합니다. 이렇게 농촌에서 도시로 와서 노동자가 된 이들을 중국에서는 농촌 호적을 가진 노동자란 뜻으로 '농민공農民工'이라고 부릅니다.

도시에서 온갖 궂은일을 도맡아 하는 이들이 적은 임금이나마 제대로 받으면 다행인데, 악덕 기업주와 고용주들은 이들의 신분이 불법이라는 것을 이용해 임금을 주는 것을 미루거나 심지어 떼먹기도 합니다. 또 일부 도시인들은 이들을 범죄 집단으로 보기도 하고, 수준이 낮은 시골 사람들이라고 무시하기도 합니다. 농민공은 중국 경제 성장의 그늘이자 중국 도시의 2등 시민, 하층 시민인 것입니다.

농민공 문제는 비단 중국 안의 문제만이 아닙니다. 우리와도 연관되어 있습니다. 세계인이 소비하는 공산품 중에 '메이드 인 차이나'가 많은데 이들 제품이 많은 경우 농민공들의 손으로 만

베이징 외곽에 있는, 농민공 자녀들이 다니는 학교. 중국 대도시에는 농민공 부모를 따라 도시로 온 아이들도 많은데, 이들의 교육 역시 사회 문제로 대두되고 있다.

들어지고 있지요. 애플 사의 휴대 전화인 아이폰만 해도 중국 공장에서 만드는데, 그중 하나인 폭스콘이라는 기업에서는 힘든 근로 조건과 저임금에 시달린 노동자들이 잇달아 자살하기도 했습니다. 어찌 보면 저임금 농민공 덕분에 중국은 값싼 공산품을 생산하고, 세계인들은 그것을 소비할 수 있는 것이지요. 농민공 문제에 전 세계가 관심을 가져야 하는 이유입니다.

● 만두를 시켰는데 빵을 받았다고요?

중국은 만두의 천국입니다. 한입 베어 물면 안에서 육즙이 나오는 만두부터 만두피가 수정처럼 투명한 만두까지 온갖 만두가 다 있지요. 우리는 만두를 요리나 간식으로 먹지만 중국인들은 주식으로 먹습니다. 중국인들은 요리를 먼저 먹고 나중에 주식을 먹는데 이때 밥이나 면 말고 만두를 먹기도 하지요.

만두는 중국어로 만터우饅頭라고 합니다. 중국에서 중국 만두를 맛보겠다고 만터우를 시켰는데, 이게 어떻게 된 걸까요? 찐빵처럼 큰 만두가 나오네요. 왕만두인가 싶어서 크게 한입 베어 먹었는데, 이건 뭐죠? 안에 아무것도 들어 있지 않습니다. 그냥 밀가루 빵이에요. 완전히 망했네요.

어찌 된 일일까요? 중국어 발음이 좋지 않아서 중국인 직원이 잘못 알아들은 것일까요? 아닙니다. 중국어로 만터우는 속에 아무것도 들어 있지 않은 빵을 말합니다. 주먹만 한 것도 있고, 우리 중국집에서 나오는 꽃빵처럼 작은 것도 있지요. 북쪽 지방에서 아침 식사로 많이 먹습니다. 속에 아무것도 없는 것을 무슨 맛으로 먹느냐고 할지 모르지만, 먹다 보면 소박하면서도 부드러운 맛에 길들어 두고두고 생각납니다.

그럼 우리식 만두는 중국에 없는 걸까요? 있습니다. 두 종류인데, 하나는 바오쯔包子라고 합니다. 안에 고기와 야채, 두부, 게살 등 갖가지 소가 들어 있는 것을 말합니다. 보통 둥근 모양이지요. 톈진의 거우부리狗不理 바오쯔가 유명하지요. 주인장 성질이 개도 상대하지 않을 정도로 못되었지만 만두는 맛있다고 해서 붙은 이름이라고 하지요. 상하이의 샤오룽바오小籠包도 유명합니다. 안에 즙이 들어 있지요. 즙이 많은 것은 빨대로 즙을 빨아 먹기도 합니다.

우리나라 만두와 아주 흡사한 것도 있습니다. 우리가 교자라고 부르는 자오쯔餃子입니다. 바오쯔는 증기에 찌지만 자오쯔는 주로 물에 찌기 때문에 수이자오쯔水餃子 혹은 약칭으로 수이자오水餃라고 부릅니다. 중국에서는 설날에 꼭 자오쯔를 먹지요. 두 해가 교차되는 날에 교交 자가 들어간 만두를 먹는 것이지요. 동전이 든 자오쯔를 먹는 사람에게는 행운이 온다고도 하지요.

이제 중국에서 만두를 시킬 때는 먼저 잘 생각해 보세요. 만터우를 먹을지, 바오쯔를 먹을지, 아니면 자오쯔를 먹을지를 말이죠. 한 가지 덧붙이자면, 중국에서는 만두도 근으로 팝니다. 한 근은 500그램입니다.

● 중국 식당에서 실패 없이 주문하는 법

우리나라는 골목마다 있는 것이 중국집이어서, 중국요리 먹는 것은 자신 있다고 할지 모르지만 막상 중국에 가 보면 쉽지 않습니다. 우리나라에서 먹는 중국요리보다 종류도 많고 향도 강한 데다 훨씬 기름져서 적응하기 힘들 수도 있어요. 이럴 때는 한국 중국집에서 먹어 본 요리를 시키는 게 답입니다. 약간 다르긴 하지만 그래도 비슷하니까요.

우선 남녀노소 누구나 좋아하는 요리로 탕수육糖水肉이 있습니다. 탕수육은 중국어로 탕추러우糖醋肉로 글자 그대로 달콤糖 새콤醋한 맛의 돼지고기 튀김이지요. 중국요리에서 고기 육肉 자가 붙으면 당연히 돼지고기입니다. 중국인은 고기 중에서 돼지고기를 제일 좋아해서 그렇습니다. 또 메뉴판에서 요리 이름 앞에 糖醋라는 글자가 들어간 요리를 주문하면 돼지고기든 민물 생선이든 우리나라 탕수육과 비슷한 소스가 뿌려진 요리가 나옵니다.

그럼 밥이 먹고 싶을 때는 어떻게 할까요? 중국에서는 그냥 밥이 아니라 반드시 쌀밥을 달라고 해야 합니다. 밥은 중국어로 판飯이고, 쌀밥은 미판米飯입니다. 그냥 밥을 달라고 하는 것은 거지들이 밥을 구걸할 때 하는 말이라고 해서 쓰지 않습니다. 마찬가지로 손님에게 밥을 드시겠냐고 물을 때도 꼭 미판을 원하느냐고 물어야겠지요. 그러지 않으면 손님을 거지 취급하는 셈이니까요.

그런데 밥만 주문할 수는 없지요. 우리나라 중국집에서는 단무지와 양파를 밑반찬으로 내놓지만 중국 식당은 밑반찬을 하나도 주지 않습니다. 매콤한 마파두부에 밥을 비벼 먹으면 어떨까요? 생각만 해도 침이 고이

네요. 마파두부는 중국어로도 우리말과 같은 한자를 씁니다. 그래서 마파두부란 말을 조금 세게 하면 됩니다. 이렇게 외쳐 보세요.

"마포더우푸麻婆豆腐!"

볶음밥도 추천합니다. 중국에서 입맛 없을 때는 볶음밥이 제일 낫지요. 볶음밥은 중국어로 차오판炒飯입니다. 볶음밥이란 말은 한자를 그대로 우리말로 풀어 쓴 것이지요. 중국에는 갖가지 볶음밥이 많지요. 이 가운데 양저우 차오판揚州炒飯이 가장 유명합니다. 우리나라 전주비빔밥 같은 경우입니다. 기본적으로 계란 볶음밥인데 여기에 햄과 새우가 들어가서 우리 입맛에도 잘 맞습니다.

어때요? 이제 중국에서 최소한 굶어 죽지는 않겠지요?

# 중국인의 *05

# 다채로운 일상

# 인간관계

친구는 관계의 꽃

한국에 온 외국인들이 교회의 숫자와 규모를 보고 놀라듯이 중국을 여행하는 외국인들은 종종 식당의 숫자와 그 규모에 놀라곤 합니다. 중국에는 고층 빌딩을 통째로 쓰는 식당이나, 수천 명이 들어갈 수 있는 옛날 성처럼 생긴 식당이 곳곳에 있습니다. 농담으로 중국 사람들이 가장 믿고 따르는 종교는 불교나 도교가 아니라 '식교食敎'라고 말하는 것은 이 때문입니다. "백성들은 먹는 것을 하늘처럼 여긴다."(民以食爲天)라는 말은 예나 지금이나 마찬가지입니다.

사실 중국인들에게는 밥 자체도 중요하지만, 더 중요한 것은 가족이나 다른 사람들과 같이 먹는 것입니다. 새 친구를 사귀거나 사업을 할 때 꼭 같이 밥을 먹는 것도 그것이 인간관계의 시작이기 때문입니다.

물론 한국 사람들도 인간관계에서 같이 밥 먹는 것을 중요하게 생각합니다. "언제 밥 한번 먹자."라는 말을 자주 하지요. 그런데 중국인은 그런 의식이 우리보다 훨씬 강합니다. "중국인과 비즈니스를 하려면 먼저 친구가 되라."(先做朋友後做生意)라는 말이 있는데 친구가 되려면 먼저 밥을 같이 먹어야 합니다. 내가 밥을 샀으면 다음에는 상대가 밥을 사고, 그다음에는 또 내가 사는 과정이 무수히 반복되면서 인간관계가 형성되고, 그러는 동안에 친구가 되어 갑니다. 중국인들은 사람 사이의 개인적 관계, 즉 '관시關係'를 가장 중요하게 생각하는데, 이 관시도 밥을 같이 먹는 데서 시작됩니다. 그래서 중국인들은 평소에 특별한 일이 없어도 밥을 자주 같이 먹다 보면 막상 일이 생겼을 때 굳이 밥을 사지 않아도 일을 처리할 수 있다고 말합니다.

중국인들은 같은 지방 출신, 같은 고향 출신끼리 잘 뭉치는 경향이 강합니다. 동향 의식이 유난히 강하다고 할 수 있지요. 한자 중에 고을 향鄕 자는 원래 같은 마을 사람들이 음식을 나누어 먹는다는 뜻의 잔치 벌일 향饗 자와 같이 쓰였습니다. 이렇게 한자를 풀고 보면, 같은 고향 사람이란 같은 음식을 나누어 먹은 사람이라는 의미가 됩니다. 먹는 차원에서 보자면 한집안의 자식들은 한 어머니의 젖을 같이 먹은 사람들이고, 한마을 사람들은 한동네 우물을 같이 먹은 사람들인 셈입니다. 같은 젖을 먹은 사람들이 형제이고 같은 우물물을 먹은 사람들이 고향 사람들인 이상, 고향 사람들을 형제처럼 대하지 않을 길이 없습니다. 중국인들은 음식을 같이 먹었다는 데서 유대와 상호 관계가 시작되고, 서로 하나가 된다고 생각합니다. 중국에서 손님이 오면 꼭 밥을 대접해야 하는 것은 이 때문입니다.

## 인간관계에는 등급이 있다

『논어』에 공자가 몹시 개탄하는 대목이 있습니다. "가묘의 뜰에서 팔일무를 추게 했으니, 이런 일을 차마 할 수 있다면 무슨 일인들 하지 못하겠는가?"(八佾舞於庭, 是可忍也, 孰不可忍也)(「팔일八佾」 편)라는 대목입니다. 팔일무란 8명이 8줄로 서서 추는 춤입니다. 그러니까 64명이 춤을 추는 것인데, 이는 오직 천자 앞에서만 추는 춤입니다. 봉건 제후의 경우 천자보다 급이 낮기 때문에 팔일무를 즐겨서는 안 되고, 6명이 6줄로 춤을 추는 육일무를 즐겨야 합니다. 그러니 제후들이 팔일무를 즐긴 것은 자신의 지위를 망각하고 감히 천자와 같은 대우를 받은 셈이지요. 공자는 이것을 자기 분수를 망각한 참월僭越이라 부르면서 못마땅하게 생각했습니다. 그래서 제후들이 이런 일을 할 수 있다면 다른 무슨 일인들 못하겠느냐고 개탄한 것입니다.

이 정도의 일로 공자가 화를 내는 것이 이해가 되나요? 이해가 되는 사람은 유교의 근본 이치에 밝은 사람이거나, 아니면 전통 시대에 태어났어야 하는데 오늘날에 잘못 태어난 사람일지도 모릅니다. 오늘날처럼 상하 구분이나 신분 구별이 없어진 세상에서는 이해하기 힘든 게 당연합니다. 특히 청소년이나 젊은 사람들은 더욱 그러하겠지요. 춤을 즐기는 데 누구는 64명이 추는 춤을 즐겨야 하고, 누구는 36명이 추는 춤을 즐겨야 하는 구별이 어디 있느냐고 생각하겠지요.

하지만 공자의 생각은 달랐습니다. 그것이 세상이 망할 조짐, 세상의 질서가 붕괴할 조짐이라고 생각했지요. 왜 그렇게 심각하게 받아들였을까요? 공자는 사람들이 자신이 어느 지위, 어느 신분인지 분명하게 알고 그에 맞는 예의 규범을 지켜야 한다고 생각했습니다. 그래야 질서가 서고 세상이 안정된다고 믿었지요. 이런 관점에서 보자면 제후들이 팔일무를 즐기는 것은 자신의 지위를 망각한 일로, 세상 질서를 어지럽히는 매우 엄중한 행위가 되는 셈입니다. 신분과 지위에 따라 위에서 아래로 이어지는 수직적 질서를 중시하는 공자 입장에서는 충분히 그렇게 생각할 수 있지요.

중국 전통 사회는 유교 사상과 유교 문화가 지배했습니다. 그런데 유교 사상은 공자가 개탄한 데서 짐작할 수 있듯이 신분과 지위에 따른 차이를 중요시합니다. 『좌전左傳』에는 "하늘에는 10개의 태양이 있고, 사람에게는 10개의 등급이 있다."(天有十日, 人有十等)라는 말이 나옵니다. 중국인들이 흔히 "나면서부터 서로 연결은 되어 있지만 나면서부터 평등하지는 않다."(生而關聯, 非生而平等)라고 말하는 것은 이런 원리 때문입니다. 유교 사회에서 가장 중요한 것은 등급을 나누는 것입니다.

사람 사이의 관계도 이런 등급에서 출발합니다. 사람을 대할 때나 판단할 때, 예를 행할 때 "안과 밖을 가르고, 친한지 소원한지를 정하고, 어른인지 아이인지 순서를 정하고, 귀한지 천한지를 분명히 하는 것"(別內外, 定親疎, 序長幼, 明貴賤)을 바탕으로 하는 것이지요. 먼저 구분하고 나서, 각 지위로 구분된 사람들은 그 지위에 맞게 행동해야 하고, 그렇게 대우받아야 합니다. 친한 사람과 친하지 않은 사람은 지위가 다르고, 어른과 아이는 지위가 다른 만큼 다르게 대우하고 상대해야 하는 것입니다. 나와의 관계에서 가까이 있는 사람은 그에 맞게, 멀리 있는 사람은 그에 맞게 상대해야 하는 것이지요.

중국인의 등급 의식은 국가와 국가 사이에도 작동합니다. 문명 수준이 제일 높은 중국을 중심에 두고 순서에 따라 밖으로 퍼져 가면서 계단식으로 층위를 달리하는 것입니다. 밖으로 갈수록 오랑캐의 나라, 야만의 나라가 되는 셈이지요. 과거에 중국은 이런 문명의 등급 질서에 따라 주변 국가를 대했습니다.

● 유교 경전의 하나이자 중국 최초 역사서인 『춘추』를 해설한 책 『주추좌씨전』이라고도 한다. 공자의 제자인 누나라의 좌구명이 지었다고 하나 확실하지는 않다. 『춘추』와 함께 『좌전』 역시 유교의 주요 경전으로 꼽힌다.

중국인의 등급 의식은 전통 시대에만 있었을까요? 신분을 바탕으로 지위를 나누었던, 과거와 같은 등급 의식은 더 이상 존재하지 않습니다. 중국도 현대화, 서구화의 길을 걸어왔고, 더구나 사회주의 국가로서 평등을 엄격하게 강조하던 시절도 있었기 때문입니다.

그렇다고 해서 중국인의 등급 의식이 완전히 사라진 것은 아닙니다. 일상생활만 보더라도 그러한데, 관시 문화도 한 예입니다. 관시는 사람 사이의 관계망으로 친구, 동료, 같은 고향 등의 네트워크로 사람들이 맺어지지요. 그런데 이 관시의 출발점은 개인입니다. 개인을 중심에 놓고 사람들의 등급 질서가 세워집니다. '나'를 중심으로 해서 나에게서 가장 먼 사람은 나와 전혀 관계(관시)가 없는 낯선 사람, 모르는 사람이고, 그다음 가까운 사람은 내가 조금 아는 사람이고, 가장 가까운 사람은 친구겠지요. 중국 노래방에 가면 사랑 노래 못지않게 친구 관련 노래가 많은데 중국인들이 친구 관계를 인간관계의 정점으로 생각하고, 가장 소중하게 여기기 때문입니다. 하지만 친구도 하나가 아닙니다. 친구 안에도 등급이 있지요. 좋은 친구好朋友에서 오래된 친구老朋友, 마음을 나누는 친구眞心朋友로 등급이 올라가지요.

'나'를 기준으로 보자면 중국인에게는 이 세상에 오직 두 종류의 사람만 있습니다. 한 종류는 나와 관시가 있는 내 사람自己人이고, 다른 종류는 나와 관시가 없는 남外人입니다. 이렇게 등급이 나누어지면 그에 따라 각각의 등급에 속한 사람을 상대하게 되고, 그 사람에 대한 대우가 달라집니다.

이와 관련해 재미있는 일화가 있습니다. 산둥에 진출했던 한 한국 중소기업인이 직접 겪은 일입니다. 한번은 자기가 형광등을 사러 갔는데 16위안을 달라고 하더랍니다. 그런데 다음번에 산둥 출신 직원을 보냈더니 14위안에 사 오더라는 겁니다. 이상한 생각이 들어서 그다음에는 그 동네 출신 직원을 시켰더니 12위안에 사 왔다는군요. 형광등 가격이 사람에 따라 춤을 춘 것이죠. 형광등의 정가는 얼마였을까요? 원래 12위안인데, 한국인 사장이 중국어도 잘 못하는 것을 보고 16위안에 속여서 판 것일까요? 그렇다면 중국어를 잘하는 산둥 출신 직원에게는 왜 14위안을 받은 것일까요? 중국이 후진국이어서 가격이 제멋대로인 걸까요? 물론 가격을 속였을 수도 있겠지요. 하지만 이것이 바로 인간관계를 바탕으로 한 중국의 가격입니다.

그 가게 주인 입장에서 인간관계의 등급을 매기자면, 한동네 출신이고 잘 아는 처지인 직원이 제일 등급이 높고, 그다음이 같은 산둥 출신 직원, 그다음이 한국인 사장이겠지요. 가게 주인이 한마을 출신인 아는 사람에게 비싸게 팔았다면 욕을 먹을 겁니다. 친한 사람에게는 싸게 주어야 하죠. 중국인에게는 당연한 인간관계의 법칙입니다. 이렇게 중국인들은 친한지 친하지 않은지, 관시가 있는 자기 사람인지, 관시가 없는 남인지를 기준으로 등급을 정하고, 그에 따라 다르게 대우합니다. 관시 정도에 따라 다른 대접을 하는 것은 중국인에게 아주 당연한 일이죠. 그래서 관시 문화가 발달했고, 우정을 나누는 친구 사이가 되는 것이 최고의 사교 단계가 되었지요. 그래서 중국인들은 친구 사이에는 규정이나 법도 뛰어넘어 도움을 주고받기도 합니다.

중국 사회를 연구한 학자들은 중국인들은 등급 의식에 따라 사람을 세 가지로 다르게 대한다고 말하곤 합니다. 먼저 가족은 가장 친한 사람들이죠. 그래서 자녀가 돈을 요청한다든가, 형제가 부탁을 하면 무조건 들어주어야 합니다. 물론 요즘은 그러지 않는 경우도 많지만 도의상으로는 그렇다고 생각합니다. 가족 사이에는 요구하면 무조건 들어주는 요구 법칙<sup>need rule</sup>에 따라 대우하지요.

두 번째로 자기가 아는 사람, 자기와 관시가 있는 사람에게는 인정을 발휘합니다. 이 인정은 서로 오가는 가운데 형성됩니다. 받기만 하고 주지 않으면 안 되지요. 서로 오가면서, 누가 더 많이 주었는지도 모를 지경에 이르러야 최고의 관시나 친구 관계가 형성되지요. 여기에는 서로 주고받는 균등 법칙<sup>equality rule</sup>이 작동합니다.

그렇다면 자기의 관시 밖에 있는 모르는 사람, 남에게는 어떨까요? 이 등급에 속한 사람에게는 철저하게 공평의 원칙$^{equity\ rule}$이 적용되고 냉담해집니다. 법과 규정, 원칙에 따라 대우하고 일을 처리하지요. 앞에 나온 형광등 가격으로 보자면 제값 그대로 받거나 아니면 제값보다 올려 받는 것이지요.

중국인에게는 친구가 인간관계의 꽃이자 최고의 가치입니다. 이러한 인간관계는 중국 사회에 인간미가 흐르게 하는 바탕이기도 하지만, 한편으로는 부정과 비리, 부패의 온상이 되기도 합니다. 자기와 관시가 있는 친한 사람이나 친구, 가족에게는 법을 넘어 혜택을 주는 일이 생기는 것이지요.

# 체면 문화

목숨만큼 무거운 체면

    루쉰의 소설 『아Q정전<sup>阿Q正傳</sup>』에서 주인공 아Q는 사형장으로 가기 전 거리에 끌려다니면서 사람들의 구경거리가 됩니다. 이른바 조리돌림인데, 동네 사람들 앞에서 죄인에게 창피를 주는 처벌 방식입니다. 때로는 북이나 징 같은 악기를 앞세워 사람들 이목을 끌거나, 죄인의 가슴이나 등에 죄명을 써서 죄인들을 끌고 다니기도 합니다. 문화 대혁명 때에도 비판 투쟁 대회라는 이름으로 이런 일이 자주 일어났습니다. 요즘도 중국에서는 간혹 일부 경찰이 경미한 범죄를 저지른 범인을 길에 세워 두거나 끌고 다녀서 인권 시비가 일어나곤 합니다.

이런 처벌의 핵심은 죄인에게 극도의 수치심을 느끼게 하는 것입니다. 주위 사람에게 고개를 들 수 없을 정도로 체면이 손상되는 것을, 벌금을 내거나 감옥에 수감되는 것만큼이나 괴로운 것으로 생각하는 사회라야 가능한 처벌 방법이지요. 중국에서 이런 처벌이 유행한 것은 뒤집어 보면 중국인들이 그만큼 체면이나 얼굴을 중요하게 생각한다는 뜻이 됩니다.

우리도 체면을 중요하게 생각하는 문화가 있지요. 그래서 "볼 낯이 없다."라거나 "얼굴을 들지 못하겠다." "면이 서지 않는다." 같은 표현을 자주 씁니다. 하지만 중국은 우리보다 훨씬 더 체면을 중요하게 생각합니다. "살아서 고통을 당하더라도 죽어도 체면을 지킨다."(死要面子活受罪)라는 속담이 있을 정도로, 중국인에게 체면은 목숨만큼 무겁습니다. 중국인들이 비싼 유명 브랜드 제품을 많이 산다든지 남에게 과시하기 위한 소비를 많이 하는 것도 이 체면 중시 문화와 관련이 있습니다. 부사장, 부회장 같은 직함을 지닌 사람을 부를 때 부 자를 빼고 부른다든가, 상대방을 지나치다 싶을 정도로 칭찬하면서 체면을 세워 주는 것도 이와 관련이 있지요.

## 중국인에게는 연극 본능이 있다?

이런 체면 문화에서 사람을 사귈 때는 상대의 장점

을 한껏 칭찬해 주고 상대의 능력을 크게 부풀려 최대한 높여 주어야 합니다. 상대방이 사 주는 음식이 맛이 없는데도 "정말 맛있는 음식을 먹었다, 최근에 먹은 것 중 가장 맛있었다."라고 말하려면 아부하는 것 같아 속이 불편할 수도 있겠습니다. 하지만 중국인들은 그런 대화술과 사교술이 몸에 배어 있습니다. 중국인들은 말을 에둘러 하는 화술에 능한데, 이것도 상대방의 체면을 생각하다 보니 그렇게 된 경우가 많습니다. 상대방이 어떤 제안을 할 때 안 되는 일인 줄 뻔히 알더라도 면전에서 바로 거절하는 경우는 드뭅니다. 그 대신 "한번 연구해 보겠다."라거나 "앞으로 상황을 봅시다."라고 말함으로써 상대방의 체면을 살려 주지요. 그러니 이런 대답을 호의적 반응으로 착각하면 안 됩니다. 제안을 면전에서 바로 거절하는 것은 상대방의 체면을 훼손하는 일이 되기 때문에 에둘러 거절한 것일 뿐이니까요.

중국인을 상대해 본 외국인들은 중국인이 가식적이라고 불평하는 경우가 많습니다. 도무지 속마음을 모르겠다는 것이지요. 나에 대해 칭찬을 많이 하는데 진정으로 나를 높게 평가해서 그러는 것인지 알 수 없다거나, 자주 만나도 형식적인 만남에 그친 것 같은 찜찜함이 남는다고 말합니다. 사실 외국인들이 중국인에게 이런 불만을 느낀 것이 어제오늘 일은 아닙니다. 중국 근대 초기에 서양 선교사로 중국에 왔던 스미스˙라는 신부는 체면을 중시하는 중국인의 행동 특성에 주목해, 중국인에게는 연극 본능이

● 아서 헨더슨 스미스 Arthur Henderson Smith, 1845년~1932년 미국에서 태어나 대학을 졸업한 뒤 1872년부터 1925년까지 미국 기독교 해외선교회 소속으로 중국에 있었다. 그의 초기 저술은 산시성 전역에 걸친 굶주림과 한 차 구호 노력 묘사였다. 다년간 경험과 체험을 담아 『중국인의 특성』이라는 책을 펴냈다. 처음 선교사의 시각으로 바라본 중국인의 모습이 잘 나타나 있다.

있다고 지적하기도 했습니다. 마치 무대에서 연기하는 것처럼 그 상황에 가장 적절하고 마땅히 해야 하는 말, 주어진 역할에 맞는 말만을 한다는 것입니다. 진심 어린 말보다는 상대방의 체면을 세워 주고, 나의 체면을 보존하는 말과 행동을 하기 때문에 그렇습니다.

이렇게 체면을 중시하는 문화에서 만약 누군가 자기 체면을 훼손한다면 그것은 더없는 모욕이자 수치로 받아들이게 됩니다. 중국에서는 설사 학교나 직장에서 누가 잘못을 했다 하더라도 그를 다른 사람들이 모두 보는 앞에서 꾸중하면 안 됩니다. 그런 수치와 모욕을 겪은 사람은 자신의 잘못 여부와 상관없이 그 경험을 가슴 깊이 새길 것입니다. 이제 둘 사이의 인간관계는 끝난 겁니다. 그 사람은 상대를 자기 체면을 깎고 모욕을 준 사람으로 평생 기억할 것입니다.

개인 차원이든, 국가나 민족 차원이든 중국을 상대할 때는 체면을 존중해 주는 것이 대화와 교류, 만남에서 가장 중요한 시작입니다. 한국 사람들은 무심코 중국 사람은 가난하고, 시끄럽고, 더럽다고 말할 때가 있습니다. 그렇게 던지는 한마디가 체면을 중요시하고 자존심 강한 중국인들에게 얼마나 가슴 깊이 상처를 줄지는 더 말할 필요가 없겠지요.

# 중국요리

원탁에서 즐기는 산해진미

　　중국인들에게 식사 자리는 단순히 밥을 먹는 자리
가 아니라 조화와 질서를 실현하는 자리입니다. 중국에서 인간관
계를 맺기 위해서는 같이 밥 먹는 것이 중요하다고 했는데 되도
록 둥근 탁자에 둘러앉아 먹으면 더 좋습니다. 우리나라도 중국
요릿집에 가면 가운데 회전판이 놓인 둥근 테이블이 눈에 많이
띄지요? 이러한 식탁에는 다 같이 둘러앉아 음식을 나누어 먹으
면서 사이좋게, 둥글둥글 원만하게 잘 지내자는 중국인들의 바람
이 담겨 있습니다.

　　식사 자리는 이렇게 서로 간의 조화와 화합만이 아니라 질서를

확인하고 추구하는 자리이기도 합니다. 중국에서 둥근 식탁에 앉을 때는 대체로 자리가 정해져 있습니다. 등급을 중시하는 나라여서 그렇지요. 가족 모임에서는 덜하지만, 손님을 접대하거나 공식적인 자리에서는 이 기준을 잘 지켜야 합니다. 일반적으로 출입문을 기준으로 출입문 맞은편 자리가 주인의 자리입니다. 문 맞은편 가장 안쪽 자리가 상석인 것은 우리와 마찬가지지요. 주인 자리가 정해지면, 이제 주인의 바로 오른쪽이 손님의 자리입니다. 만약 손님이 여러 명이라면 주인의 바로 왼쪽이 그다음 높은 손님 자리가 됩니다. 이런 식으로 중요한 순서대로 오른쪽, 왼쪽에 번갈아 가면서 앉습니다.

먹는 음식에도 순서가 있습니다. 제일 먼저 위에 부담이 적은, 가볍고 차가운 요리를 먹지요. 중국어로 량차이凉菜라고 합니다. 그 뒤 본격적인 요리가 나오는데, 마지막에는 흔히 물고기 요리를 먹습니다. 마지막 요리로 물고기를 먹는 것은 물고기 어魚 자가 넉넉하고 남는다는 뜻의 여餘 자와 발음이 '위'로 같기 때문입니다. 늘 넉넉하기를 비는 마음을 담아 물고기 요리를 먹는 것이지요. 특히 설날 전날이면 중국인들은 온 가족이 둘러앉아 밥을 먹는 것을 최고의 즐거움이자 가정의 행복이라고 여기는데, 이때에도 물고기가 빠지지 않습니다. "새해에 넉넉하십시오.年年有餘"라고 기원하는 것이지요.

중국을 여행해 본 사람 중에는 요리는 가득 나오는데 밥을 같이 주지 않아 이상하게 생각했던 경험이 있을지 모르겠네요. 중국인들은 요리를 먼저 먹은 뒤에 주식을 먹습니다. 주식으로는 물만두나 면 요리, 밥 등을 먹지요. 북쪽 지방 사람들은 밀가루로 만든 주식을 주로 먹고 남쪽 지방 사람들은 쌀로 만든 주식을 많이 먹습니다. 남쪽에서는 쌀이 많이 나기 때문입니다.

## 쓰촨요리부터
## 광둥요리까지

　　　　식탁에 오르는 요리는 어느 지방이냐에 따라 달라질 수 있습니다. 쓰촨 지방이나 후난 지방이라면 매운 요리가 식탁에 많이 오르지요. 두 지방은 누가 더 매운 것을 잘 먹는지를 두고 자존심 경쟁을 할 정도입니다. 흔히 "쓰촨 사람은 매워도 겁내지 않고, 후난 사람들은 맵지 않을까 봐 겁낸다."(四川人不怕辣, 湖南人怕不辣)라고 말하면서 후난 사람들이 매운 것을 더 잘 먹는다고 합니다. 물론 이에 동의하지 않는 쓰촨 사람들도 많이 있지요. 그런데 두 지방의 매운맛은 특징이 다릅니다. 쓰촨의 음식은 박하처럼 입안이 화하면서 얼얼해지는 매운맛이지요. 마파두부도 그런 쓰촨요리입니다. 후난의 음식은 단순하게 입을 마비시키는 매운맛입니다. 우리 고추장의 달콤한 매운맛하고는 서로 다르지요.

　남쪽 지방 중에서 광둥은 중국요리를 대표하는 곳입니다. 세계적으로 중국요리가 유행하는 데 기여했지요. 광둥요리는 달면서도 깔끔합니다. 여러 가지 다양한 재료를 쓰지요. 흔히 중국요리를 두고 "하늘을 나는 것 중에는 비행기만 빼고 다 먹고, 네 다리가 달린 것 중에는 의자만 빼고 다 먹는다."라고 말하는데 이런 말도 바로 광둥요리에서 시작되었습니다. 광둥은 바다 인근 지역이라 이 지역 사람들은 풍부한 해산물부터 뱀, 악어까지 안 먹는게 없지요. 광둥 성의 도시 광저우에서는 생각지도 못한 음식을 먹는 일이 종종 있으니까 조심해야 합니다. 오래전에 광저우에서 중국인들과 밥을 먹다가 조그만 그릇에 담겨 나온, 노란빛이 도는 탕을 먹은 적이 있었습니다. 닭 국물인가 보다 하고 먹었습니다. 무척 맛있었지요. 그런데 식사가 끝날 무렵 무슨 탕이냐고 물었더니 아뿔싸, 뱀탕이랍니다! 제가 제일 질색하는 게 뱀인데, 뱀을 우려낸 탕을 먹은 겁니다. 어쨌든 맛은 좋았습니다.

베이징이라면 당연히 카오야烤鴨가 식탁에 오르겠지요. 영어로 '페킹 덕'Peking Duck이라고 하는 오리구이 요리입니다. 겉은 바싹하고 속은 부드럽게 구운 오리고기를 춘장에 살짝 찍어 길게 썬 파채를 얹은 뒤 밀전병에 싸 먹지요.

한편 베이징도 그렇지만 시안과 같은 서쪽 지역으로 가면 맛있는 양고기 요리가 많이 나옵니다. 양 갈비라든가 큼직한 양고기 꼬치구이는 생각만 해도 침이 고이는 요리들입니다. 만주족이 다스렸던 청나라 때 황실의 궁중 요리 만한전석滿漢全席은 만주족 요

베이징의 명물 요리인 카오야. 베이징뿐 아니라 세계 곳곳의 중국 식당에서 맛볼 수 있는 인기 요리이다.

리와 한족 요리 가운데 최고로 맛있는 108가지 요리를 차려 내는 것입니다.

한국인들 가운데 중국요리는 너무 기름지다고 싫어하는 사람들이 있지요. 실제로 중국에는 기름에 튀기거나 볶는 요리가 많습니다. 채소도 싱싱한 생것으로 먹기보다는 기름에 볶아서 먹지요. 중국은 세계에서 식용유를 가장 많이 소비하는 나라입니다. 예로부터 중국에서는 부자든 가난한 집안이든 '문을 열고 하루를 살아가는 데 꼭 필요한 7가지開門七件事'에 땔감, 쌀, 소금, 장, 식초, 차와 함께 기름을 포함시킬 정도로 중국인 생활에서 기름은 필수였지요. 국가에서 모든 물자를 나누어 주던 사회주의 계획 경제 시절에도 쌀과 밀가루와 함께 식용유는 가장 중요한 보급품이었습니다. 사실 먹을거리가 많지 않던 시절에는 기름으로 요리를 하면 쉽게 열량을 보충할 뿐만 아니라 몸을 따뜻하게 하고 맛도 좋게 하는 효과를 거둘 수 있었지요. 요즘에는 중국인들도 기름진 음식이 성인병을 유발하는 등 건강에 좋지 않다고 우려하면서 기름을 덜 쓰자는 운동을 벌이기도 합니다만, 기름에 볶고 튀기는 것이 중국요리의 특징이다 보니 쉽게 고쳐지지 않습니다.

## 중국의
## 식탁 예절

중국에도 테이블 매너가 있습니다. 자리에 앉을 때는 나이가 많은 사람이 먼저 앉은 뒤에 나머지 사람들이 앉습니다. 음식을 먹을 때도 마찬가지입니다. 새로운 요리가 나오면 어른이나 직위가 높은 사람이 먼저 먹지요. 음식을 집을 때도 예절이 있습니다. 중국에서는 둥근 식탁 가운데에 요리가 놓여 있어서 먹기가 쉽지 않습니다. 먼저 자기 가까이에 있는 것을 먹은 뒤 멀리 있는 것을 먹고 싶으면 다른 사람이 음식을 집지 않을 때 판을 돌려서 음식이 자기 앞에 왔을 때 젓가락으로 집습니다. 이때 자기 젓가락을 쓰는 것이 아니라 음식을 집는 용도로 따로 놓여 있는 젓가락을 써야 합니다. 이런 젓가락을 공용으로 쓰는 젓가락이라고 하여 공콰이公筷라고 부릅니다.

손님을 접대할 때는 자기만 먹는 것이 아니라 옆 사람도 집어 주면서 음식을 권하는 것이 예의입니다. 손님으로 자리했을 경우, 접시에 담긴 음식을 마지막 하나까지 싹싹 긁어 먹어서는 안 됩니다. 우리는 맛있게 깨끗이 비우는 게 음식을 해 준 사람에 대한 예의이지만, 중국에서는 접시에 담긴 음식을 남기지 않고 다 먹으면 주인이 음식을 적게 준비한 것이 되어 주인에 대한 예의가 아니라고 생각합니다. 사실 중국인들은 사람을 접대할 때 필요 이상으로 많이 시키고 음식을 남기죠. 그래야 손님을 푸짐하게 잘 대접했다고 생각하는데, 음식 낭비를 초래하는 좋지 않은 습관이어서 중국 안에서도 고치자는 여론이 일고 있습니다.

# 이상형

느리지만 쉬지 않는다

　　중국인들을 두고 흔히 '만만디慢慢地'라고 합니다. 만
만디란 말은 중국어로 느리다는 뜻이지요. 급하고 화끈한 성격을
지닌 한국 사람 눈에는 중국인들이 너무 느긋하고 태평스러워 보
일 수 있습니다. 중국에서 공장을 경영하는 한국 사업가들은 한
국 사람이면 하루에 끝낼 일을 중국인들은 사나흘 걸려 한다고
불평하기도 하지요. 앞서 언급했던 스미스라는 선교사는 중국인
들에게 '빨리빨리'의 중요성을 알게 하는 것은 아주 어려운 일이
라고 한탄하기도 했습니다.

　중국인들은 왜 느릴까요? 느린 데에도 여러 가지 이유가 있을

수 있습니다. 꼼꼼해서 느릴 수도 있고, 마음이 느긋해서 느릴 수도 있습니다. 중국인들이 느린 것은 조급하게 서두르는 것을 경계하고 조심하는 마음에서 나온 것입니다. 중국인들은 극단적인 것을 싫어합니다. 넘치는 것보다는 차라리 모자라는 것이 낫다고 생각하지요. 그러다 보니 일할 때도 무리하지 않고, 단시간에 성과를 내려고 죽을힘을 다해 몰두하지 않습니다. 성격이 급하지 않고 느긋하지요. 어찌 보면 소극적인 사고방식입니다. 성질이 급하고, 분초를 다투면서 살고, '빨리빨리' 문화에 익숙한 한국인들에게는 이런 모습이 답답할 수 있지요.

그런데 정작 중국인들은 느린 것을 나쁘게 생각하지 않습니다. 중국에 이런 속담이 있습니다. "느린 것을 걱정하지 말고 멈추는 것을 걱정하라."(不怕慢, 只怕站) 또 중국인들은 "느리지만 쉬지 않는다."(慢而不息)라는 말도 즐겨 하지요. 과속하지 말라는 교통안내판에는 "차라리 3분 동안 멈추어 서 있는 게 낫지 1초를 다투지 말라."라고 적혀 있기도 합니다. 빨리 가려고 생명을 걸지 말라는 것입니다.

그런가 하면 중국인이라면 누구나 '자강불식自强不息'이란 말을 좋아합니다. 유학 오경 중 하나인『주역』에 나오는 말로, '스스로 쉼 없이 노력하여 강해진다.'라는 뜻이지요. 중국 최고의 명문 대학인 칭화대학을 비롯해 많은 학교에서 교훈으로 사용하기도 합니다. 중요한 것은 속도가 아니라 끊임없이 노력하고 꾸준하게 목표를 향해 한 걸음 한 걸음 내딛는 과정임을 강조하는 것입니다. 이 기준에서 보면 쉬지 않고 노력하는 인간, 느리더라도 포기하지 않고 조금씩 나아가는 인간이 가장 훌륭하고 이상적입니다.

중국 고전인 『장자』에 '도행지이성道行之而成'라는 말이 있습니다. 길이란 사람이 다니면서 만들어지는 것이라는 뜻입니다. 이 말의 기본 뜻을 이어받아서 중국 작가 루쉰은 「고향」이란 작품에서 이렇게 말하지요.

"희망이란 원래 있는 것이라고 할 수 없고, 없는 것이라고 할 수도 없다. 희망은 지상의 길과 같다. 원래 지상에는 길이 없었다. 길을 가는 사람이 많아지면 그것이 곧 길이 되는 것이다."

지금은 길을 낼 때 포클레인이나 기계를 사용해 땅을 파서 내지만 예전에 길을 낸 것은 사람의 발걸음이었지요. 한 번 가고 두 번 가고, 한 사람이 가고 두 사람이 가고…… 그렇게 발길이 여러 번 겹치고 모아지다 보면 땅에 길이 만들어집니다. 반면 몇 번 걸음하다가 가지 않으면 다시 풀이 돋아나면서 길이 없어져 버리기도 합니다. 중국인들은 쉬지 않고 끊임없이 노력하는 인간, 느리더라도 포기하지 않고 한 걸음씩 나아가 길을 만들어 내는 인간이 가장 이상적인 사람이라고 생각합니다.

# 한자

세상에서 가장 오래된 글자

한자는 세계 문자 가운데 가장 오랫동안 사용하고 있는 문자입니다. 약 6만 7,000년 전부터 사용되었으니까 기원도 오래되었지만, 최초의 기본 형태가 일부 변하기는 했어도 여전히 사용되고 있는 유일한 문자이기도 합니다. 이집트의 상형 문자나 수메르의 설형 문자는 이제 사용하지 않지만 한자는 지금도 사용하고 있지요.

지금까지 알려진 가장 오래된 한자는 기원전 14세기 무렵부터 사용되었다고 알려진 갑골문입니다. 갑골문이란 거북의 배 껍데기나 소의 어깨뼈에 새겨진 한자를 말합니다. 그 당시 사람들은 점을 자주 쳤다고 합니다. 갑골, 즉 거북의 배 껍데기나 소의 뼈에 깊은 홈을 파고는 알고 싶은 것을 말한 뒤 숯으로 지지고 열을 가하지요. 열을 받아서 갈라지면 그 갈라진 금을 보고서 답을 해석합니다. 그런 뒤 물음과 답의 내용, 그리고 그 결과를 갑골에 칼로 새겼지요. 이렇게 새긴 한자를 갑골문이라고 하는데 이것이 새겨진 갑골이 지금까지 약 10만 조각이 발굴되었고 이 중에서 약 4,000~5,000자가 발견되었습니다.

그때 사용된 글자 가운데 지금도 사용하는 것이 있습니다. 세계에서 가장 오랜 역사를 지닌 문자가 현재까지 그 기본 형태를 보존한 채 사용되고 있다는 것을 실감할 수 있지요. 물론 형태나 음은 변했지요. 고대에 쓰인 한자를 보면 당시에 어떻게 읽었는지는 모르고 어떤 뜻인지만 알 수 있는 것이지요.

현재 한자를 국가의 공식 문자로 사용하고 있는 나라로는 중국과 타이완, 싱가포르가 있습니다. 물론 지금은 중국 대륙에 편입되어 특별 행정 구역이 된 홍콩과 마카오에서도 한자를 쓰지요. 한자를 공식 문자로 쓰는 국가는 많지 않습니다. 하지만 우리나라와 일본처럼 한자를 섞어서 쓰는 나라, 과거에 한자를 사용했던 나라를 합치고, 화교가 많이 살고 있어서 한자가 제2의 공용어 역할을 하는 말레이시아나 세계 화교권까지 합치면 무척 많은 지역 사람들이 한자를 사용하는 셈이죠.

　　　　　한자라는 말만 들어도 머리가 아픈 사람이 많지요? 요즘에는 컴퓨터로 글을 쓰면서 한자를 잘 쓰지 않다 보니 한자가 갈수록 어렵게 느껴지지요. 한자는 원래 다른 글자보다 어려운 게 사실입니다. 한글이나 영어와 비교하면 더욱 그렇지요. 한자는 글자만 보아서는 어떻게 읽는지 알 수 없습니다. 글자 모양과 소리, 뜻을 모두 익혀야 하는 글자지요. 쓰는 것도 복잡합니다. 한 획만 쭉 그으면 되는 글자도 있지만 흡사 그림을 그리듯이 여러 획을 그어야 하는 글자도 많습니다. 더구나 한자는 같은 글자라도 여러 가지 글자체가 있고, 심지어 쓰는 사람에 따라서 글자 모양이 다 다르지요. 우리 한글은 자음과 모음을 조합하면 글자가 만들어지지만 한자는 한 글자 한 글자 다 외워야 하는 것도 부담스럽지요.

　하지만 한자도 원리를 알면 좀 더 쉽게 배울 수 있습니다. 한자는 상형象形, 지사指事, 회의會意, 가차假借, 전주轉注, 형성形聲이라는 6가지 원리에 따라 만들어졌습니다. 상형은 사물의 모양을 본떠서 한자를 만든 것으로, 해 모양을 본뜬 日일, 달 모양을 본뜬 月월, 나무 모양을 본뜬 木목이 그러한 한자입니다. 지사는 상형자에 의미를 뜻하는 부호를 더한 것입니다. 평평한 땅 위에 있다는 것을 나타내는 上상, 나무를 나타내는 형성자인 木목에 나무의 밑

부분을 나타내는 선을 그어서 바탕을 표현한 글자인 本본과 같은 글자가 지사의 원리에 따라 만들어진 한자입니다.

회의는 두 글자를 모아서 하나의 새로운 뜻을 만드는 것입니다. 사람을 뜻하는 人인 자와 말을 뜻하는 言언 자를 합쳐서 믿는다는 뜻의 信신 자를 만들었지요. 그런가 하면 나무를 뜻하는 木목 자 셋을 합쳐서 나무가 많은 삼림을 뜻하는 森림 자를 만들기도 합니다.

한편 형성은 소리를 나타내는 부분과 뜻을 나타내는 부분을 합쳐서 새로운 글자를 만드는 경우입니다. 보통 글자 왼쪽이 뜻을 나타내고 오른쪽이 음을 나타내지요. 물을 뜻하는 氵수 자를 글자 왼쪽에 공통으로 사용하여 물과 관련된 江강, 海해, 湖호를 나타내는 것이 바로 그렇습니다. 한편 풀과 관련된 것에는 艹초를, 불과 관련된 것에는 火화 자를 붙였습니다. 이렇게 보자면 한자가 사물이나 자연 현상, 의미를 매우 정교하게 분류했다는 것을 알 수 있지요. 정확한 뜻이나 음은 모르더라도 글자를 보고서 이 글자는 물이나 풀, 불과 관련 있다는 것을 짐작할 수 있습니다.

배우기가 어려워서 그렇지 한자에는 장점도 많습니다. 한자는 다른 어떤 문자보다도 정보를 많이 담고 있다고 하지요. 글자가 독특한 데다 의미와 소리가 한 글자에 합쳐져 있기 때문에 그만큼 정보량이 많을 수밖에 없겠지요. 또한 어느 나라 문자보다도 간결하게 축약하여 표현할 수 있지요. 영어나 한글로 표현하자면 여러 단어가 필요한 말도 한자는 한두 글자로 표현할 수 있습니다. 예를 들어 '왼쪽으로 돌아가십시오.'라는 말은 한자로는 '左轉좌전' 두 자면 충분하지요.

한자를 공부하면 두뇌 개발에 좋다는 주장도 있습니다. 한자는 기본적으로 언어지만 글자가 마치 그림과 같아서, 한자를 사용할 때는 언어를 쓸 때 사용하는 좌뇌만이 아니라 도형을 이해할 때 사용하는 우뇌도 동시에 사용한다는 것이지요.

세상에 한자는 몇 글자나 있을까요? 그것을 정확히 아는 사람은 없습니다. 세계에서 가장 오래된 문자이기 때문에 까마득한 옛날에 사용하던 글자도 있어서 정확하게 알 수가 없지요. 하지만 유명한 사전에 수록된 한자를 통해 짐작해 볼 수는 있습니다. 청나라 때 나온 『강희자전』에는 4만 7,000여 자가 수록되어 있고 1971년에 나온 『중문대사전』에는 4만 9,880여 자가 수록되어 있지요. 사전에 수록되지 않은 한자도 많을 겁니다. 하지만 이 많은 한자가 일상생활에서 다 쓰이는 건 아닙니다. 보통 3,000자를 알면 한자로 적힌 문장 가운데 99퍼센트는 읽을 수 있다고 합니다.

한자는 중국 문화의 토대이자 중국인이 자부심을 갖는 원천이기도 합니다. 그래서 한자는 글자를 넘어 중국인들을 하나로 묶는 사회적 기능을 하기도 합니다. 중국은 민족이나 지방마다 사용하는 말이 많이 달라서 잘 소통되지 않기도 합니다. 산둥 사투리를 쓰는 사람과 광둥 사투리를 쓰는 사람은 서로 말을 못 알아들을 정도지요. 게다가 똑같은 한자라도 읽는 음이 다르기도 하지요. 하지만 한자를 쓰면 적어도 그 뜻을 이해할 수 있기 때문에 서로 통합니다. 다민족, 다언어 국가인 중국을 하나로 연결하는 중요한 수단이 한자입니다. 한자는 중국인에게 일체감을 느끼게 하는 도구인 것이지요. 중국 내부에서뿐만 아니라 세계 곳곳에 살고 있는 화교들도 한자를 통해 하나로 연결됩니다. 지역과 민족, 나라의 경계를 넘어 중국 문화 공동체를 만드는 중요한 토대가 바로 한자입니다.

그런가 하면 우리나라나 일본, 베트남 등 과거에 한자를 썼거나 지금도 쓰는 나라까지 묶어서 같은 한자 문화권에 속해 있다는 공동의 정체성을 만드는 토대 역할도 합니다. 같은 문자를 쓰다 보면 생각하는 방식이 아무래도 비슷해지기 마련이지요. 어때요? 이렇게 보면 한자를 알아야 중국과 중국인을 안다는 말이 실감 나지 않나요?

복이
뒤집어졌어요!

중국 사람들은 한자를 읽는 법을 가지고 재미있는 언어문화를 만들어 내기도 합니다. 예를 들어 중국인들은 너나없이 새해가 되면 대문에 빨간 바탕에 금빛으로 쓴 福복 자를 붙입니다. 복이 들어오기를 바라는 것이지요. 그런데 이상합니다. 福

자의 위아래가 거꾸로 붙어 있습니다. 한 집만 그런 것이 아니라 집집마다 그렇습니다. 일부러 그렇게 붙인 것이지요. 왜 이렇게 거꾸로 붙일까요? 글자를 몰라서 그랬을까요?

한번 이런 상상을 해 보지요. 어떤 사람이 정초에 남의 집을 방문합니다. 손님이 집에 들어서는데 글자가 똑바로 잘 붙어 있다면 그런가 보다 하고 들어가겠지요. 그런데 거꾸로 붙어 있으면 손님은 주인에게 일깨워 주려고 소리칠 수 있습니다. "복이 뒤집어졌어요!"

중국어로는 "푸 다오러福倒了!"라고 하겠지요. 그런데 재미있게도 이 말은 "복이 왔어요."라는 말과 발음이 같습니다. '복이 왔다福到了'고 말할 때도 한자는 다르지만 "푸 다오러!"라고 말하지요. '거꾸로 도倒'와 '이를 도到'가 모두 '다오'로 소리 나기 때문에 일어난 현상입니다. 물론 성조는 다르지만요. "복이 뒤집어졌어요."라는 소리가 "복이 왔어요."라는 소리와 같아서 집 안에 복을 들이는 외침이 되는 것이지요. 이를 중국 언어학에서는 해음諧音 현상이라고 합니다. 음이 같거나 비슷한 한자를 가져다 원래 글자와 다른 의미를 만들어 내는 것이지요.

이런 사례는 중국인의 일상생활에 무척 흔합니다. 중국 사람들은 배를 쪼개 먹지 않습니다. 중국 배는 쪼개서 먹을 필요가 없을 정도로 작기도 하지만, 그 때문만은 아닙니다. 배는 중국어로 리梨입니다. 그런데 배를 쪼갠다고 할 때, 分梨분리의 발음인 펀리

238

대문에 거꾸로 붙인 한자 福.

는 헤어진다는 뜻의 分離분리와 발음이 같습니다. 그래서 배를 쪼
개 먹는 것을 이별을 암시하는 불길한 조짐으로 해석하는 것이지
요. 연인 사이에 우산이나 시계를 선물하지 않는 이유도 마찬가
지입니다. 우산을 뜻하는 傘산의 발음인 '산'과, 헤어진다는 뜻의
散산 자의 발음이 같습니다. 또 시계를 뜻하는 鐘종의 발음인 '쭝'
이 끝난다는 뜻의 終종 자와 같지요. 연인 사이인데 상대방이 우
산이나 시계를 선물한다면 헤어지자는 뜻으로 받아들이는 것이
지요.

　이러한 해음 현상은 중국어의 특징 때문에 일어납니다. 중국어
는 21개 성모와 39개 운모가 결합하여 400여 개 음절을 이룹니

다. 중국어에는 소리의 높낮이를 뜻하는 성조가 있으니까 각 음절마다 4개의 성조가 붙어서 약 1,600개의 음절이 생기지요. 문제는 이렇게 소리를 낼 수 있는 음절은 한정되어 있는데 한지는 이보다 훨씬 많다는 것입니다. 그렇다 보니 여러 한자를 같은 음으로 읽을 수밖에 없지요.

중국인들은 해음 현상을 이용해 행운을 기원하기도 하고 금기를 만들기도 합니다. 중국인들이 가장 좋아하는 숫자 8八의 발음 '파'도 돈을 번다는 發財발재의 '파차이'와 처음 음이 비슷해서 행운의 숫자가 되었습니다. 2008년에 열린 베이징 올림픽이 2008년 8월 8일 저녁 8시 8분에 개막한 것에도 길한 숫자 8에 힘입어 올림픽이 성공적으로 개최되기를 기원하는 뜻이 담겨 있지요.

이는 중국인들의 일상생활에서 흔하게 볼 수 있는 일종의 언어 신앙입니다. 중국 문화와 서구 문화의 가장 큰 차이 중 하나는 중국에는 서구 기독교 문화에서와 같은 유일신이 없다는 것입니다. 유일신이 있다면 모든 것을 신에게 의지하고 신에게 구하면 되지요. 하지만 중국에는 그런 차원의 신 개념은 없습니다. 그래서 중국인들은 언어나 여러 가지 문화적 상징을 동원하여 마치 신앙처럼 활용합니다. 서구인들은 교회나 성당에 가서 기도를 통해 자신이 바라는 것을 기원하지만 중국인들은 일상에서 언어를 통해 기원하는 것이지요.

# 경극

중국을 대표하는 고전극

　　경극은 중국을 상징하는 대표적인 중국 문화입니다. 경극은 영어로 Chinese Opera 즉 중국 오페라라고 부르는, 중국 고전극 중에서도 가장 대표적인 극이지요. 그런데 경극 하면 무엇이 떠오르나요? 요란한 연주, 가성으로 부르는 노래, 배우들의 화려한 치장과 기묘한 얼굴 분장, 다채로운 무술 공연 등이 먼저 떠오르지요. 어떤 사람들은 경극을 보다 보면 정신이 하나도 없다고 말하곤 합니다. 사실 연극이나 오페라와 달리 경극은 여러 가지 오락 요소가 한데 모여 있는 일종의 종합 오락인 셈입니다. 또 중국 문화의 여러 요소가 들어 있고, 다루고 있는 소재도 대부분 중국 역사와 관련된 것이어서 경극에는 중국 문화가 압축되어 있다고 하겠습니다.

경극은 말 그대로 베이징 지방에서 주로 공연되던 극입니다. 특정 지역에서 유행하던 지방 극의 일종이지요. 중국에는 당연히 경극 말고도 다른 지방의 지방 극도 있었습니다. 경극은 청나라 때부터 발달했는데, 베이징이 수도인 까닭에 여러 지방 극이 베이징에 와서 공연을 했지요. 경극의 모태라고 할 수 있는 지방 극은 안후이安徽 성 지방의 극입니다. 안후이 지방의 극단들이 베이징에 가져와 공연한 음악이나 악기 등을 개조해 공연하면서 다른 지방 극과 다른 독특한 개성을 지닌 극이 만들어졌는데 그것이 바로 경극이지요. 원래의 노랫가락이나 구성 등을 토대로 베이징의 관중들이 좋아할 수 있도록 여러 지방 극의 장점을 흡수하여 만들어졌으니, 당연히 다른 지방 극보다 더 우수할 수밖에 없겠지요. 또 청나라 궁중에서도 공연되고, 수도의 많은 사람들과 극장들 덕에 크게 유행하면서 경극은 다른 지방 극을 압도하게 되었고, 베이징이라는 지방의 극을 넘어서 중국 전체를 대표하는 극이 된 것이지요.

외국인이 경극을 제대로 이해하고 감상하기란 쉬운 일이 아닙니다. 요즘 베이징의 경극 극장에서는 외국인을 위해서 영어 자막을 제공하기도 합니다만, 가사를 본다고 해도 내용이 대부분 중국 역사와 관련된 것이어서 역사 배경을 제대로 모르면 이해하기가 쉽지 않지요. 사실 중국인 중에도 경극을 제대로 감상할 수 있는 사람은 그렇게 많지 않습니다. 젊은 사람들은 더욱 그렇지요. 하지만 경극은 다채로운 볼거리와 음악을 즐기는 것만으로도 충분히 관람할 가치가 있습니다.

## 경극의 공식들

경극을 감상하기가 어려운 것은 극의 특징 때문이기도 합니다. 경극은 서구의 연극이나 오페라와 달리 현실에서 일어난 일이나 사람의 행동, 생활, 물건 모양 등을 최대한 비슷하게 모방하거나 재현하는 것이 목표가 아닙니다. 경극에서는 사람의 정신이나 감정을 드러내는 것이 더욱 중요합니다. 그러니 경극을 감상하려면 먼저 요즘의 연극과 다르게 인물의 성격이나 행동의 연출 방법이 일정하게 정해져 있는 경극 연출의 특징을 이해할 필요가 있습니다.

경극의 이야기 진행은 4가지 요소로 이루어집니다. 노래인 '창唱', 대사인 '념念', 일상 동작인 '주做', 무술 동작인 '타打'입니다. 그런데 대사라고 해도 요즘 연극 같은 대사가 아닙니다. 노래 형태로 말하는 것인데, 다만 반주가 없지요. 일상 동작 역시 요즘 연극의 배우처럼 우리가 평소에 하는 동작을 최대한 모방하여 실제와 가깝게 재현하지 않습니다. 경극은 등장인물의 행동이 정해져 있습니다. 배우 스스로 개성 있게 연기나 동작을 하지 못합니다. 예를 들어 말을 타는 동작은 발을 가볍게 드는 것인데, 어떤 배우든 말을 타는 상년은 이렇게 표현해야 합니다. 배우가 먼 곳이나 다른 건물로 이동하는 것을 표현할 때는 곡선으로 걸어야 하고, 짧은 거리를 가는 것을 표현할 때는 직선으로 걸어야 합니다. 그런가 하면 오른손 등으로 왼손 바닥을 치는 동작은 후회하는 마음을 나타내고, 말채찍을 들고 있는 동작은 말을 타는 것을 나타냅니다. 이렇게 정해진 동작의 의미를 알면 경극을 이해하는 데 큰 도움이 되는데, 문제는 그 수가 무척 많다는 겁니다. 걸음걸이의 종류도 50가지가 넘고, 손가락질하는 방법만도 20여 가지가 있을 정도여서 완벽하게 그 의미를 파악할 수가 없지요. 하지만 몇 가지 정해진 동작의 의미만 파악할 수 있어도 극의 흐름을 대략 이해할 수 있습니다.

　경극에서는 등장인물의 유형도 정해져 있습니다. 남자 역할을 하는 '생生', 여자 역할인 '단旦', 영웅처럼 특출하고 개성 있는 인물 역할인 '정淨', 광대와 같은 우스운 역할을 하는 '축丑'의 4가지 배역이 그것입니다. 여자 배역인 단은 지금은 여성이 하지만 예전에는 남자가 맡아서 했습니다. 이 4가지 배역을 토대로 다시 나이나 특징에 따라 세분하지요. 남자 역할 중 나이 든 남자 역의 경우 '노생老生'이라고 하고, 젊은 남자는 '소생小生'이라고 하며, 무술에 능숙한 남자는 '무생武生'이라 부릅니다.

배역의 역할에 따라 분장이나 복장도 정해져 있습니다. 배우들은 얼굴에 짙은 화장을 하고 등장하는데, 이 얼굴 분장이 바로 그 인물의 성격을 말해 줍니다. 생이나 단 역할의 경우 화장을 해도 자기 얼굴 모양이 드러나지만, 정 역할을 하는 배우는 빨강, 검

개성 넘치는 인물인 '정'의 역할로 분한 경극 배우.

정, 하양, 노랑 등의 색을 얼굴에 진하게 칠해서 얼굴을 알아보기 힘들 정도입니다. 이를 '검보臉譜'라고 하지요. 이 검보를 보면 그 인물의 성격을 짐작할 수 있습니다.

붉은색 얼굴을 하고 있으면 충성스럽고 용감하고 바른 사람입니다. 나쁜 것을 보면 참지 못하는 사람, 흔히 하는 말로 '피가 잘 끓어오르는 사람'을 붉은색으로 표현한 것이라고 이해하면 쉽지요. 『삼국지』의 인물 가운데 관우 분장이 여기에 해당합니다. 검은색 얼굴을 하고 있는 배우는 강직하고 거침없는 성격을 지닌 사람입니다. 붉은색 얼굴을 한 사람에 비하면 절제력이 있고 자기 감정을 조절할 줄 아는 사람입니다. 그런가 하면 흰색은 사악

하고 나쁜 성격을 지닌 사람을 나타내기도 하고, 성격이 차가운 사람을 나타내기도 합니다. 『삼국지』의 조조가 흔히 흰색으로 등장하지요. 이렇게 보자면 붉은색을 중앙 기점으로 하여, 한쪽으로는 좋은 성격의 검정색이 있고, 다른 한쪽에는 나쁜 성격을 나타내는 흰색이 있으며 보라색 같은 중간 색깔들로 다양한 성격을 나타내는 셈이지요.

### 다시 부활하는 경극

경극은 청나라 말부터 중화민국 건립 초기인 1920년대까지가 절정기였습니다. 자금성 궁궐에서 열리는 갖가지 연회에 빠지지 않았고 부잣집에서는 집 안에 전용 무대를 설치할 정도였습니다. 일반 백성들은 경극 전용 극장이나 동네 찻집에서 주로 즐겼지요.

그런데 경극은 사회주의 혁명 운동이 일어나고 사회주의 정권이 성립된 이후 중요한 변화를 맞습니다. 경극의 레퍼토리는 오랫동안 변함이 없었는데, 이제는 경극 형식에 맞추어 사회주의 혁명을 위한 내용을 담은 새로운 레퍼토리가 창작되기도 하고, 검보라는 경극 특유의 얼굴 분장이 없어지는가 하면, 화려한 전통 경극 의상 대신 평범한 일상복을 입은 공연이 나오기도 했습니다. 전통 경극은 주로 왕과 첩 이야기나 봉건 도덕에 관한 것들이 많다고 비판하면서 사회주의 시대에 맞는 사회주의 '혁명 모범극樣板戲'을 만들어 공연한 것이지요. 문화 대혁명 때는 가난한 집 여성이 빚 때문에 부잣집에 팔려 가 고생하다가 공산당에 힘입어 새로운 삶을 살게 된다는 내용인 「백모녀白毛女」 등 8편의 혁명 모범극만 집중 공연되었습니다.

전통 경극이 다시 부활한 것은 1990년대 들어서입니다. 중국이 개혁 개방을 하면서, 과거에는 봉건적이라고 비판받았던 전통 경극이 이제는 중국을 대표하는 소중한 전통으로 부활한 것입니다. 특히 중국 현대사를 배경으로 두 경극 배우의 비극적 일생을 다룬 영화 「패왕별희」가 세계적으로 흥행하면서 경극이 널리 알려져, 지금은 베이징 관광에서 빼놓을 수 없는 프로그램이 바로 경극 감상이 되었지요. 경극이 인기 있다 보니, 관광객에게 중국차를 제공하면서 여러 가지 중국 전통 연희와 함께, 경극의 몇몇 주요 대목만 짧게 보여 주는 공연도 늘었습니다.

영화 「패왕별희」에서 경극을 가르치는 스승은 제자들에게 이렇게 말합니다. "경극을 모르면 사람이 아니다." 이 말은 과장이지만, 적어도 경극을 보지 않고는 베이징은 물론이고 중국을 제대로 보았다고 말할 수 없을 것입니다.

# 문학

시와 이야기의 나라

　　일반적으로 시는 노래에서 기원합니다. 노래 가사
가 시로 분화되어 발달해 가지요. 중국도 마찬가지였습니다. 현
대 이전에 나온 시를 두고 '시가詩歌'라고 부를 정도로 시와 음악
이 하나로 결합되어 있었지요. 중국에서 가장 오래된 시집인『시
경詩經』에는 모두 305편의 시가 들어 있는데, 이 중 절반가량인
160편이 당시 각 지방에서 불리던 민요입니다. 요즘으로 치면 대
중가요 가사인 셈입니다. 이들 시는 지은이가 없습니다.

　　요즘도 그렇지만 대중가요 가사에는 보통 사람들의 생각과 삶
이 진솔하게 표현되어 있습니다. 그래서 대중가요를 보면 사람들

이 무슨 생각을 하는지 짐작할 수 있습니다. 과거 중국에서도 백성들이 부르는 노래를 보면 백성들의 불만이 무엇인지, 유행하는 풍속이 무엇인지 알 수 있어서 나라의 정책을 세우는 데 도움이 된다고 생각했습니다. 그래서 중국에서는 '채시관采詩官'이라고 하여 민요를 수집하는 관리를 따로 두기도 했습니다. 수집한 민요를 기록하고 악보를 관리하는 관청을 두기도 했는데 한나라 때 있던 '악부樂府'라는 관청이 바로 그런 곳입니다.

그런데 보통 사람들이 부르는 노래를 수집해 정리하면서 선비들도 이런 민요 가사를 본떠 스스로 짓기도 했지요. 이런 과정에서 지식인들의 시가 탄생했고, 그러면서 형식이 매우 자유로웠던 시가 점차 틀을 갖추게 됩니다. 글자 수나 구의 수에 제한이 생겨서 5글자나 7글자로 형식이 정해진 정형시가 탄생한 것이지요.

중국 문학의 역사를 보면 이런 일이 반복하여 일어납니다. 보통 사람들의 노래를 따라서 시인들이 시를 짓고, 그러다 보면 시의 형식을 지나치게 강조하게 되어 원래 보통 사람들의 일상생활을 반영하던 시가 생활에서 멀어져 내용이 공허해지게 됩니다. 그러면 다시 민간에서 새로운 형태의 시와 노래가 출현하고 이것이 다시 지식인의 시 창작으로 이어지고, 그러다 보면 다시 형식이 까다로워지고……. 이러한 과정을 여러 차례 반복하면서 문학 장르가 교체되고 시의 형식이 변화해 왔지요. 문학이 삶과 현실에서 멀어지면 생명력이 없어지고 형식주의에 빠져서 문학에 위기가 찾아온다는 것을 중국 시의 변화 과정이 잘 말해 줍니다.


## 『시경』부터
## 『초사』까지

　　　　중국 시의 역사를 이야기할 때 흔히 『시경詩經』과 『초사楚辭』를 중국 시의 서로 다른 두 기원으로 꼽습니다. 『시경』은 주로 황허 유역을 중심으로 유행하던 민요인 '풍風'과, 주로 궁중 연회 음악의 가사인 '아雅', 그리고 조정에서 제사 같은 행사를 할 때 음악에 붙이던 가사인 '송頌'을 모은 것입니다. 수많은 작품 가운데 공자가 305편을 추렸다고 하는데, 이런 이야기는 신빙성이 없다고 말하는 사람도 있습니다. 어쨌든 이렇게 모은 시를 '시경'이라고 부르면서 반드시 읽어야 할 경전으로 다룰 정도로 시를 중시했지요. 『시경』에는 각 지방의 민요가 많아서 당시 보통 사람들이 나날의 삶에서 느끼던 희로애락이 솔직하게 들어 있습니다. 그래서 『시경』을 두고 중국 시의 역사에 있어 리얼리즘 전통 시의 기원이자 황허 유역을 중심으로 나온 중국 북방 문학의 대표라고 말합니다.

　이에 비해 『초사』는 제목에서도 짐작할 수 있듯이 초나라 때 나온 시집으로 주요 작자인 굴원屈原과 다른 시인들의 작품이 실려 있습니다. 『시경』이 민요를 모아 놓았다면 『초사』는 개인의 시를 모아 놓은 것이지요.

굴원은 흔히 생의 끝까지 나라를 걱정한 애국 시인의 상징이자, 현실에서 꿈을 펼치지 못한 채 강에 뛰어들어 생을 마감한 비극적인 지식인의 상징으로 전해집니다. 거기에는 이런 사연이 있습니다. 굴원이 살던 춘추 전국 시대에

명나라 말기에 그려진 굴원의 모습.

진나라가 힘이 강해지면서 초나라를 압박해 오자 초나라 조정에서는 진나라에 투항할 것인지를 두고 입장이 갈립니다. 이때 굴원은 진나라와 끝까지 싸워야 한다는 항진파抗秦派였는데 이로 인해 반대파의 모함을 받아서 조정에서 쫓겨나게 됩니다. 그 뒤 굴원은 나라를 걱정하고 이상을 실현할 수 없는 현실을 안타까워하면서 자신의 깨끗함을 호소하다가 결국 강에 몸을 던지지요.

『초사』에 수록된 굴원의 시는 이런 자신의 심경을 비롯해 환상을 다룬 내용이 많고, 표현도 소박한 『시경』에 비해 훨씬 화려합니다. 흔히 『초사』를 중국 문학사에서 낭만주의 전통의 기원으로 여기는 것은 이 때문입니다. 『시경』이 북방 문학을 대표한다면, 『초사』는 창장 강 이남 지역, 즉 남방 문학을 대표합니다.

중국 고대 시는 당나라 때 절정을 맞습니다. 당나라 때 우리가 흔히 접하는 중국 고전 시의 형식이 완성되었을 뿐만 아니라 시의 수준 역시 최고조에 이르게 됩니다. 우리가 알고 있는 중국 유명 시와 시인들이 이때 다 쏟아져 나왔다고 할 수 있을 정도입니다.

당나라 이후에 나온 시를 근체시라고 하는데, 시의 형식에 따라서 절구絶句와 율시律詩로 나뉩니다. 절구는 한 구가 5자나 7자씩 4구로 이루어진 시체이고, 율시는 한 구의 글자가 5자인 경우와 7자인 경우로 나뉘는데 구의 수는 8구입니다. 글자와 구의 수만 맞추면 되는 것이 아니라 앞뒤 구절이 대응 관계를 이루도록 써야 하고 한 구 안에서도 한자가 지닌 성조를 맞추어 리듬감을 살려야 하거나 일정한 자리에 규칙적으로 음이 같은 글자를 써야 하는 등 그 형식이 매우 엄격합니다. 중국 고대 시의 시체가 당나라 때 완성된 것인데, 이러한 시체는 이후 중국만이 아니라 우리나라 한시에도 그대로 적용됩니다. 이렇게 정해진 형식을 강조하다 보니 시의 완성도가 높아지고 시를 낭송할 때 음악성이 한층 높아졌지요.

중국 고대 시의 전성기인 당나라 때를 대표하는 시인이자 중국 고대 시를 대표하는 두 시인이 바로 이백李白과 두보杜甫입니다.

흔히 이백은 '시의 신선詩仙'이라 부르고, 두보는 '시의 성인詩聖'이라 부르지요. 이백이 701년에 태어나서 762년에 죽었고, 두보가 712년에 태어나서 770년에 죽었으니까 두 사람은 비슷한 시기에 활동했습니다. 하지만 둘의 시는 서로 다른 특징을 지녔습니다. 같이 고향을 노래하지만 두 사람의 시가 어떻게 다른지 한번 볼까요?

남송의 화가 양해가 그린 「이백행음도」

먼저 이백의 「고요한 밤에 생각하다靜夜思」라는 시입니다.

"침상 앞 밝은 달빛 / 땅에 내린 서리인가 / 고개 들어 달을 보고 / 고개 숙여 고향 생각."

다음은 두보의 「또다시 걱정復愁」이라는 시입니다.

"세상 전란은 여전하여 / 내 고향은 지금 어떨까? / 지난번 갔을 때 아는 이 거의 없고 / 고향도 진즉 전쟁터가 되었겠지."

두보의 경우 고향에 대한 그리움을 표현하면서도 이것을 전쟁과 혼란한 정치 상황 때문에 고통을 당하는 백성들의 현실과 연결했지요. 이백보다 두보가 더 리얼리즘 경향이 강한 시를 쓴 것입니다.

한편 중국에서 다른 문학 형식보다 시가 특히 발달한 데에는 여러 가지 이유가 있습니다. 무엇보다 한자가 시에 매우 적합한 언어지요. 5자나 7자로 된 1구나 20자를 통해 완벽한 한 편의 시 세계를 표현할 수 있을 정도로 한자는 매우 함축성이 뛰어나고 경제적인 언어입니다. 또한 성조가 있어서 시의 내용과 함께 시의 리듬감 같은 음악 요소를 표현하기에도 적합합니다. 그런가 하면 중국에서 시를 짓는 것이 단순히 문학 작품을 창작하는 일일 뿐만 아니라 중요한 공부의 하나이자 훌륭한 인격을 닦는 방법이었던 것도 시가 크게 유행하는 데 영향을 미쳤습니다. 또 정치 제도도 영향을 미쳤지요. 시를 잘 지어야 과거에 합격하여 출세하고 높은 관직에 나아갈 수 있었던 것도 중국이 시의 나라가 되는 데 중요한 배경이었던 겁니다.

## 『삼국지』가 재미난 이유

중국에서 시가 아주 중요하게 여겨진 것에 비해 소설은 그다지 중요한 취급을 못 받았습니다. 특히 지식인들에게는 더욱 그러했습니다. '소설'이라는 말은 『장자』에 나올 정도로 오래전부터 있었지만, 소설은 하찮은 것이라고 여겨졌습니다. 골목에 떠도는 이상한 이야기이고 믿을 만하지 않으니, 소설은 선비들이 가까이할 게 못 된다고 생각했습니다.

중국에서 소설이라는 장르는 위진 시대의 지괴志怪와, 당나라 때 전기傳奇에서 출발합니다. 지괴란 기이한 것을 적는다는 뜻이고, 전기 역시 기이한 것을 전한다는 뜻이지요. 골목에 떠도는 잡스러운 이야기는 선비들보다는 아무래도 평범한 사람들 사이에서 유행했습니다. 누가 지은이인지도 모르는 이야기들이 소문이 퍼지듯이 입에서 입으로 퍼졌지요. 그래서 지금까지 전해지는 중국 고대 소설 중에는 구어체로 된 것이 많습니다.

송나라 때부터는 직업적인 이야기꾼이 대거 등장합니다. 물론 그전에도 이야기꾼이 있었고 이야기와 노래를 섞어 책 내용을 전해 주는 사람들도 있었습니다. 그런데 송나라 때부터 사람들을 모아 놓은 뒤 돈을 받고 이야기를 해 주는 직업적인 이야기꾼이 대규모로 등장하고, 이들이 이야기를 들려주는 극장 같은 곳도 생기지요. 이렇게 이야기하는 것을 설서說書라고 하고, 평서評書라고도 합니다. 전통 시대에 중국인은 90퍼센트가량이 문맹이었습니다. 대다수 중국인들은 글을 모르다 보니 이런 이야기꾼의 이야기를 듣는 것이 중요한 오락이었지요. 이야기꾼은 글을 모르는 사람들에게 그 지방 사투리를 주로 사용하여 떠도는 이야기는 물론이고 책의 내용을 이야기해 주었지요. 이런 설서 전통은 매우 뿌리 깊어서 근대 시기에는 물론이고 지금도 이를 즐기는 중국인이 많습니다. 지금도 중국 택시를 타면 운전기사들이 방송에서 나오는 설서를 즐겨 듣는 것을 어렵지 않게 볼 수 있습니다. 중국 문학의 독특한 전통입니다.

그런데 이야기꾼이 이야기를 해서 돈을 벌려면 우선 사람들이 좋아하는 이야기를 골라야 하고, 또 다른 이야기꾼과 다르게 자기 개성을 입혀서 재미있게 해야 합니다. 예나 지금이나 중국인들이 좋아하는 이야기는 『삼국지』에 나오는 이야기입니다. 한나라가 흔들리면서 위, 오, 촉 세 나라가 중국을 통일하기 위해 싸우는 이야기는 우리도 어려서부터 즐겨 듣는 이야기이지요. 과거의 이야기꾼에게도 이 이야기들은 중요한 소재였습니다. 이야기꾼은 사람들을 모아 놓고 하루는 유비와 관우, 장비가 만나서 의형제를 맺는 이야기를 하고, 다음날에는 제갈량이 적벽 대전을 준비하는 이야기를 합니다. 하루에 한 대목씩 이야기를 이어 가는 것이지요. 꼭 시간 순서대로 들을 필요도 없어서 그날그날의 이야기는 한 편으로 완결됩니다. 하지만 그런 이야기들이 모여서 긴 장편이 되지요. 이렇게 오랜 기간 동안 전해진 삼국 시대 이야기를 훗날 나관중이 한 편의 소설로 정리한 것이 『삼국지』입니다. 중국에서는 『삼국연의』라고 하지요. 삼국의 역사를 토대로 그 나름대로 덧붙이고 빼서 만든 이야기라는 뜻입니다.

『삼국지』의 탄생 과정을 보면 『삼국지』가 재미있을 수밖에 없습니다. 이야기꾼이 이야기를 할 때 제일 중요하게 생각하는 게 무엇일까요? 듣는 사람의 반응입니다. 재미없으면 다시 이야기를 들으러 오지 않을 테니까요. 그래서 이야기꾼들은 사람들이 바라는 것, 듣고 싶어 하는 내용 위주로 이야기를 만들게 되지요. 실제 역사에서는 조조가 삼국을 통일하지만 『삼국지』에서 영웅은 조조가 아니라 착한 유비인 것도 청중의 바람을 반영한 것이지요. 힘없고 가진 것 없는 보통 사람들은 예나 지금이나, 능력 있고 성공했지만 인간미가 없는 사람보다는 실패했더라도 착한 사람에게 더 마음이 가는 법이지요. 더구나 『삼국지』 이야기가 인기 있던 원나라 때는 이민족인 몽골족이 중국을 다스리던 시기로, 한족 입장에서는 치욕적인 시기였기 때문에 이야기꾼이 삼국 시대에 관한 이야기를 할 때는 한나라 황제 집안인 유비를 중심으로 해야 한족 청중들의 마음을 살 수 있었지요.

이렇게 중국 고전 소설은 이야기를 바탕으로 하여 대중들의 바람과 욕망을 채워 주면서 발전해 온 장르입니다. 물론 대중 사이에서 유통된 소설만이 아니라 문인들이 문어로 쓴 '필기筆記'라는 소설 형태도 있었지만, 중국 고전 소설의 주류는 구어를 바탕으로 한 이야기였습니다.

## 듣는 이야기에서 읽는 소설로

근대가 시작되고 중국 소설은 큰 변화를 겪습니다. 오랫동안 전해 내려오던 이야기를 이야기꾼이 들려주고 청중이 듣는 형태가 점차 사라지고 지식인 작가가 이야기를 쓰고 독자들은 읽는 형태가 주류가 되지요. '듣는 이야기'에서 '읽는 소설'로 바뀌는 겁니다. 이야기보다 재미는 줄어들었지만 혼자 책을 읽으면서 더 깊이 생각할 수 있는 여지는 늘었습니다.

소설에 대한 생각도 바뀌었습니다. 과거에는 소설을 재미나 오락의 대상으로 여겼지만, 이제는 소설이 세상을 이해하는 수단이자 세상을 바꾸는 데 중요한 역할을 할 수 있는 도구라고 생각하게 된 것이지요. 중국은 근대 시기에 접어들어 서구 제국주의 국가와 치른 전쟁에서 잇달아 패하면서 나라는 물론이고 중화 민족이 멸망할 수도 있다는 위기를 느끼게 되는데, 이런 위기감 속에서 중국 근대 지식인들은 소설을 통해 나라와 민족을 위기에서 구하겠다고 생각하게 됩니다.

이를 위해 당시 지식인들은 기존의 중국 소설을 개량하여 새로운 소설을 쓰자고 주장합니다. 이들이 말하는 새로운 소설이란 이야기 위주인 전통 소설과는 다른 것으로 서양 소설, 즉 우리가 지금 읽는 형태의 소설입니다. 문학을 개량하고 소설을 바꾸어야 중국인의 생각이 바뀌고, 중국인의 생각이 바뀌어야 중국의 어두운 현실이 바뀔 수 있다면서 신소설을 주장하고 문학 혁명을 외쳤습니다. 이런 주장은 아편 전쟁 이후 청나라 말기부터 시작하여 1916년부터 시작된 신문화 운동 기간에 절정에 이릅니다. 당시 청년들과 젊은 지식인들이 주도한 신문화 운동은 문학과 문화, 사상을 새롭게 하여 이를 바탕으로 중국인과 중국 정치를 개혁하여 중국을 구하겠다는 운동이었습니다.

이때 문학의 언어도 바뀝니다. 근대 이전에 중국의 문학 언어는 우리가 흔히 한문이라고 부르는 것이었습니다. 중국에서는 문언文言, 혹은 서면어書面語라고 부르지요. 이에 비해 일상에서 쓰는 구어를 백화白話라고 합니다. 소설 같은 경우 구어를 쓰기도 했지만, 근대 이전 중국 문학의 기본 언어는 문언이었습니다. 그런데 이제 백화를 바탕으로 시와 소설을 쓰게 되지요.

## 루쉰은 왜 소설을
## 쓰게 되었나

중국 현대 문학을 대표하는 작가인 루쉰은 문학을 통해 중국과 중국인을 바꾸겠다는 생각을 가장 절실하게 했던 사람입니다. 원래 루쉰은 의학을 공부하려고 했습니다. 하지만 일본 센다이에서 공부할 때 충격적인 경험을 한 뒤 의학을 포기하고 소설가가 되기로 결심합니다. 그 충격적인 경험은 이렇습니다.

어느 날 루쉰은 수업 시간에 사진 슬라이드를 보게 됩니다. 러일 전쟁(1905년)에 관한 것이었는데 한 중국인이 러시아를 위해 스파이 노릇을 했다는 이유로 일본 군인들에게 총살을 당하는 장면이었습니다. 러시아와 일본의 전쟁에 중국인이 희생양이 된 것인데, 루쉰에게 가장 충격적이었던 것은 그렇게 희생당하는 중

중국 현대 문학의 대표 작가이자 사상가인 루쉰.

국인을 구경하는 다른 중국인들의 모습이었습니다. 일본과 러시아가 중국을 무대로 전쟁을 하고 그런 전쟁에서 동포가 죽임을 당하는데도 그것을 지켜보는 중국인들은 그가 왜 처형을 당하는지, 죽을죄를 지었는지, 저렇게 처형을 당하는 게 옳은 일인지에 대해서는 관심이 없었습니다. 오직 그 사람이 좀 더 극적으로 재미있게 처형당했으면 좋겠다는 생각으로 구경만 하고 있었지요.

이 슬라이드를 본 뒤 루쉰은 의학을 포기하고 문학을 하겠다고 결심합니다. 원래는 의사가 되어 중국인의 몸을 고치고 전쟁 때는 군의관이 되어 나라에 도움이 되려고 했지만 몸이 아니라 정신을 바꾸는 것이 중요하다고 생각했기 때문입니다. 루쉰은 중국인의 정신을 바꾸기 위해 소설을 쓰게 됩니다.

이런 생각은 루쉰의 대표작이자 중국 현대 소설을 대표하는 작품 가운데 하나인 『아Q정전』에 강하게 반영되어 있습니다. 『아

Q정전』은 아Q라는 주인공을 통해 중국 국민성의 나쁜 점을 비판하는 한편, 신해혁명(1911년)이 중국에 새로운 변화를 가져오지 못한 채 실패한 원인을 드러내고 있습니다. 소설에서 아Q는 늘 맞고 패배합니다. 하지만 아Q는 늘 즐겁습니다. 자신이 패배했다는 인식이 없어서 그렇습니다. 패배감을 느끼고 패배의 원인을 따져 보는 것이 패배를 되풀이하지 않는 출발점인데, 아Q는 패배했다는 인식이 없이 그저 즐겁기만 합니다. 현실에서는 늘 지고 얻어맞는데도 마음을 고쳐먹거나 다른 사람에게 자신의 고통을 전가하고는 패배를 금방 잊어버립니다. 마음이나 정신을 바꾸어 승리감에 빠지는 정신 승리법이지요. 루쉰은 이런 정신 승리법이 중국 국민의 고질병이라고 생각한 것이지요.

루쉰이 소설가가 되겠다고 결심하는 동기, 그리고 그의 대표작인 『아Q정전』은 중국 현대 소설의 특징을 잘 보여 줍니다. 중국 현대 소설에는 이처럼 나라와 민족이 위기에 놓인 상황에서 문학을 통해 중국 현실을 바꾸겠다는 의식이 강하게 들어 있습니다. 중국 현실의 어둠을 드러내고 중국을 변화시키려는 의식을 표현한 리얼리즘 작품이 중국 현대 소설의 주류가 되고, 중국 현대 문학이 강한 사회성과 정치성을 띠는 것은 이런 배경 때문입니다.

# 무협

중국 대중문화의 상징

　　중국에 가면 공원이나 공터에서 태극권을 훈련하는 사람들을 흔히 볼 수 있습니다. 그만큼 무술을 단련하는 것이 일상이 되어 있지요. 중국 무술은 주먹이나 발, 칼, 막대 등을 이용하여 서로 싸우는 격투술이지만, 중국인들은 꼭 싸우는 데 필요해서가 아니라 마음과 몸을 단련하기 위해서 무술을 배웁니다. 요즘 무술은 싸움의 기술보다 스포츠의 하나가 되어 가고 있지요. 무술의 일부 동작은 중국 정부에서 보급하는 체조에도 응용되고 '우슈'라는 이름으로 올림픽 정식 종목으로 추진될 정도이지요.

　　중국 무술에서 최고의 경지는 싸우지 않고 이기는 것입니다.

높은 무술의 경지에 올라서 굳이 싸울 필요도 없이 상대를 제압하는 능력을 갖추는 것이지요. 한자 武무 자에도 이런 경지에 대한 암시가 들어 있습니다. 武 자를 한번 자세히 보세요. 왼쪽 밑에 그친다는 뜻의 止지 자가 있고, 오른쪽에는 싸울 때 쓰는 창을 뜻하는 戈과 자가 있네요. 원래 武 자는 싸움을 그친다는 뜻인 겁니다.(止戈爲武, 싸움을 그치는 것이 무다.) 여기서 싸움을 그친다는 것은 싸움을 하지 않는 것이 아니라 싸움을 그치게 할 수 있는 능력을 갖추는 것을 말합니다. 상대방이 싸울 마음을 감히 먹지 못해 굳이 싸울 필요가 없는 정도가 되어야 진정한 무공을 갖춘 경지라는 뜻이지요. 무술인들은 이 경지를 위해 무술을 수련합니다.

## 무술로 정의를
## 실현하는 사람들

오늘날 우리가 중국 무술을 가장 쉽게 접하는 통로는 영화나 게임, 소설일 겁니다. 실제로 중국 무술을 사용하면서 싸우는 것은 현실에서는 볼 일이 거의 없으니까요. 그런데 무술이 등장하는 영화나 소설을 두고 무술 영화, 무술 소설이라고 부르기보다는 무협 영화, 무협 소설이라고 부릅니다. 무술을 뜻하는 武 자에 俠협 자가 결합한 것이지요.

협이란 무슨 뜻일까요? 협이란 말은 유협遊俠, 협사俠士, 협객俠客, 임협任俠 등의 말에서 왔습니다. 명칭이 어떠하든 이들은 모두 세상을 떠돌아다니면서 약자를 돕고 세상의 불의에 저항하면서 정의를 실현하는 사람입니다. 『사기』의 「유협열전」에서는 유협의 특징을 이렇게 적고 있습니다.

"그 행동이 기존 질서에 맞지 않더라도 말은 반드시 지켜야 하고, 행동은 과감하게 결단성이 있어야 하고, 약속한 일은 반드시 지켜야 하며, 생사의 시련을 겪어도 능력을 뽐내지 않고 덕을 자랑하지 않는다."

이렇게 보자면, 이들은 기존 법이나 질서에 굴종하지 않고 도움이 필요한 약자나 정의를 위해 자신을 희생하며, 그 공을 자랑하지 않는 사람을 말합니다. 이런 뜻을 가진 협 자와 무 자가 결합하면서 무술을 통해 힘없는 약자를 돕고 세상의 정의를 실현하는 데 자기 몸을 던진다는 무협의 뜻이 생겨난 것이지요. 무협을 하는 이들은 모욕을 당하거나 인격에 손상을 입었을 때, 정의롭지 못한 세력에 타격을 입었을 때 꼭 복수를 합니다. 목숨을 버리는 한이 있더라도 복수하지요. 자신의 존엄과 명예를 지키고, 정의를 지키기 위해서입니다.

## 비범한 영웅이 주는 매력

무협이란 말이 지닌 기본 의미가 이러하기 때문에 무협 소설이나 무협 영화를 보면 대개 줄거리에 일정한 패턴이 있지요. 핵심 패턴은 매우 단순합니다. 일단 약자나 착한 사람이 나쁜 세력이나 이민족에게 수난을 당하는 것으로 이야기가 시작됩니다. 크게는 나라를 잃거나 가문이 멸족을 당하기도 하고 작게는 친한 친구나 사랑하는 연인, 부모를 잃기도 합니다. 그러면 협객이 영웅처럼 등장하여 나쁜 세력을 응징하고 착한 사람이나 가족을 구한 뒤 복수를 합니다. 때로는 협객이 조연 역할을 하고 주인공이 영웅으로 성장하는 것을 도와서 복수를 하는 경우도 있지요. 대개는 여기에 남녀 사랑의 구도가 추가됩니다. 이렇게 선악의 대립이 분명한 가운데 경쟁, 무술 습득, 연애, 복수, 천하나 무림의 제패 등을 기본 요소로 하여 정해진 틀에 따라 이야기가 전개되는 경우가 많지요.

무협 영화와 무협 소설은 중국인에게 가장 인기 있는 장르입니다. 수없이 많은 작품이 나왔지요. 그중에서도 근대 초기에 광둥 지역에서 활약한 무술인인 황비홍* 관련 영화는 지금까지 100여 편이나 만들어져서, 단일 인물을 다룬 영화로는 세계 최고라는 기록을 가지고 있습니다. 중국인들만이 아니라 한국인들도 무협 영화, 무협 소설을 무척 좋아하지요. 특히 남자들이라면 누구나 기억에 남는 무협 영화를 10편 정도는 꼽을 수 있을 정도지요.

사람들은 왜 이렇게 무협 영화나 무협 소설을 좋아할까요? 흔히 대중문화는 대중의 가슴속에 숨어 있는 욕망이나 바람을 드러낸다고 합니다. 이런 차원에서 보자면, 무협 영화나 무협 소설이

● 청나라와 중화민국에서 살았던 무술가(1856~1925)다. 민의, 독립 운동가로, 민남에서는 영웅으로 전해지는 인물이다. 쉬커 감독의 영화 「황비홍」을 비롯해 다양한 영화와 드라마에서 그의 일대기가 그려졌다.

예술

265

인기 있는 이유는 대중이 영웅을 고대하는 심리 때문이라고 할 수 있습니다. 일이 뜻대로 되지 않고 불합리한 현실에서 느끼는 불만과 좌절을 비범한 협객이나 영웅이 대신 해소해 주는 데에서 대리 만족감을 얻는 것이지요.

중국에서는 이민족이나 서양 침략자, 일본 제국주의와 상대하는 영웅을 다룬 무협 영화나 소설이 민족주의에 대한 욕망이나 한족 중심주의에 대한 바람을 채워 주기도 합니다. 영화 「황비홍」과 「엽문」이 대표적으로 그러합니다. 「황비홍」은 중국과 서구가 대립되며 이야기가 전개되고, 「엽문」에서는 서구 대신 일본이 악으로 등장하지요.

무협 영화나 무협 소설은 마니아들도 많지만, 한편으로는 싸구려 통속물이라고 비난하는 사람들도 많습니다. 이런 극단적 평가에도 불구하고 무협은 과거에 그러했듯이 앞으로도 영화와 소설, 게임, 만화 등 여러 방면에서 중국 대중문화의 가장 중요한 장르가 될 것입니다. 대중문화로 소비될 뿐만 아니라 진융의 소설 『사조영웅전』이나 영화 「와호장룡」처럼 수준 높은 작품들도 앞으로 계속 나올 것입니다. 무협이라는 장르가 중국 문화에서 뗄 수 없는 한 부분이기 때문에 그렇습니다.

# 영화

5세대 감독의 활약상

영화가 처음 발명된 것이 1895년이라고 하는데, 상하이에서는 그다음 해인 1896년 8월 11일에 처음으로 영화가 상영되었습니다. 영화란 예술이 중국에 소개된 것이지요. 이후 주로 서양 영화가 중국에서 상영되었는데 1905년에는 최초로 중국 사람이 영화를 만듭니다. 베이징의 유명한 사진관인 펑타이豐泰 사진관 창업자가 만들었는데 『정군산定軍山』이라는 경극 공연의 일부를 그대로 찍은 것이었습니다. 20분 분량이었지요. 1913년에는 처음으로 스토리가 있는 영화가 만들어졌습니다. 그리고 1925년부터 1927년까지 상하이에 영화 회사가 140개나 설립될 정도로 영화 산업이 상하이를 중심으로 발전하게 됩니다.

　1930년대는 중국 영화의 황금기였습니다. 상하이에서만 1928년부터 1931년 사이에 400편의 영화가 제작되었지요. 상하이에는 영화 전문관만 40개였고 하루 관객이 100만 명이었습니다. 1935년에는 유성 영화가 제작되기 시작합니다. 1930년대에는 제작 편수나 흥행 면에서만 아니라 내용도 풍부해져서 매우 다양한 영화가 제작되었습니다. 특히 사회주의 운동이 확산되면서 사회 문제를 다룬 영화들이 많이 만들어졌습니다.

### 사회주의 중국의
### 영화 산업

　　　　　중국 공산당은 영화를 매우 중요하게 여겼습니다. 1933년에 중국 공산당은 영화 담당 부서를 만들어 유명한 작가와 감독 등을 망라하는 영화사를 세워 영화를 만들기도 했습니다. 당시 최고의 여배우였다가 자살로 생을 마감한 롼링위의 삶을 다룬 영화 「롼링위阮玲玉」를 보면 상하이는 영화배우가 최고의 대중 스타일 정도로 영화가 인기 있는 도시, 제작자와 극장 등 시스템을 체계적으로 갖춘 선진 영화 도시였다는 것을 짐작할 수 있습니다.

　1949년 사회주의 체제가 수립된 뒤, 중국은 기존 영화사들을 합병하여 국영 영화사를 만듭니다. 1953년에는 창춘, 상하이, 베이징의 세 군데 영화 제작소에서 영화를 제작하도록 하지요. 영화 인력을 체계적으로 양성하기 위해 베이징과 상하이에는 전문 영화 학교를 만듭니다. 중국 영화의 요람이자 우리에게 북경전영학원北京電影學院으로 알려진 유명한 베이징영화대학도 1951년에 문화부 소속 영화 학교로 설립되었다가 1953년에 대학교로 바뀐 것이지요. 당시에는 중국에서 유일하게 영화 관련 인재를 양성하는 대학교였고 이후 중국 영화를 대표하는 수많은 감독과 배우, 영화인들이 이 학교에서 배출되었지요.

영화 산업이 정비되고 수많은 영화가 만들어지면서 중국 영화는 또 다른 전성기를 맞습니다. 특히 지주나 자본가의 압박에 시달리던 농민이나 노동자가 중국 공산당의 도움을 받아 해방되는 과정을 다룬 작품들이 많이 만들어졌습니다. 중국 공산당과 민중들이 힘을 합쳐 사회주의 혁명을 성공시키고 새로운 세상을 만든다는 줄거리로 된 영화가 많았지요. 사회주의 리얼리즘 영화의 대표적인 패턴입니다. 사회주의 중국이 성립되고 이듬해인 1950년에 만들어진 「백모녀」가 대표적인 작품입니다. 주인공은 가난한 집안의 딸로 태어나 빚 때문에 지주 집에 팔려 가지요. 온갖 핍박을 당하다가 겨우 도망쳐 나와 산속에서 머리가 하얗게 변한 채 다 죽은 귀신 같은 신세로 삽니다. 그러다가 중국 공산당의 도움으로 제대로 된 사람으로 거듭납니다. 예술성에는 문제가 있지만, 사회주의 리얼리즘 미학이 충실하게 반영되어 있어 사회주의 중국 영화의 경전으로 평가받고 있지요.

물론 이 시기에 이런 영화만 제작된 것은 아닙니다. 매우 나양한 영화가 만들어졌고, 영화가 국영 시스템에 따라 제작되고 유통되면서 시장성과 상관없는 영화도 제작되었습니다. 국영 시스템의 좋은 점이지요. 대표적으로 중국 현대 문학을 대표하는 작품들이 영화로 만들어졌습니다. 루쉰의 소설『축복祝福』이나 바진의 대표작인『가家』도 이때 영화로 만들어졌습니다. 1949년 사회주의 정권 수립 이후 영화 상영관도 늘어나서, 정권 수립 이전에 400여 개 정도였으나 1965년에는 2만 363개로 늘어납니다. 사회주의 정권 15년 동안에 장·단편 영화가 모두 1,213편이 만들어졌습니다.

## 5세대 감독들,
## 중국 영화를 세계에 알리다

중국 영화는 문화 대혁명 기간 동안 암흑기를 맞습니다. 중국 공산당은 혁명 시기에도 그렇고 사회주의 정권 수립 이후에도 영화를 사상 교육과 대중 선전, 중국인의 문화 수준 향상 차원에서 매우 중요하게 생각했는데, 문화 대혁명 때는 달라졌습니다. 당시 중국 정부와 혁명 주도 세력은 영화보다 전통 경극을 사회주의 내용으로 개조한, 이른바 '혁명 모범극'이라는 경극을 보급하는 데 주력했습니다.

2012년 모로코에서 열린 마라케시 국제 영화제에서 수상하고 있는 중국 영화감독 장이머우의 모습.

    중국 영화가 소생한 것은 1978년 개혁 개방 정책이 실시되면서입니다. 1980년대는 중국 영화의 부흥기이자 또 다른 전성기였습니다. 이른바 5세대 영화감독들이 등장하면서 중국 영화를 주도했고, 이들의 작품이 세계 영화제에서 잇달아 수상하면서 중국 영화를 세계에 알렸습니다. 5세대 영화감독이란 1980년대에 베이징영화대학을 졸업한 이들로, 장이머우張藝謀, 천카이거陳凱歌, 톈좡좡田壯壯 등의 감독을 말합니다. 중국 영화감독의 세대를 구분할 때 일반적으로 중국에 영화가 도입되고 1920년대까지 활동한 사람을 1세대, 1930~40년대에 활동한 감독을 2세대, 1950~60

년대에 활동한 사람을 3세대, 개혁 개방 직후에 활동한 감독을 4세대로 부릅니다. 이전에는 이런 세대 구분이 유행하지 않았는데 5세대로 불리는 감독들이 등장하면서 세대 구분이 분명해졌습니다. 그만큼 5세대 감독들의 영화는 이전 세대와 구분되는 선명한 특징을 지니고 있었지요. 이들은 문화 대혁명을 겪었고, 마오쩌둥 시대에 성장했다는 공통적인 배경을 지니고 있습니다. 그 시대에 대다수 학생과 청년들이 그러했듯이 농촌과 산골로 가서 노동을 체험한 경험도 있습니다. 그리고 문화 대혁명이 끝나고 1978년 대학 입시가 부활한 뒤 첫 해에 베이징영화대학에 입학하지요.

이들은 기존의 혁명 영화 스타일에서 벗어나 내용이나 화면, 색채 등에서 이전과는 확연히 다른 영화를 찍기 시작합니다. 중국 문화와 중국 역사를 주로 다루면서 중국의 어둠과 중국인의 생명력을 세련된 영상을 통해 표현했지요. 문화 대혁명이 끝나고 1980년대 중반부터 중국 지식인 사회와 문화계에는 문화 대혁명이라는 비극이 초래된 원인을 역사적으로, 문화적으로 해부하는 흐름이 형성되는데, 이들 5세대 감독은 바로 이러한 문제의식을 가지고 영화를 만든 것이지요. 영화를 통해 중국의 어두운 현실의 뿌리를 탐색한 셈입니다.

이들 감독의 작품들은 세계 영화제에서 주목받았습니다. 1988년 장이머우 감독의 「붉은 수수밭」이 베를린 영화제에서 황금곰상을 받았고, 「귀주 이야기」가 베니스 영화제 금사자상을 받았습니다. 천카이거 감독의 「패왕별희」가 칸 영화제에서 황금종려상을 받았고 텐좡좡 감독은 「푸른 연」으로 도쿄 영화제에서 수상합니다. 그러면서 중국 영화가 세계의 관심을 끌지요.

세계적인 주목을 받았지만 중국 안에서는 이들 감독의 작품을 싫어하기도 했습니다. 서구인의 시각과 기호에 맞추어 중국의 낙후된 모습을 주로 다룬다는 비판이 있었지요. 서구인들 기억 속의 중국, 서구인들이 보고 싶어 하는 중국의 모습을 다룬 덕분에 세계 영화제에서 수상했고, 이는 서구인들이 갖고 있는 오리엔탈리즘˙을 스스로 재생산한 것이라고 본 것이지요.

5세대 감독의 뒤를 잇는 6세대 감독은 1980년대 중·후반 베이징영화대학에 입학하여 1990년대 들어 영화를 만들기 시작한 이들입니다. 1990년대 초반 사회주의 시장 경제라는 새로운 시대를 배경으로 영화를 찍고 있지요. 5세대들이 역사나 농촌, 중국 문화를 단골 주제로 삼았다면, 6세대들은 시장과 도시가 확산되어 가는 중국 현실을 영화에 담지요. 장위안張元, 자장커賈樟柯, 왕샤오솨이王小帥 등입니다.

2000년대 이후 중국 영화는 다시금 황금기를 맞고 있습니다. 중국이 문화 산업 경쟁력 강화를 위해 전략적으로 영화 산업을 키우고 있지요. 국영 위주의 기존 영화사를 개편하면서 대형 영화사가 탄생하고 있고, 막대한 자본력과 드넓은 영화 시장을 무

● 오리 이론가 에드워드 사이드가 1970년대에 출간한 『오리엔탈리즘』이라는 책에서 사용하면서 널리 알려진 개념이다. 하나의 지식 체계로, 동양에 대한 서구의 왜곡과 편견을 가리킨다. 사이드는 이 책에서 오리엔탈리즘을 '동양을 지배하고 재구성하며, 위압하기 위한 서양의 스타일'이라고 설명하고 있다.

기로 한국을 비롯한 세계 영화 선진국의 영화 인력을 끌어들이고 있습니다. 스크린 수도 급증하고 있지요. 세계에서 가장 빠르게 성장하고 있는 영화 시장이 바로 중국입니다. 물론 이러한 양적 성장만큼 영화의 질적 수준이 높아진 것은 아니지만 세계 정상급의 인력과 막대한 자금이 중국 영화 시장으로 몰려들고 있는 추세로 보자면, 중국 영화가 다시 절정을 맞을 날도 머지않아 보입니다.

● 중국은 왜 간체자를 쓰나요?

한자를 좀 배웠다고 하는 사람도 중국에 가면 처음 보는 한자가 많아서 종종 당황합니다. 한자 공부가 부족해서가 아니라 우리와 한자가 다르기 때문입니다. 중국은 복잡한 한자를 단순하게 만든 중국식 약자를 쓰지요. 중국인들은 이런 한자를 '간체자簡體字, 지엔티즈'라고 부릅니다. 아래 글자를 볼까요?

歷 : 历, 韓國 : 韩国, 醫 : 医

왼쪽 글자가 우리가 일반적으로 쓰는 한자로, 우리는 정자正字라고 부르고, 중국인들은 번체자繁體字, 판티즈라고 부릅니다. 오른쪽 글자가 지금 중국에서 쓰는 간체자입니다. 훨씬 간단하지요? 중국에서 간체자를 쓰는 이유가 바로 쓰고 배우기 쉽게 하려는 것입니다. 한자는 간단한 글자도 있지만, 흡사 미로처럼 복잡한 글자, 도무지 어디서부터 어떻게 써야 할지 난감한 글자도 있지요. 그래서 중국인들은 오래전부터 복잡한 한자를 좀 더 간단하게 만든 약자를 써 왔지요. 간체자도 글자를 단순하게 만든 것입니다. 형태를 간단하게 만들면 쓰기가 한결 쉽습니다. 醫 자와 医 자를 비교해 보면 금방 알 수 있지요.

간체자는 읽기도 쉽습니다. 우리 한글은 소리글자여서 기본 원리만 알면 모든 글자를 읽을 수 있지만 한자는 뜻글자여서 한 자 한 자의 음을 모두 알아야 합니다. 음을 모르면 읽을 수가 없지요. 중국 방송국 아나운서조차 가끔 사람 이름 한자를 잘못 읽어서 창피를 당하는 일이 있을 정도예요. 그런데 이 간체자를 한번 보세요. 历. 이 글자의 음이 무엇일까요? 처음 보면 읽기가 쉽지 않죠. 이 글자는 모르지만 힘을 뜻하는 力력 자는 아는 사람이 많을 겁니다. 力 자는 중국어로 '리'로 발음하지요. 그래서 이 글자를 보면 안에 力 자가 있는 것으로 미루어서 '아! 리라고 읽겠구나.' 하고 짐작할 수 있지요. 한자를 배우기가 그만큼 쉬워지는 겁니다.

사회주의 정부가 들어선 뒤 1956년에 중국은 515자의 간체자를 제정했고, 1964년에도 추가로 제정했습니다. 한자를 쉽게 만들려는 움직임은 사회주의 정부 수립 이전에도 계속 있었지요. 1930~1940년대만 하더라도 중국은 한자를 쓰지도, 읽지도 못하는 문맹률이 매우 높았습니다. 특히 농촌은 90퍼센트가량이 문맹이었습니다. 당시에 사회주의 혁명을 하던 사람들은 한자가 너무 쓰고 읽기 어려운 것도 문맹률이 높은 이유라고 생각하고 한자를 쉽게 바꿀 생각을 했지요. 이런 생각이 훗날 사회주의 정권이 들어선 뒤 중국 정부가 간체자를 만든 배경이 되었습니다.

지금 간체자를 쓰는 나라는 중국 대륙과 싱가포르, 말레이시아입니다. 같은 중화권인 타이완은 번체자를 쓰지요. 그런데 최근에는 중국 대륙에서도 다시 번체자를 쓰자고 주장하는 사람들이 나오고 있습니다. 간체자를 쓰니 중국 전통 문화와 단절이 생긴다는 것이죠. 실제로 젊은 사람들 중에는 번체자를 모르는 사람도 많지요. 또 한자 문화권에 속하는 다른 나라, 다른 지역과 소통하기 위해 더 많은 사람이 사용하는 번체자를 써야 한다고 주장하는 사람도 있습니다. 중국 정부도 1970년대까지는 간체자를 계속 확대했지만 지금은 더 이상 만들지 않고 있습니다.


● 　중국 휴대 전화에서는 어떻게 문자를 보낼까요?

　　한글이나 영어는 휴대 전화에서 글자를 입력하기가 무척 쉽지요. 그런데 '그림 수준'의 글자도 많은 한자는 어떻게 입력할까요? 한자를 입력하기 위해 그동안 획을 분리해서 입력하는 방법부터 음을 입력하는 방법까지 여러 가지 방법이 나왔는데, 요즘은 거의 하나로 정리되었습니다. 중국어 발음을 알파벳 음으로 입력하는 방법입니다. 하지만 모든 음을 다 입력할 필요는 없습니다. 현대 중국어는 2음절 단어가 다수입니다. 첫음절을 입력하면 이 단어와 연결 빈도가 높은 단어가 차례로 뜨지요. 입력 순서를 볼까요? 学生이라는 단어를 입력한다고 해 보지요. 学生은 발음 기호가 xue sheng입니다. 먼저 x를 치면 이 발음으로 시작하는 단어들이 사용 빈도가 높은 순서로 뜨지요. 이 단계에서 찾는 글자가 뜨면 바로 선택하면 되고, 만약 없으면 x 다음의 u를 입력해야겠지요. 그러면 다시 후보 한자들이 뜹니다. 이런 식으로 学 자를 입력하고 나서, 다음 글자 역시 같은 방식으로 s부터 입력하는 것이지요. 사용 빈도가 높은 글자와 단어가 연상 작용을 통해 후보 글자로 뜨기 때문에 한 단어를 입력하는 데 그 단어의 발음 전체를 입력하는 경우는 거의 없습니다.

생각보다는 입력하기 쉽지요? 그런데 컴퓨터나 휴대 전화 같은 자판을 이용하는 일이 늘다 보니 심각한 문제가 발생하기도 합니다. 중국어를 제대로 쓰는 학생들이 줄어드는 것이죠. 한글은 간단해서 글자를 잊어버리는 경우가 드물지만, 한자는 매우 복잡한 글자가 많아 잊기 쉽습니다. 그런데 손으로 직접 쓰는 일이 줄어드니 제대로 한자를 쓰지 못하는 사람이 늘어나는 것이지요. 그래서 중국은 한자 쓰는 것을 잊지 말라고, 학생들을 대상으로 한자 쓰기 경연 대회를 열기도 합니다.

● 　공자가 배움을 강조하는 이유

공자가 태어난 때인 기원전 551년 무렵은 주나라가 더없이 혼란에 빠져 있을 때였습니다. 공자는 주나라 말기의 혼란을 보면서 어떻게 하면 혼란을 수습하고 세상의 질서를 세울지, 좋은 세상을 만들 수 있을지 고민했습니다.

공자는 주나라가 혼란에 빠진 것을 누구보다도 안타까워했습니다. 주나라의 봉건제를 매우 이상적으로 생각했기 때문이지요. 주나라의 봉건제는 천자가 제후에게 땅을 주고 제후는 천자에게 군사력 등으로 보답하면서 성립합니다. 천자가 시혜를 베풀고 제후는 보답하는 것이지요. 공자는 주나라 때의 시혜와 보답이라는 봉건제의 원리에 따라 현실을 바로 세우려고 했습니다. 천자와 제후 사이의 관계가 사회의 기본 원리가 되어야 한다고 생각한 것입니다. 윗사람은 윗사람다운 덕을 갖추어야 하고 아랫사람에게 대가 없이 베풀어야 합니다. 아랫사람은 윗사람에게 보답해야 하고, 배은망덕하거나 윗사람을 무시하거나 넘보아서는 안 됩니다. 집안에서 아이들은 아버지를 존경하고 잘 따라야 합니다. 나라 차원에서는 신하 된 사람은 군주를 존경하고 복종해야 합니다.

그런데 잘 따르기 위해서는 윗사람이 따를 만한 사람이어야 하겠지요. 아버지나 군주가 형편없는 사람, 난폭한 사람이라면 존경하고 따를 마음이 생길 수 없겠지요. 그래서 아버지나 군주는 인격도 훌륭하고 도덕적으로도 바람직한 사람이 되어야 합니다. 아버지는 높은 도덕 수준으로 가족의 모범이 되어야 합니다. 나라도 마찬가지입니다. 그래서 공자는 임금은 임금다워야 하고, 아버지는 아버지다워야 하며, 신하는 신하다워야 하고, 자식은 자식다워야 한다고 말한 것이지요. 공자는 이렇게 되면 혼란이 수습될 수 있다고 생각했습니다.

공자 말대로 임금이 임금답고, 아버지가 아버지답기 위해서는 어떻게 해야 할까요? 끊임없이 배우고 노력하여 인격을 완성해야 합니다. 자신을 갈고닦고修己, 스스로 성인이 되어야 남을 다스릴 수 있고 세상의 왕이 될 수 있습니다. 공자가 배움을 강조하는 것은 이 때문입니다. 공자는 늘 배우고 익히라고 하지요. 그저 많은 것을 외워서 지식의 양을 늘리라는 것이 아닙니다. 자신의 인격을 완성하기 위해서 배우라는 것이지요. 공자는 남에게 인정받기 위한 공부를 하지 말고 자신의 인격을 완성하는 공부를 하라고 강조했습니다. 공자가 말하는 '위기지학爲己之學'입니다. 공자는 성적은 좋지만 인간성은 별로인 사람을 질색한 것이지요.

　공자의 방법이 괜찮아 보이나요? 오늘날에는 맞지 않다고요? 어떤 점에서 그럴까요? 공자는 위아래 차이가 분명한 수직적인 질서를 전제로 하여 세상을 바로잡으려고 했지요. 공자가 살던 시대는 98퍼센트의 사람이 문맹이어서 통치자나 지식인 계층의 역할이 매우 중요했습니다. 그 때문에 지금 같은 민주 시대에는 공자의 생각이 어울리지 않는 점이 있지요.

　그럼에도 불구하고 어떻게 행동하고 처신해야 다른 사람과 조화를 이루며 잘 살 수 있는지, 사람이란 왜 모름지기 훌륭한 인격을 갖추기 위해 끊임없이 노력해야 하는지에 대한 '공자님 말씀'은 여전히 중요하지요. 공자가 영원히 인류의 스승인 이유가 여기에 있습니다.

# 거인과
# 함께

*06 ≫

# 사는
# 법

# 공통점과 차이점

같은 문화권 속 미묘한 차이

우리나라 결혼 풍속에는 결혼식이 끝나고 난 뒤 치르는 폐백이라는 절차가 있습니다. 신부가 새로 가족이 되는 시댁 사람들과 인사를 나누는 시간이지요. 이때 신랑 신부가 큰절을 하면 어른들이 신부 치마폭에 던져 주는 게 있는데, 바로 밤과 대추입니다. 옛날에 전통 혼례를 치를 때도 그랬고, 서양식 혼례를 치르는 지금도 여전한 풍속입니다. 새 식구가 되는 신부에게 왜 밤과 대추를 던져 주는 걸까요? 흔히 밤은 딸을, 대추는 아들을 상징해서 아들딸을 많이 낳기를 바라는 마음에서 준다고들 합니다. 요즘에는 이런 뜻일 수도 있겠습니다만, 원래 의미는 그렇지 않았습니다. 사실 옛날에는 아들을 낳는 게 제일이었고 딸은 달가워하지 않았지요. 한 사람 한 사람의 노동력이 절실한 농경 사회인 데다 아들을 통해 집안이 계승되는 문화였기 때문입니다. 그러니 아들딸을 고루 낳으라고 밤과 대추를 던져 주었다는 해석은 근거가 약하지요.

결혼식 때 밤과 대추를 신부에게 주는 풍습은 옛날 중국에도 있었습니다. 찾아보면 우리나라와 중국의 전통 결혼 풍속에는 비슷한 부분이 많지요. 하얗고 단 것을 잔치 음식으로 먹거나 선물하는 것도 그렇습니다. 머리가 하얗게 될 때까지 달콤하게 잘 살라는 뜻이 들어 있지요. 폐백 때 밤과 대추를 던져 주는 것도 우리와 중국이 공유하는 풍속인데, 정확하게 말하면 이것은 중국어와 관련된 풍속입니다.

중국어로 대추를 뜻하는 棗조는 발음이 '짜오'로, 때가 이르다는 뜻인 早조와 발음이 같습니다. 밤을 뜻하는 栗률은 발음이 '리'로, 서다라는 뜻인 立립과 발음이 같습니다. 결국 대추와 밤을 던져 주면서 어른들이 신부에게 "대추다, 밤이다."라고 말하면 이 말은 "빨리 (아이가) 들어서라."라는 말과 같이 들리는 셈입니다. 옛날에는 결혼한 자식에게 부모가 가장 바라는 것은 빨리 아이를 낳는 것, 그것도 대를 잇고 힘든 일을 맡을 수 있는 아들을 낳는 것이었기 때문이지요. 그 염원이 폐백에서 대추와 밤을 던져 주는 풍속에 담겨 있습니다. 신랑 신부는 무척 부담되겠지요?

이처럼 한국과 중국은 비슷한 풍속이 많습니다. 설날 북쪽 지방에서 만두를 먹는 것도 중국과 비슷합니다. 풍속만이 아니라 언어 표현에도 유사한 것들이 많습니다. "무슨 바람이 불어서 왔어?" "손 내밀기가 부끄럽다." 같은 표현들이 그렇습니다. 가치관이나 사고방식에도 비슷한 부분이 많지요. 아버지 중심의 가부장제를 바탕으로 가족의 가치를 중시하는 것도 그렇고, 성공하려면 노력이 중요하다고 여기는 것이나 사람 사이의 관계를 중요하게 생각하는 집단주의 문화도 비슷하지요. 두 나라가 농업을 기초로 한 문화이고 유교를 공유한 사회여서 그렇습니다. 한국과 중국은 같은 유교 문화권이자 한자를 같이 써 왔고, 오랫동안 밀접하게 교류해 와서 서로 비슷해진 것이죠.

그래서인지 많은 한국 사람들은 중국을 잘 안다고 생각합니다. 따로 공부하지 않더라도 중국 사람들은 어떻게 생활하고, 어떻게 생각하는지 잘 안다고 넘겨짚지요. 어려서부터 『삼국지』를 읽은 데다 공자, 맹자 이야기를 지겹게 들어 왔으니 그렇게 생각하는 것도 무리가 아닙니다.

## 한국과 중국의 미묘한 차이

그런데 같은 점뿐만 아니라 서로 다른 점도 많습니다. 풍속을 보더라도 중국은 우리처럼 음력설이 가장 큰 명절이지만, 추석은 우리보다 훨씬 간단하게 지냅니다. 추석에 우리는 사흘을 쉬지만, 중국은 하루만 쉬는데 그것도 2002년 이후에야 공휴일로 지정되었습니다. 제사를 지내는 풍속 역시 중국에서는 거의 사라졌습니다. 사회주의 시대 이후 전통 풍속이 크게 사라졌지만, 한국에는 아직 많이 남아 있지요.

사회생활이나 인간관계에서도 미묘한 차이가 있습니다. 체면이나 관계를 중요하게 생각하는 방식이나 정도에서 그렇습니다. 우리도 "볼 낮이 없다"라거나 "창피하다"라는 말을 자주 하지요. 체면을 중요하게 생각하기 때문에 그렇습니다. 하지만 그 정도를 보면 중국인들이 훨씬 심합니다. 앞서 이야기한 것처럼 중국인들은 체면을 목숨처럼 생각할 정도로 우리보다 체면 의식이 강하지요. 이런 면에서는 중국인들이 우리보다 전통적입니다. 하지만 윗사람과 아랫사람 사이에서는 우리가 더 심하게 상하 관계를 따집니다. 우리는 나이가 한 살이라도 많거나 자리가 조금만 높아도 아랫사람이 윗사람에게 존댓말을 써야 하고 깍듯하게 대해야 합니다. 유치원생들까지 나이를 따질 정도이지요. 하지만 중국은 우리보다 윗사람을 대하는 게 훨씬 자유롭습니다. 나이를 넘어 친구가 되는 경우도 많지요. 존댓말이 없는 중국어의 특징 때문이기도 하지만 사회주의 문화의 영향도 큽니다.

사람 사이의 관계도 그렇습니다. 한국인이나 중국인이나 네트워크를 매우 중요하게 생각합니다. 어떤 일을 하려면 아는 사람

2016년 춘절을 맞아 고향에 가기 위해 베이징 기차역으로 향하는 중국 사람들 모습. 음력설에 쇠는 춘절은 중국에서 가장 큰 명절로 해마다 대규모 귀성 행렬이 이어진다.

이 있어야 하고, 사람 관계를 잘 맺는 것이 일을 하는 데 중요하다고 생각하지요. 그런데 여기에도 한국과 중국 사이에 차이가 있습니다. 한국에는 동문회, 동창회, 향우회, 동기회, 동아리 등 갖가지 모임이 중국보다 훨씬 많습니다. 그리고 이 집단에 속한 사람들끼리 서로 도움을 주고받습니다. 개인적으로 별로 친하지 않더라도 같은 집단에 속해 있으면 서로 관계를 맺고 도움을 주고받지요. 같은 집단에 있으면서도 모른 체하면 인간성이 나쁘다거나 인정이 없다고 비판받기도 하지요. 한국인은 이렇게 집단을 통해 교류하면서 대인 관계를 이어 나갑니다.

그런데 중국인의 인간관계는 개인 대 개인으로 맺어집니다. 동창회나 동아리처럼 한 집단에 속해 있다 해도 나와 친하지 않으면 도움을 주고받는 사이가 아니지요. 한국에서는 같은 반 친구가 부탁을 하면 친하지 않더라도 같은 반이라는 이유 때문에 들어주는 경우가 있지만, 중국은 아무리 한 반이라 해도 나하고 친하지 않으면 큰 의미가 없고, 그래서 부탁을 들어주지 않아도 전혀 문제가 없습니다. 두 나라 모두 네트워크를 중요하게 생각하지만 집단 중심인지 개인 중심인지에 따라서 미묘하게 차이가 있지요.

## 차이를 차이로 인정하기

중국과 한국은 전통 시대에는 문화 배경이 비슷했지만 근대 이후 사정이 달라졌습니다. 우리는 서구 문화의 영향을 크게 받았고, 그중에서도 미국 영향이 컸습니다. 기독교 문화가 들어와 크게 퍼졌고, 기독교 신자이든 아니든 신 앞에 누구나 평등하다는 기독교적 가치관이 널리 퍼졌습니다. 이에 비해 중국은 사회주의의 길을 갔습니다. 그러다 보니 우리와 중국 사이에는 다른 점이 많이 생겼습니다. 중국에 비하면 우리는 더 서구화, 현대화되었습니다. 그러니 중국인을 만날 때면 같은 점만 생각하지 말아야겠지요. 피부색도 같고 가까이 사는 데다 문화도 비슷하니 중국인도 우리처럼 이러이러할 것이라고 섣불리 단정하지 말아야 합니다.

우리는 미국인을 대할 때 그가 우리와 다른 문화적 행동을 하면 미국인이니까 그럴 수 있다고 양해하곤 합니다. 그런데 중국인을 만나면 그러지 않는 경우가 많습니다. 예를 들어 회사에서 회식을 하는데, 미국인 직원이 개인적인 약속이 있어서 부서 회식에 참석하지 못하겠다고 합니다. 이럴 경우 원래 미국인들은 개인주의 문화니까 그럴 수 있다고 양해하는 경우가 많습니다. 하지만 만약 중국인 직원이 그런다면 어떨까요? 미국인 직원에게 했듯이 너그럽게 이해해 줄까요? 아무래도 그러지 않는 게 현실입니다. 같은 동아시아 나라로 유교 문화를 공유하고 있다고 생각하기 때문에 중국인에게는 우리 기준을 적용하기 쉽지요. 그래서 인간성이나 직업의식 운운하며 비판하기도 합니다.

한국인과 중국인 사이에는 같은 점만큼 다른 점도 많다는 것을 유념할 필요가 있습니다. 차이를 살펴보고, 차이를 차이로 인정한 채 소통하려고 노력해야 합니다. 한국인이 중국인을 만날 때도 그렇고, 중국인이 한국인을 만날 때도 그렇습니다.

# 한국인이 보는 중국

애증이 교차하는 나라

여러분은 중국 하면 무엇이 먼저 떠오르나요? 어떤 사람은 만리장성을 생각하기도 하고, 붉은색이나 경극을 먼저 떠올리기도 합니다. 맛있는 베이징 오리 요리나 양 꼬치를 꼽는 사람도 있겠고 중국 무협 영화에 나오는 화려한 쿵후를 언급하는 사람도 있겠죠. 걸 그룹 팬들이라면 유명 멤버인 빅토리아나 쯔위를, 영화를 좋아하는 사람이라면 탕웨이나 전쯔단을 생각할 수도 있을 것입니다. 중국 인터넷 산업이 발달하면서 인터넷 기업 설립자인 마윈과 그의 회사인 쇼핑몰 타오바오를 첫손에 꼽는 사람도 요즘 들어 부쩍 늘었습니다.

중국 하면 무엇이 떠오르는지를 보면 우리나라 사람들 마음속에 중국이 어떤 이미지로 자리하고 있는지 알 수 있습니다. 맛있는 요리부터 떠올리는 사람은 중국을 미식의 나라로 기억하는 것이고, 불량 식품을 먼저 떠올리는 사람은 중국을 위생 수준이 형편없고 식품 관리 체계가 엉망인 나라로 기억하는 경우가 많겠지요. 중국인들은 공중도덕도 지키지 않고 침을 함부로 뱉는다며 질색하는 사람도 있습니다.

흥미로운 것은 많은 한국인이 중국을 떠올릴 때 주로 부정적인 이미지를 연상한다는 것입니다. 짝퉁, 불량 식품, 부패, 더러움, 무질서, 공산주의, 패권주의, 일당 독재 등등과 중국을 연결하는 사람들이 많습니다. 그중에는 청소년이나 젊은이보다는 나이 많은 어른이 많습니다.

왜 많은 사람들은 중국에 대해 나쁜 이미지를 더 많이 갖고 있는 것일까요? 직접 겪어 본 바가 있기 때문일 수 있습니다. 여행이나 출장을 갔다가 중국의 좋지 못한 모습을 직접 보거나 체험했다면 나쁜 이미지로 중국을 기억할 수 있겠지요.

하지만 한 나라의 이미지에 영향을 미치는 것은 직접 체험만이 아닙니다. 우리는 중국에 관한 뉴스를 거의 하루도 빠지지 않고 접하고 있습니다. 어쩌면 직접 겪은 경험보다 언론에서 보고 들은 중국 뉴스에 더 큰 영향을 받았을 수도 있습니다. 뉴스만이 아니라 책이나 영화, 드라마, 다른 사람의 이야기까지 합치면 사실 우리가 갖고 있는 중국 이미지는 대부분 간접 체험한 것에 더 영향을 받았다고 할 수 있을 겁니다. 그런데 이는 여러 사람이 마찬가지입니다. 많은 한국인이 비슷한 책이나 뉴스, 영화를 보며 중국을 간접 체험을 하고, 그러다 보니 중국에 대해 비슷한 인상이나 기억을 공유하게 되지요. 한국인의 중국에 대한 기억, 이미지는 이런 과정이 반복되면서 형성됩니다.

이런 의미에서 보자면 내가 갖고 있는 중국 이미지는 한국인이 집단적으로 갖고 있는 중국 이미지, 한국인 기억 속의 중국 모습이기도 합니다. 이러한 집단 기억은 하루 이틀이 아니라 오랜 시간에 걸쳐 역사적으로 이루어집니다. 나쁜 이미지나 기억도 마찬가지입니다. 한국인들이 그런 집단 기억을 갖게 된 데는 오랜 역사적 배경이 있지요.

그렇다면 어떤 역사적 배경이 작용하고 있을까요? 사실 역사를 되돌아보면 한국인들에게 중국은 나쁜 이미지만은 아니었습니다. 근대 이전, 즉 조선 시대까지만 하더라도 오히려 너무 좋게 여겨서 문제가 될 정도였습니다. 중국을 가장 발달한 문명을 지닌 선진국이자 '대국'이라고 여겨서 사대주의가 싹트는 지경이었지요.

물론 중국과 전쟁을 치르면서 시달리기도 하고, 중국이 때로 오만한 태도를 보여서 중국을 좋지 않게 생각하는 사람들도 역사에는 늘 있었지요. 하지만 대부분은 중국을 문명 대국으로서 우리가 배워야 할 대상으로 여겼습니다. 조선 시대까지만 하더라도 중국이 우리보다 위에 있는 나라라고 생각했지요. 나라 사이에 서열을 따지는 것은 우스운 일이지만 동북아시아 3개국을 대상으로 할 때 중국, 한국, 일본 순으로 더 낮다고 생각하는 것이 일반적이었습니다.

　그런데 이런 사정은 근대 이후, 특히 청일 전쟁에서 중국이 일본에 지고 나서 달라집니다. 그전까지만 해도 중국인들은 일본인을 얕잡아 보면서 흔히 '작은 일본小日本'이라고 불렀습니다. 단순히 크기가 작은 나라라는 뜻이기도 하지만 별 볼 일 없는 나라라는 뜻도 같이 있지요. 그렇게 무시해 온 일본이 중국을 여지없이 무너뜨린 것입니다. 그 뒤 일본은 중국을 대신해 동아시아의 맹주로 부상했고, 우리나라 역시 점차 일본의 영향력 아래로 들어가게 되지요. 이 무렵부터 중국을 보는 한국인들의 생각이 달라지기 시작합니다. 우리가 중국보다 우월하며 중국은 더럽고 게으르고 시끄러운 나라, 문명개화의 낙오자라는 생각이 조금씩 퍼져 나갑니다. 근대 개화기에 조선의 많은 개화파 지식인들은 일본을 근대 국가의 모범이라고 생각하고 일본과의 적극적인 협력을 통해 조선을 근대화해야 한다고 믿었습니다. 반면 개화와 문명화에 실패한 중국은 부정해야 할 대상으로 여겼습니다. 대표적인 개화파 지식인인 유길준은 중국을 두고 "문명 발달 단계가 후진적일 뿐만 아니라 문명화에 실패한 국가"라고 하기도 했지요. 개화기 때 쓰인 이인직의 소설 『혈의 누』에서 청나라 군인들이 "부녀를 겁탈하고 돈을 빼앗아 가는 등 작폐를 일삼는" 사람들로 그려진 것도 당시 사람들의 생각을 반영한 것이라 볼 수 있습니다.

## 한국 전쟁과
## 냉전의 영향

전통 시대에 갖고 있었던 중국, 조선, 일본이라는 서열 구도에 대한 생각은 근대 이후에는 일본을 가장 높게 생각하는 일본, 한국, 중국으로 바뀌게 되지요. 해방 이후에는 미국, 일본, 한국, 중국의 서열로 생각하게 됩니다. 전통 시대에 중국은 우리보다 나았지만 근대 이후에는 우리가 더 앞선다는 인식이 널리 퍼지게 된 것이죠.

한편 일제 강점기에 우리나라 사람들이 중국을 부정적으로 생각한 데는 일본의 영향도 큽니다. 일본은 중국 침략을 정당화하는 논리를 만드는 과정에서 중국인이 게으르고, 더럽고, 느리고, 시끄럽다는 등의 표현을 동원해 중국의 민족성을 비난합니다. 미개한 중국을 개화시키고, 근대화시키기 위해서는 문명화된 일본이 중국을 접수해야 한다는 논리를 관철하기 위해 중국을 자꾸 나쁜 이미지로 만들었지요. 박완서의 소설 『그 많던 싱아는 누가 다 먹었을까』에서 주인공은 초등학교에 다닐 때 친구들 사이에서 가장 심한 모욕이 '짱꼴라'라고 놀리는 것이었다고 회상하지요. 중일 전쟁이 한창이던 무렵으로, 일본의 부정적 중국관이 한국인에게도 영향을 미친 것이지요.

중국에 대한 부정적 인식은 1949년 중국에 사회주의 정권이 수립되고, 한국 전쟁에 중국이 참전해 우리와 적으로 싸우게 된 이후 더욱 심해집니다. 중국 공산당은 1949년 10월 1일에 중국 대륙에 사회주의 정권인 중화인민공화국을 수립하지요. 그리고 그 전까지 중국 대륙을 통치하던 국민당의 중화민국은 타이완으로 옮겨 갑니다. 우리는 타이완의 중화민국과는 계속 외교 관계를 이어 갔지만 중국 대륙의 중화인민공화국과는 외교 관계를 맺지 않았습니다. 중국과 우리는 서로를 정식 국가로 여기지도 않았던 것입니다. 중국은 북한을 한반도의 유일하고 합법적인 국가로 인정하고 한국을 남조선이라고 불렀습니다. 우리 역시 중국을 정식 국가가 아닌 중국 공산당의 나라라고 하여 '중공'이라고 불렀습니다. 그동안 두 나라 사람들은 상대방 국가를 방문할 수도 없었습니다. 한국과 중국은 고대사 시기부터 밀접하게 교류해 왔는데, 처음으로 약 반세기 동안 교류가 단절된 것이지요.

더구나 자본주의 국가들과 사회주의 국가들이 대립하는 냉전이 심해지고, 동아시아에 한국-일본-타이완-미국의 자본주의 세력

● 짱꼴라라는 말은 '장궤(掌櫃)'에서 나왔다는 설이 있다. 장궤란 가게에서 계산대를 보는 사람, 즉 주인을 가리킨다. 이 말이 '돈만 아는 천한 사람들'이라는 뜻으로 쓰이면서 중국인을 비하하는 말이 되었다는 것이다. 한편 일본인이 중국인을 비하해 청나라 노예라는 뜻으로 '청국노(淸國奴)'라고 불렀는데, 이 말이 우리나라에 들어와 짱꼴라가 되었다고 추측하는 이들도 있다.

과, 북한-중국-소련의 사회주의 세력이 대립하는 냉전 구도가
강화되면서 우리와 중국은 사이가 더 나빠지게 되지요. 중국은
'악마의 세력'이 되었고, 우리의 안전은 물론 세계의 안전을 위협
하는 불량 국가, 국가 안보를 위협하는 위험한 국가라는 이미지
가 강화됩니다. 우리가 중국에 대해 나쁜 이미지와 부정적 인식
을 갖게 된 데에는 이처럼 냉전 시대에 서로 적국으로 대립했던
영향이 큽니다.

외교 관계도 단절한 채 대립하던 이 시절에 한국인들은 중국
사람과 직접 교류하거나 자기 눈으로 중국의 현실을 볼 수 없었
기 때문에, 중국에 관한 정보는 대부분 언론 보도나 학교 교육에
의존할 수밖에 없었습니다. 언론이 말하는 대로, 정부가 전해 주
는 대로 받아들일 수밖에 없었던 것이죠. 그러다 보니 한국인이
라면 중국에 대한 이미지가 거의 비슷해졌습니다. 개인 기억은
별로 없고 집단 기억만 있었던 셈이죠. 그리고 그 집단 기억에서
중국은 부정적 이미지로, 나쁜 인상의 나라로 자리 잡게 되었습
니다. 근대 이후 동아시아에 형성되었던 제국주의와 냉전의 영향
이 크지요.

근대 이후 중국 이미지가 이러한 과정을 통해 형성되었다는 것
은 달리 보면 우리 스스로의 관점으로 중국을 보기보다 많은 경
우 일본과 미국의 시각에 따라 중국을 보았다는 의미도 됩니다.
근대 시기에는 주로 일본이 본 중국 이미지를, 한국 전쟁 이후 냉

전 시기에는 주로 미국의 시각에 따른 중국 이미지를 많이 받아들였지요. 전통 시대에는 중국과 한국이 직접 교류했지만, 근대 이후 한국과 중국 사이에 일본과 미국이 끼어든 셈입니다. 일본과 미국이 해석한 중국 이미지에 우리가 크게 영향받은 것이라 할 수 있습니다.

한국인의 눈으로 보는 중국과, 일본과 미국의 눈으로 보는 중국은 다를 수밖에 없고, 또 마땅히 달라야겠지요. 국가 차원의 이익이 서로 다르고, 중국의 의미가 서로 다르기 때문입니다. 하지만 우리가 일본 제국주의 강점 상태에 처했던 상황, 한중 사이에 교류가 없던 상황, 그리고 동아시아의 강력한 냉전 체제 때문에 우리 자신의 눈으로 중국을 보고, 중국에 대한 이미지를 만들기란 어려운 일이었습니다.

## 한중 수교 이후

그런데 이런 상황에 일대 전환이 일어나는 계기가 생깁니다. 1992년에 한국과 중국이 수교를 맺은 것이죠. 이제 일본이나 미국을 거치지 않고 바로 중국과 접촉하기 시작했고, 누구나 자유롭게 중국을 방문할 수 있게 되었습니다. 직접 중국과 만나고, 자기 눈으로 중국을 보고 체험할 수 있는 길이 열렸지요. 이제 한국인들은 직접 체험한 것을 바탕으로 중국에 대한 자신

의 인상을 만들기 시작합니다. 중국에 가서 맛있는 음식을 즐긴 사람은 중국을 요리의 나라로 기억하고 상하이의 즐비한 명품 가게에서 큰 인상을 받은 사람은 중국을 경제 대국으로 기억하게 되었습니다. 중앙선을 무시하고 마음대로 운전하는 자동차를 본 사람은 무질서의 나라로도 기억하지요. 이제 중국에 대한 다양한 개인 기억이 등장하기 시작합니다.

한중 수교가 이루어진 후 1992년 8월. 새로 생긴 중국 대사관에서 국기를 게양하는 모습.

한중 관계가 밀접해지는 한편, 최근 들어 중국이 미국과 함께 양대 경제 대국으로 성장하면서 한국인들 사이에는 긍정적, 부정적 이미지가 교차하고 있습니다. 중국에 대한 긍정적 이미지는 중국의 발전 가능성을 높게 보면서, 중국과 더불어 우리도 같이 발전할 수 있을 것이라고 생각하는 중국 기회론으로 연결되기도 합니다. 중국은 우리나라 물건을 가장 많이 수입하는 나라이자 한국 예능 프로그램이나 드라마를 가장 즐겨 보는 한류韓流, Korean wave의 최대 소비 시장이지요. 더구나 중국인 관광객인 유커遊客가 우리나라를 찾아서 우리 경제에 큰 도움도 주지요. 이런 이유 때문에 중국이 성장하면 우리나라도 더불어 발전할 수 있다고 생각합니다. 중국은 우리의 동반자로서 중국의 발전이 곧 우리의 기회이며 따라서 우리는 중국과 더욱 가깝게, 그리고 사이좋게 지내야 한다고 생각하는 것입니다. 또한 중국이 북한에 영향력을 발휘하여 한반도의 평화에 일정한 역할을 할 수 있을 것이라는 기대도 중국 기회론의 한 축을 이룹니다.

## 중국 위협론과 중국 붕괴론

이와 달리 중국을 나쁜 이미지로 기억하는 가운데 중국이 대국으로 성장할수록 우리나라에 위협이 될 것이라고 생각하는 사람도 많습니다. 그 위협의 분야는 국가 안보에서부터 역사, 경제에 이르기까지 다양합니다. 중국이 군사 대국이 되면 우리의 안전과 평화를 위협할 수 있다고 보기도 합니다. 중국이 동북 지역의 한국 고대사를 중국 역사로 편입시키려 한다는 역사 위협론, 중국 경제가 발달하고 중국 기업이 성장하면 세계 시장에서 우리의 입지가 줄어들 것이라는 경제 차원의 위협론도 있습니다. 중국의 경제와 국력이 빠르게 성장할수록 중국 위협론도 우리 사회에 빠르게 퍼져 나가고 있습니다.

　이런 중국 위협론은 한편으로는 중국이 21세기에 대국으로 성장하면서 오만해지고 있는 현실 때문에 생긴 것이기도 합니다. 하지만 다른 한편으로는 오랫동안 지녀 온 오해와 편견 때문이기도 합니다. 중국이 우리와 달리 자본주의 체제가 아닌 사회주의 체제를 유지한 채 미국과 첨예하게 대립하는 상황에서 미국 질서의 핵심 국가에 사는 한국인들이 냉전 시대부터 가져 온 중국에 대한 부정적 인식과 적대적 감정, 혐오감이 중국에 대한 우려와 불쾌감으로 나타난 것이지요.

　또 최근 들어 중국이 빠르게 발전하면서 이제 우리를 따라잡고 추월하는 분야가 생긴 탓도 있습니다. 근대 이후 계속 자기보다 뒤떨어져 있다고 생각하던 상대가 어느 날 갑자기 나를 앞서려고 하니 마음이 불편해진 것이지요.

　한국인의 중국 인식 중에는 중국 기회론, 중국 위협론과 함께 중국 붕괴론도 큰 비중을 차지합니다. 중국이 지금은 안정을 유지하며 발전하고 있지만 결국은 혼란에 빠지거나 붕괴할 수 있다고 보는 입장이지요. 중국은 중국 공산당 일당이 지배하는 나라여서 발전을 지속할 수 없고 중국인이 소득이 늘어나고 중산층이 더 늘어나면 중국 공산당 지배에 저항할 것이며 이 과정에서 혼란이 일어나기 마련이라고 보는 것이지요. 이는 정치적 차원에서 지금 중국 시스템이 지속될 수 없다고 보는 입장입니다.

그런가 하면 경제 사회 차원에서 중국 경제 시스템이 지속 불가능하고, 언젠가는 혼란에 빠질 거라고 보는 입장도 있습니다. 경제 성장률이 낮아지고, 빈부 격차와 지역 격차가 심화될 경우 사회가 혼란에 빠질 수 있다고 보는 것이지요.

이러한 중국 붕괴론은 중국 현실에 대한 냉철한 진단에서 나온 것도 있지만 중국이라는 사회주의 국가는 원래 '악마'나 '문제아'라고 보면서 중국이 혼란에 빠지고 붕괴했으면 좋겠다는 희망에 바탕을 둔 진단인 경우도 있습니다.

그런가 하면 중국이 발전하면서 우리나라의 최대 경제 교역국이 되고, 관광에서 예능 프로그램에 이르기까지 우리 경제와 문화에서 차지하는 비중이 늘면서 중국이 앞으로 우리의 운명을 좌지우지하지 않을까 하는 우려도 많이 일고 있지요. 우리 경제도 갈수록 중국에 의존하고 있고, 가수들도 중국 시장만 바라보는 형편입니다. 이렇게 중국에 대한 의존도가 높아지다 보면, 전통 시대에 그러했듯이 다시 중국의 강한 영향력 아래 들어가는 것 아니냐고 걱정하는 것이지요.

추측하건대 경제와 문화 차원에서 두 나라 시장이 하나로 통합되는 흐름은 계속될 것 같습니다. 하지만 우리나라가 과거와 같은 '속국'이 될 가능성은 없습니다. 무엇보다 우리의 국가 역량이 과거와 다릅니다. 또 동북아 국가들 사이의 힘의 구도, 그리고 미국과 중국 사이의 힘의 구도로 볼 때 동북아 질서가 중국 중심으로 재편될 가능성이 작기 때문입니다. 다시 중국이 한국의 운명처럼 다가오지만 그 운명은 우리가 일방적으로 규정되는 운명이 아니라 한국과 중국이 상호 작용하는 운명입니다.

## 거인과
## 잘 사는 법

중국은 오랫동안 우리에게 애증이 함께하는 나라였습니다. 많은 문화적·역사적 공통점을 지니고 있고 오랫동안 교류해 온 탓에 동질감도 있고 친구 같은 정도 강하지만, 자주 다투고 적국이기도 했던 탓에 미움의 감정 역시 강합니다. 이런 애증 관계는 앞으로도 이어질 가능성이 높습니다.

중국이 이제 다시 거인이 되고 있습니다. "이웃집은 바꿀 수 있어도 이웃 나라는 바꿀 수 없다."라는 중국인들 말처럼 우리는 어쩔 수 없이 거인이 된 중국과 살아야 합니다. 거인과 잘 사는 것이 우리의 과제입니다. 어떻게 해야 잘 살 수 있을까요? 어떤 사람들은 뉴턴이 "내가 남들보다 멀리 볼 수 있었다면, 그것은 거인의 어깨 위에 서 있었기 때문이다."라고 한 말을 가져다가 한국이 중국이란 거인의 어깨 위에 올라서는 길을 제안하기도 합니다. 사실 거인이 옆에 있다고 해도 거인이 어떻게 생각하고 어떤 행동을 하는지 잘 안다면 두려울 것은 없습니다. 굳이 어깨 위에 올라서지 않더라도 한국이 중국이라는 거인을 가장 잘 아는 나라가 된다면 거인과 공생할 수 있는 기반이 마련되는 셈입니다.

　우리가 거인 중국을 어떻게 보는 것이 좋은지를 두고 여러 의견이 있겠지만 저는 박지원이 청나라에 다녀오면서 쓴 『열하일기』에서 말하는 '이용후생利用厚生' 정신이 참고할 만하다고 봅니다. 사대주의에 바탕을 둔 중국 숭배론이나, 청나라 사람을 '되놈'이라고 부르면서 멸시하는 극단적인 중국 비하론에서 벗어나 "우리 삶에 이롭고 우리 삶을 두텁게 하는" 하나의 방법으로서 중국을 볼 필요가 있다는 것이지요. 전통 시대에는 물론이고 제국주의와 냉전 시대에 만들어진 중국에 대한 오해와 편견, 일방적인 숭배와 극단적인 비하를 벗어나서, 이용후생을 위한 하나의 방법으로써 중국을 바라보려는 노력이 더 많아지면 좋겠습니다.

# 중국인이 보는 한국

한중 수교 이후의 변화들

　　한국과 중국이 수교를 맺은 1992년 그해 겨울, 중국 베이징에 유학 갔을 때의 일입니다. 학교 옆 시장에 갔는데 계란을 파는 할아버지가 어디 사람이냐고 묻더군요. 차림새나 말투가 아무래도 베이징 사람 같지 않았나 봅니다. 그래서 한국에서 왔다고 했더니 이어지는 물음이 황당했습니다. 한국이 어느 성이냐는 겁니다. 이 할아버지는 한국을 전혀 몰랐던 거예요. 그래서 하는 수 없이 '남조선'이라고 하니까 그제야 "아아, 남조선!" 하더군요. 지금은 중국 사람들이 남한을 한국으로, 북한을 조선으로 부르면서 구별하지만, 1992년 한중 수교 이전에 중국은 북한을 한반도의 유일한 합법 정부로 인정한 까닭에 그때까지 중국인들에게 '남한'이나 '한국'은 없었고, 오직 남조선뿐이었습니다.

사실 중국은 남한보다는 북한과 훨씬 친근한 관계를 맺어 왔습니다. 지금은 과거만 못하지만 그래도 중국은 여전히 북한의 최대 후원국입니다. 중국과 북한 사이의 관계는 흔히 순망치한脣亡齒寒이라고 말할 정도로 밀접합니다. 입술이 없으면 이가 시리다는 뜻인데, 그만큼 서로 없어서는 안 될 정도로 가깝다는 것이지요. 중국과 북한이 친한 것은 같은 사회주의 국가여서지만 이유가 그뿐은 아닙니다. 북한과 중국의 사이는 혈맹血盟 이라는 표현이 어울립니다. 북한 정권을 수립할 때 참여한 사람들 중에는 중국에서 사회주의 혁명 운동에 참여했던 사람들이 많습니다. 물론 나중에 북한 정권에서 퇴출당하기는 했지만 많은 이들이 중국 혁명에 참여했다가 북한에 사회주의 정권이 들어서자 북한으로 갔습니다.

그런가 하면 한국 전쟁 때 중국은 '미국에 대항하고 조선을 돕자'.(抗美援朝)라는 명분을 앞세워 참전했습니다. 유엔군이 참전하면서 북한이 위기에 처하자 중국이 북한을 구하기 위해 '인민 지원군'을 파견한 것이지요. 이런 인민 지원군 중에는 당시 중국 주석이었던 마오쩌둥의 둘째 아들 마오안잉毛岸英도 있었습니다. 마오쩌둥이 가장 아꼈던 아들이라고 하지요. 그는 전쟁 중에 죽은 뒤 평양에 묻혔고 지금도 그의 묘가 평양에 있습니다.

아울러 중국과 미국이 대립하는 상황에서, 중국 입장에서 보자

● 손가락을 잘라 그 피'로 손도장을 찍으며 굳게 맹세한 관계를 일컫는 말'. 틈도 없이 두둑히 관계를 가리키는 표현이다.

한중
관계

305

면 만약 북한이 없다면 미국의 영향력이 바로 코앞에까지 이르게 되는데 북한이 있어서 미국 세력을 막을 수 있습니다. 북한이 완충 역할을 해 주는 셈이지요. 중국과 북한 사이는 피로 맺어진 동맹국이자 형제 국가로서 전략적으로도 북한은 중국에 매우 중요합니다.

지금도 나이 많은 중국인들 중에는 「아리랑」이나, 북한의 대표 가극인 「꽃 파는 처녀」에 나오는 노래를 아는 사람이 많습니다. 그만큼 중국과 북한 사이의 관계가 좋았고, 북한 문화가 중국에 크게 유행했지요. 반면 한국은 '미국의 식민지'라는 이미지로 중국인들에게 새겨졌습니다. 미국 군대가 주둔하고 있고 미국 영향력을 강하게 받고 있다고 보기 때문이지요. 냉전 시대의 눈으로 한국을 보느라 오해와 편견이 생긴 겁니다.

### 한류가 만든
### 새로운 이미지

중국이 개혁 개방을 추구하고 한국과 수교한 뒤, 중국인들이 한국을 보는 눈도 크게 달라지기 시작합니다. 부정 일변도였던 인상이 긍정적으로 바뀐 것이지요. 먼저 미국 식민지라는 이미지에서 '아시아의 네 마리 작은 용' 중 하나라는 이미지가 생겼습니다. 중국이 자본주의 세계와 교류를 시작할 무렵 중국인들은 한국, 홍콩, 싱가포르, 타이완의 네 작은 나라가 중국보다 훨씬 발전한 것을 보고 깜짝 놀랐습니다. 그래서 유교 문화를 배경으로 한 이들 네 나라를 아시아의 네 마리 작은 용이라고 부르면서 본받고자 했지요.

이제 중국은 한국을 전통을 잃지 않으면서도 현대화에 성공한 나라, 애국심이 강한 나라, 단결심이 강한 나라로 보기도 합니다. 강한 한국 축구를 보면서 정신력이 강하고 끈질긴 투혼이 있는 나라라고 생각하기도 하고, 바둑 기사 이창호의 바둑 실력을 보면서 중국과 유사한 전통문화 배경을 간직한 나라라고 친근하게 여기기도 합니다. 그런가 하면 1997년에 닥친 금융 위기로 나라가 위기에 처하자 자기 집 금을 내놓아 나라를 구하려 했다는 이야기, 베이징에 사는 한국인들은 현대 자동차 택시만 골라 탈 정도라는 이야기를 들으면서 애국심이 강한 나라로도 기억합니다. 또한 어른에게 허리를 굽혀 깍듯이 인사하고 나이가 한 살이라도 많은 사람에게 존댓말 하는 것을 보고는 중국은 유교 문화가 거의 사라졌는데 한국에는 오히려 공자가 여전히 살아 있고, 유교 문화가 강하게 남아 있다고도 생각합니다.

중국인들에게 새로운 한국 이미지를 심어 주는 데 결정적인 기여를 한 것이 한류입니다. 어른들은 어른들대로 한국의 가족 드라마를 보면서 드라마에 등장하는 비슷한 문화 배경에 친근감을 느끼고, 젊은이들은 노래와 예능 등을 즐기면서 멋진 가수와 신나는 노래를 통해 젊고 활기차고 감각적인 한국을 느끼게 되니다. 한국에 대한 새로운 이미지가 만들어진 것이죠.

특히 한국 드라마를 접한 중국인들은 한국은 세련되고 현대적이라는 새로운 이미지를 갖게 되었습니다. 드라마에 나온 여배우들을 보면서 한국을 미인의 나라로 생각하기도 하지요. 한국 여성들은 한결같이 피부가 하얗고 옷도 잘 입고 예쁘다는 인상을 받은 것이지요. 한편에서는 한국 여성들이 미인이기는 하지만 다들 화장이나 성형 수술에 힘입은 미인이라고 생각하기도 합니다. 그래서 한국 미인을 '인조 미인'이라고 폄하하는 중국인들도 있지요. 어쨌든 화장을 잘 하지 않는 중국 여성들 사이에서는 세련되게 화장한 한국 여성이 선망하는 이미지로 떠올랐습니다. 이런 이미지의 덕을 보는 한국 기업도 생겼습니다. 한국 화장품이 중국인들에게 폭발적인 인기를 누리고, 한국 성형외과 병원에 중국 고객이 넘치는 것은 이런 이미지 덕분입니다.

## 반한 감정의 이유

하지만 중국인들이 한국에 우호적인 것만은 아닙니다. 반한 감정을 지닌 중국인들도 많고, 한국 문화는 중국 문화의 아류일 뿐이라고 생각하면서 한국은 여전히 중국에 비할 수 없는 소국이라고 무시하는 사람 역시 많습니다. 반한 감정을 지닌 중국인 가운데 특히 젊은 네티즌이 많다는 점은 특이합니다. 이들 중에는 중국에서 외국 문화인 한류가 유행하는 것 때문에 반감을 지닌 사람도 있고, 고구려 역사를 중국 역사로 편입시키려는 시도로 일어난 한중 역사 갈등 때문에 반감을 가진 사람도 있습니다.

또 한국에 유학이나 여행을 왔다가 무시당하거나 좋지 않은 일을 당한 경험 때문에 반한 감정을 품게 된 사람도 있습니다. 인터넷에서 반한 활동을 벌이는 사람들 중에는 한국에 체류해 본 경험자가 많습니다. 몇 년 전에 어느 대학 앞 식당이 문 앞에 '중국 학생 출입 금지'라고 써 붙여 논란이 되었듯이, 중국인이라는 이유로 한국에서 차별과 무시를 당했기 때문에 중국에 돌아간 뒤 반한 감정을 갖게 된 것이지요. 이런 반한 감정은 일부 한국인들의 그릇된 행동 탓이라 할 수 있습니다.

그런가 하면 한국은 근본적으로 중국의 속국이고 한국 문화는 대부분 중국 문화의 수입품이거나 아류일 뿐이라고 단정 짓고는 일방적으로 한국을 무시하는 중국인들도 있습니다. 이는 일부 중국인들의 오래된 나쁜 사고방식입니다. 이런 이들은 중국 문화와 다른 한국 문화의 고유한 특징을 부정하는 것은 물론이고 한국이 중국 문화를 수용하면서 어떻게 변형하고 재창조했는지에 전혀 관심이 없지요. 한국과 중국 관계를 아직도 조선과 명나라, 혹은 청나라 사이의 관계로 생각하는 것입니다. 중국인들의 전통적인 고질병 가운데 하나인 민족적·문화적 우월감이 한국 문화에 대한 무지나 몰이해와 결합되어 한국에 대한 멸시로 나타난 것입니다.

한국과 중국 두 나라 사이에는 서로에 대한 오해와 편견이 많습니다. 많은 한국인들은 국민들의 소질이나 의식, 나라의 제도, 현대화의 수준이나 소득 등 여러 면에서 한국이 중국보다 우월하다고 생각하는 반면, 중국인들은 한국이 경제적으로 조금 더 발전하긴 했어도 전체적으로 보면 대국인 중국이 우월하다고 생각합니다. 서로 자신의 나라가 낫다고 생각하는 것이지요. 그러다 보니 서로를 무시하는 일이 벌어지곤 합니다.

　서로에 대한 쓸데없는 자만심과 오해, 편견을 버리는 것은 두 나라의 평화로운 미래를 위한 일이자 동아시아에 여전히 그늘을 드리우고 있는 제국주의 시대와 냉전 시대를 청산하는 길이기도 합니다. 평화로운 한중 관계를 위해서 지난 세월 불가피하게 쌓인 오해와 편견을 걷어 내고 서로를 새롭게 이해하려는 노력이 필요합니다. 이는 식민과 냉전 시대의 영향을 비교적 적게 받은 한중 젊은 세대의 과제이기도 합니다.

# 한류

중국 문화의 일부가 되다

    중국의 주요 인터넷 포털 사이트에 나오는 연예, 오락 관련 뉴스를 보면 한국 연예인 기사가 하루에도 여러 건씩 빠짐없이 등장합니다. 그만큼 중국인들은 한국 연예인과 오락에 관심이 많지요. 중국은 한류에 대한 관심이 가장 뜨거운 곳입니다. 한국 대중문화를 일컫는 한류란 말이 탄생한 곳도 중국이지요. 맨 처음 한류는 한국의 바둑을 지칭하는 말이었습니다. 중국인들은 바둑을 무척 좋아하는데, 이창호 등 한국 바둑 기사들이 중국을 잇달아 제압하면서 생겨난 표현이지요. 이후 한류는 한국의 대중문화를 가리키는 말로 널리 퍼지게 됩니다.

## 대중가요와 영화,
## 드라마로 이어진 열풍

　　　　대중문화 차원의 한류가 중국에서 처음 유행한 것은 1990년대 중반입니다. H.O.T 같은 한국 가수들이 광저우 등 중국 남부 지방에서 인기를 누리면서 시작되어 클론, 이정현, 동방신기 등이 중국 청소년들 사이에서 폭발적인 인기를 끕니다. 중국 청소년들이 홍콩 등을 통해 유입된 한국 가요를 들으면서 시작된 한류는 점차 북상하여 상하이와 베이징으로 이동하게 됩니다. 중국 방송에는 나오지 않았지만 중·고등학생들 사이에서 유통되면서 인기를 누렸지요.

　하지만 청소년들의 폭발적인 반응에도 불구하고 당시 중국 언론이나 기성세대의 반응은 싸늘했습니다. 통굽 신발과 헐렁한 바지, 벙어리장갑 등을 유행시킨 한국 가수들이 중국 청소년을 나쁘게 물들이고 있다고 비판했지요. 세련되고 빠른 리듬, 청소년의 마음을 대변하는 도발적인 가사, 특이하고 개성 있는 패션 등을 좋지 않게 본 것이지요. 하지만 어른들의 싸늘한 반응과는 상관없이 청소년들 사이에서는 한국 가수와 가요가 빠르게 전파되었습니다. 중국 청소년들에게 한국 가요는 기존 중국 가요와는 완전히 다를 뿐만 아니라 수준 높고 매력적인 비주류 문화의 하나로 수용되었습니다. 2000년 2월 베이징노동자체육관에서 열린

H.O.T의 공연은 중국에서 한류가 유행하는 데 획을 그은 기념비적인 공연입니다. "H.O.T가 노동자체육관을 불태웠다."라는 기사가 실릴 정도로 중국 청소년들이 열광했습니다. 이때부터 이 체육관에서 콘서트를 여는 것은 가수의 인기를 가늠하는 기준이 될 정도였습니다. 이렇게 시작된 가요 한류 열기는 슈퍼주니어, 소녀 시대, 신화, 동방신기, 빅뱅, 투피엠, 에프엑스, 샤이니 등으로 이어지며 지금도 식을 줄을 모릅니다.

영화 한류로는 2001년 중국에 소개된 「엽기적인 그녀」가 기념비적인 작품입니다. 지금도 많은 중국인들이 한국 영화 하면 이 영화를 떠올릴 정도로 인기 있었습니다. 이 영화는 당시 중국 사회에 '엽기적인 여자 친구' 열풍을 불러왔습니다. 남자 친구를 때리고 노예처럼 부리는 극 중 여자 주인공의 캐릭터가 여자들 사이에 유행했을 정도입니다. 배우 전지현이란 '여신'이 중국인들의 인상에 깊이 새겨지는 계기였지요. 전지현은 2014년 드라마 「별에서 온 그대」로 다시 한 번 인기를 얻으며 중국에서 새로운 한류 붐을 일으키기도 했지요.

드라마 한류는 한국 가요에 비해 조금 늦게 시작되었지만, 한류 소비층을 청소년만이 아니라 기성세대로까지 확대하는 데 중요한 역할을 합니다. 중국 텔레비전에 처음 소개된 한국 드라마는 1993년 방영된 「질투」입니다. 하지만 당시에는 일본 트렌디 드라마가 중국 방송을 휩쓸 때라 별다른 인기를 얻지 못합니

드라마 「별에서 온 그대」의 두 주인공을 앞세워 주로 중국 관광객들을 대상으로 한류 마케팅을 펼치고 있는 2014년 서울의 한 백화점 풍경.

다. 그런데 1990년대 후반 이후 한국 드라마, 그중에서도 가족 드라마가 놀라운 관심을 얻게 됩니다. 1997년 중국 국영 방송인 CCTV에서 방영된 드라마 「사랑이 뭐길래」가, 방송 시간이면 베이징 거리가 한산해질 정도라는 농담이 나올 정도로 폭발적인 인기를 끌면서 사정이 달라진 것이지요. 이후 「가을 동화」, 「보고 또 보고」, 「인어 아가씨」, 「목욕탕 집 남자들」 등등 방송되는 한국 드라마마다 인기를 얻었지요. 그리고 마침내 2005년 「대장금」이 한류 드라마 유행의 정점을 찍습니다. 극에서 장금이로 나온 배우 이영애는 중국 남성들에게 요리도 잘하고 예쁘고 여성스럽기도 한데, 미천한 신분에서 여성 최초로 어의御醫가 되는 것에서 볼 수 있듯이 굳센 의지를 갖고 자신의 꿈도 이루는 이상적인 여성상으로 인기를 누렸지요.

한국 드라마가 중국 시청자를 사로잡은 요인은 무엇일까요? 우선 이들 드라마는 한국에서도 큰 인기를 누린 작품들로 완성도가 높습니다. 한국에서 실패한 수준 낮은 작품이 중국에서 성공하는 경우는 극히 드뭅니다. 또 한국 드라마 가운데 가족 드라마가 특히 유행한 것은 중국인들이 이런 드라마를 보면서 문화적으로 비슷하다는 느낌을 받고, 드라마에 등장하는 가족 간 갈등이나 가족애 등에 친근감과 공감을 느낀 점도 크게 작용했습니다. 이는 서구 드라마나 일본 드라마에서는 느낄 수 없는 것들이죠.

한국 드라마는 매우 현대적이고 도시적인 모습을 보여 주면서 중국인들이 갈망하던 현대화된 삶에 대한 동경도 채워 주었습니다. 그런가 하면 한국 드라마를 좋아하는 중국인들은 한국 드라마 속 이야기가 흥미진진하다고 말합니다. 한 회가 완결된 이야기 같으면서도 다음 편이 궁금해져 찾아보게 만드는 전개가 극적이라는 것이지요. 한국 드라마의 이런 특징은 중국에서 방영된 일본 드라마나 중국 드라마와 확실히 차이가 있습니다. 일본 드라마는 잘생긴 스타 위주의 트렌디 드라마가 많고, 중국 드라마는 옛날 궁중의 숨은 이야기를 다루는 역사극이나, 중국인의 영웅적인 항일 투쟁을 다룬 판에 박힌 구도의 드라마가 많기 때문입니다.

가요와 드라마가 함께 이끌며 전성기를 구가하던 중국의 한류는 2010년을 전후해 기세가 수그러듭니다. 한류가 지나치게 유행하면서 중국 문화의 성장을 가로막는다고 보아 한류 드라마나 가요의 수입과 방송을 제한한 중국 정부의 조치가 가장 큰 영향을 미쳤습니다. 그러다가 2013년 이후 다시 새로운 유행을 맞는데, 이번에는 예능이 한류를 이끌게 됩니다. 「런닝맨」, 「무한도전」 같은 예능 프로그램이 거의 실시간으로 인터넷으로 유통되면서 유재석이나 이광수 같은 예능 출연자들이 가장 인기 있는 한류 스타로 떠올랐습니다.

프로그램 수출을 넘어선 새로운 단계의 한류도 나타납니다. 포맷과 시스템, 인력을 수출하는 것입니다. 「나는 가수다」, 「아빠! 어디 가?」, 「비정상회담」, 「1박 2일」, 「우리 결혼했어요」 등 수많은 예능 프로그램의 포맷이 수출되어 중국 판이 제작되고 있지요. 그뿐만 아니라 중국이 자본력을 앞세워 한국 유명 제작자들을 스카우트한 뒤 한국 예능 프로를 본떠서 자체 제작하기도 합니다. 앞으로 이런 추세는 더욱 확대될 것입니다. 한국의 인력과 기술이 중국의 자본과 결합해 공동으로 콘텐츠를 제작하고 한중 문화 시장에 유통시키는 일이 더욱 빈번해질 것입니다. 바야흐로 한중 문화 시장이 거의 통합되는 수준에 이를 수도 있습니다. 이런 흐름을 두고 한국 예능계와 방송 종사자들 사이에서는 우려의 목소리가 나오기도 합니다. 한국 방송 제작 기술이 중국에 유출돼 중국 방송의 수준이 높아지다 보면, 결국에는 한류 수출의 길이 막히게 될지 모른다는 것이죠. 그렇지만 다른 한편에서는 한국의 문화 콘텐츠 시장이 더 넓어지리라고 긍정적으로 예측하기도 합니다. 수출 일변도에서 공동 참여, 공동 제작을 통해 중국 시장 진출이 더 쉬워질 수 있다는 것이지요.

## 모두에게 환영받지는 못하는 한류

한류의 유행을 못마땅하게 생각하는 중국인들도 많습니다. 이들은 인터넷에 반한류 사이트를 만들기도 하고, 한국인을 '한국 몽둥이'라 부르며 비하하기도 합니다. 한국인들이 중국인을 비하할 때 되놈이나 '짱꼴라'라고 했듯이, 중국인들은 한국인을 비하할 때 '고려 몽둥이高麗棒子, 가오리 방쯔'라 불렀는데, 요즘에는 고려가 한국으로 바뀐 것이죠. 고려 몽둥이의 유래에 대해서는 여러 설이 있는데 그중 하나는 이렇습니다. 일제 강점기에 만주 지역에서 한국인들이 일제의 앞잡이 노릇을 하면서 몽둥이로 중국 사람들을 폭행했는데 그때부터 중국인들이 한국인을 욕할 때 이렇게 불렀다고 합니다.

오늘날 극단적인 민족주의 감정에 빠진 중국 사람들은 중국 문화가 한국 문화에 침략당하고 있고, 심지어 중국이 한국 대중문화의 식민지가 되고 있다고 개탄하기도 합니다. 2010년에는 반한류의 상징적인 사건이 벌어지기도 했습니다. 중국 네티즌들은 '6·9 성전'이라고 부르기도 하는데, 중국 청소년을 비롯한 네티즌들이 슈퍼주니어의 홈페이지를 집단으로 공격한 것입니다. 2010년 5월 30일 상하이에서 열린 슈퍼주니어 공연 표를 구하기 위해 중국 소녀 팬들이 쇄도하는 바람에 질서 유지를 하던 경찰이 부상당하는 일이 있었는데, 그 뒤 인터넷에서 이 일이 큰 이슈가 되었죠. 많은 네티즌들이 이 소녀 팬들을 '머리가 빈 아이들'이란 모욕적인 뜻을 담아 '나오찬腦殘'이라 부르면서 비난했고, 급기야 6월 9일에 집단으로 슈퍼주니어 홈페이지를 공격한 것이지요. 이런 행동을 '성스러운 전쟁'이라고 부르는 것은 외국 문화에 빠져서 중국 경찰에게까지 피해를 입힌 한류 팬들을 마치 매국노처럼 바라보고 이들을 응징한 자신들의 행동이 애국적이라고 생각하기 때문입니다.

중국 정부도 한류가 유행하는 것에 민감하게 반응합니다. 사실 중국 정부는 초기에 한류가 유행하는 데 크게 기여했습니다. CCTV에서 「사랑이 뭐길래」 같은 한국 드라마를 내보낸 것이 한류가 유행하는 기폭제가 되었으니까요. 하지만 한류가 장기간에 걸쳐 매우 폭넓게 유행하자 태도가 달라집니다. 중국 공산당은 2004년 9월에 열린 제16기 4차 중앙 위원회 회의에서 문화 안보를 강조하면서 국가 안보 차원에서 중국 문화를 지켜야 한다고 강조합니다. 외국 문화가 대량 유입되면서 중국 문화가 고사할 수 있는 위기 상태에 놓여 있으며, 앞으로 계속 이렇게 가면 중국 문화는 완전히 외국 문화에 점령당할 것이라고 우려한 것입니다. 여기서 말하는 외국 문화에는 당연히 한류도 포함됩니다. 이런 생각을 바탕으로 중국 정부는 한류 유입을 차단하고 한류 수입을 규제하면서 중국 문화 산업을 키우는 정책을 추진합니다. 1년 동안 방송할 수 있는 외국 드라마의 수를 제한하기도 하고, 정부의 허락이나 승인 없이 인터넷에서 바로 외국 드라마를 방영하지 못하도록 막기도 합니다. 그런 가운데 중국 문화 산업을 키우기 위해 작은 회사들을 모아 큰 기업으로 합병하는 것을 지원하고 문화 산업 진흥을 위한 장기 계획을 세워서 지원하기도 합니다.

그럼에도 불구하고 한류의 발상지인 중국에서 한류는 이제 한국 문화를 넘어 중국 문화의 일부처럼 중국인들이 즐기고 좋아합니다. 한류는 한국에 막대한 경제적 이익을 가져다주었고, 한국 이미지를 좋게 만드는 데도 크게 기여했습니다. 그리고 한국인과 중국인이 같은 오락 프로그램을 즐기고, 같은 노래와 가수를 좋아하는 가운데 자연스럽게 공감대를 형성하는 데도 큰 역할을 했습니다. 앞으로는 중국에 한류가 일방적으로 유행하는 것만이 아니라 중국 문화인 '화류華流'가 한국에 전파되면서 한류와 화류가 서로 뒤섞여 하나의 문화 시장, 하나의 대중문화권을 형성하는 날이 올 수도 있을 것입니다. 중국 문화 산업이 하루가 다르게 성장하는 추세를 보면 그렇습니다. 한중 경제만이 아니라 한중 대중문화가 서로 뒤섞이는 시대가 가까이 다가올 것입니다. 지금까지는 한류가 일방적으로 중국에 흘러들어 갔지만 이제는 화류도 흘러들어 오거나 한류와 화류가 만나 함께 새로운 것을 만들어 낼 때가 머지않은 것이지요. 한중 123문화 시장이 긴밀해지는 시대를 대비하는 것은 우리의 중요한 과제입니다.

## ● 짜장면의 역사가 궁금해요

외국에 오랫동안 머물다 보면 자연히 한국 음식이 그립지요. 그럴 때 제일 먹고 싶어지는 음식은 무엇일까요? 매콤하면서도 개운한 김치찌개일까요? 이 질문에 의외로 짜장면을 꼽는 사람들이 꽤 많습니다. 재미있는 것은 중국에 오랫동안 체류한 사람들 중에도 짜장면을 꼽는 사람이 있다는 거예요. 짜장면은 원래 중국 음식인데도 중국에 살면서 짜장면이 먹고 싶다는 것은 둘 중 하나겠지요. 중국에는 짜장면이 없거나, 중국 짜장면과 한국 짜장면이 다르거나.

중국에도 짜장면은 있습니다. 하지만 한국과 같은 맛을 지닌 짜장면은 없습니다. 중국 짜장면이 한국에 들어와서 한국 사람 입맛에 맞게 변한 것이지요. 원래 짜장면은 베이징과 산둥 지방의 가정에서 흔하게 먹던 서민들의 음식입니다. 베이징에 '옛날 베이징 짜장면老北京炸醬面'을 내건 전문점이 많은 것은 짜장면이 베이징 전통 음식임을 말해 줍니다. 베이징에 갈 기회가 있으면 정통 중국 짜장면에 한번 도전해 보세요.

베이징 짜장면 식당에 들어서면 종업원들이 대개 중국 전통 복장을 하고 맞을 겁니다. '이제야 원조 짜장면을 먹어 보는구나!' 하는 기대가 잔뜩 부풀어 오르겠지요. 드디어 짜장면이 나왔는데, 모양은 비슷한데 면

위에 얹혀 있는 게 뭐지요? 붉은 순무채도 있고, 오이채도 있고, 콩나물도 있고, 숙주나 완두콩도 있을 겁니다. 중국 짜장면은 우리 짜장면처럼 재료가 공통적이지 않고 집집마다 다 다릅니다. 물론 가운데에 고기가 섞인 짜장이 있는 것은 공통적이지요. 감자나 고구마, 양파, 호박을 넣는 우리나라 짜장하고는 재료가 조금 다르긴 한데, 비비면 맛은 어떨까요? 아마도 대부분 이런 반응일 겁니다. "으악, 왜 이렇게 짜요! 그리고 야채가 씹히는데 이건 야채 짜장면인가요?"

중국 짜장면은 근대 초기에 우리나라에 들어왔습니다. 인천의 한 식당이 원조라고 하지만 정확한 근거는 없습니다. 주로 부두에서 막노동을 하는 사람들이 먹었는데, 산동 출신의 중국집 주인이 한국 사람들 입맛에 맞도록 전분도 더 넣고 달콤하게 만들었다고 하지요. 그런 뒤 한국 서민의 음식이자 어린이들이 가장 좋아하는 음식이 된 것이지요. 값이 싸면서도 고기와 야채까지 한 그릇에서 골고루 섭취할 수 있는 간편 영양식인 셈입니다.

짜장면이 중국집 대표 음식에 된 데는 편하게 배달시켜 먹을 수 있다는 장점도 작용했고, 값싸면서도 영양가가 있다는 점도 작용했지요. 여기에 어렵던 시절 미국에서 쏟아져 들어온 밀가루 원조로 밀가루 가격이 저렴했다는 점도 영향을 미쳤습니다. 박정희 전 대통령이 한몫했다는 설도 있습니다. 박정희 대통령은 민주화를 요구하는 한국인만 탄압한 것이 아니라 외국인인 화교들도 몹시 탄압했습니다. 쌀이 모자라 분식을 장려하던 시절 중국집에서는 밥을 팔지 못하게 하고 면만 팔게 했지요. 이 때문에 한때 중국집에서 볶음밥이 사라졌고, 짜장면이 대세가 된 것이지요.

짜장면은 이제 한국 음식 문화에서 빠질 수 없는 음식입니다. 어떤 중국인은 다시 먹어 보고 싶은 한국 음식으로 짜장면을 꼽을 정도입니다. 짜장면은 문화 교류사의 상징입니다. 한 나라의 문화는 늘 이렇게 다른 나라 문화와 서로 섞이면서 거듭나고, 그러는 가운데 풍성해진다는 것을 짜장면의 역사가 말해 줍니다.

● 일대일로는 왜 21세기 실크로드라고 불리나요?

실크로드는 한나라 때 열렸습니다. 중국 뤄양洛陽에서 시작하여 시안을 거쳐 아프가니스탄, 이란, 이라크, 시리아 등 중앙아시아를 거쳐 지중해를 지난 뒤 로마에까지 이르는 긴 무역로였지요. 이 길을 통해 중국의 비단과 향료, 도자기, 양잠 기술이나 종이 제조법, 화약 제조법 등이 서양에 전해졌고, 중국에는 금과 후추, 호두, 유리 기술 등이 전해졌습니다. 중국은 이 길을 통해 서구 세계와 소통했지요. 중국과 서구의 문물이 이 길을 통해 오가면서 인류 문명을 발전시키는 데 큰 기여를 했습니다.

과거 시대의 교역로였던 실크로드가 다시 주목받고 있습니다. 시진핑이 집권한 뒤 '일대일로一帶一路, One Belt One Road'라는 21세기 실크로드 구상을 내놓은 것이죠. 일대일로는 육지의 실크로드와 새로운 해상 실크로드를 합쳐 부르는 명칭입니다. 해상 실크로드는 광저우 등 중국 해안 도시에서 출발하여 동남아시아와 아프리카를 거쳐 유럽까지 연결하는 것이지요. 일대일로는 중국이 중앙아시아, 동남아시아, 아프리카, 유럽 등과 상호 협력하여 공동으로 경제를 발전시키려는 구상입니다. 중국으로서는 자원도 확보하고 이들 지역에 대한 주도권도 확보하려는 구상이지요. 중앙아시아와 동남아시아 국가들은 중국과 경제 협력이 강화되는 가운데 중국의 투자를 유도할 수 있고, 거대한 중국 시장에 진출할 기회를 얻을 수 있다는 점에서 매력적이지요. 중국과 여러 나라가 상생할 수 있습니다. 중국은 이들 지역 국가들과 한층 밀접한 관계를 구축하는 외교적 효과도 거둘 수 있지요.

일대일로에는 세계 질서의 축을 이동시키려는 의도도 있습니다. 미국을 중심으로 형성된 세계 질서에서 벗어나 이슬람 문명권과 중국 문명권이 결합해 새로운 세계 질서를 구축하려는 구상이지요. 미국 정부가 일대일로 구상에 민감하게 반응하면서 중국이 일대일로를 통해 워싱턴을 공격한다고 비판하는 것도 일대일로가 단순한 경제 협력 프로그램을 넘어선 구상이기 때문입니다. 중국의 부상이 새로운 경제 대국의 등장이라는 차원을 넘어서 세계 질서를 변화시키는 계기로도 작용할지 세계사적인 주목거리입니다.

# 이만큼 가까운 중국

초판 1쇄 발행 • 2016년 7월 18일
초판 9쇄 발행 • 2023년 6월 29일

지은이 • 이욱연
펴낸이 • 강일우
책임편집 • 김선아
조판 • 황숙화
펴낸곳 • (주)창비
등록 • 1986년 8월 5일 제85호
주소 • 10881 경기도 파주시 회동길 184
전화 • 031-955-3333
팩시밀리 • 영업 031-955-3399  편집 031-955-3400
홈페이지 • www.changbi.com
전자우편 • ya@changbi.com

ⓒ 이욱연 2016
ISBN 978-89-364-5852-2  04910
ISBN 978-89-364-5975-8 (세트)